地域活性化の ための処方箋

政策分析とファイナンス理論からのアプローチ

三好祐輔

九州大学出版会

目　次

序　章　本書を執筆するにあたり ……………………………………… *1*

第Ⅰ部　企業編

第1章　企業価値の評価と計測 ……………………………………… *15*

1. 企業の使命 ……………………………………………………… *15*

2. 経済的付加価値 EVA による企業価値測定 ………………………… *16*

　2.1　ROIC（Return on Invested Capital：投下資本利益率）　*17*

　2.2　WACC（Weighted Average Cost of Capital：加重平均資本コスト）　*19*

3. EVA の抱える課題と限界 ……………………………………… *25*

4. 地域企業の処方箋としての EVA ……………………………… *27*

補論1：イベントスタディによるベータ値の推計 ………………… *28*

補論2：未上場企業のベータ値算出 ……………………………… *30*

第2章　瀬戸内発祥の企業の形態と経営戦略 …………………… *35*

1. 瀬戸内地域発祥企業の歴史的背景 ……………………………… *35*

2. 県外資本と地元資本 …………………………………………… *37*

3. 地域外への進出／非進出 ……………………………………… *38*

4. 同族企業と非同族企業 ………………………………………… *39*

5. 同族経営のメリットとデメリット …………………………… *40*

6. 事例研究 ………………………………………………………… *43*

ケーススタディ1　株式会社クラレ　*43*

ケーススタディ2　大王製紙株式会社　*47*

ケーススタディ3　日亜化学工業株式会社　*51*

ケーススタディ4　穴吹興産株式会社　*55*

ケーススタディ5　四国電力株式会社，四国電力子会社　*59*

ケーススタディ6　四国化成工業株式会社　*70*

ケーススタディ7　大倉工業株式会社　*74*

7. 企業形態および経営戦略が企業価値に与える影響の定量分析········ *78*

8. 瀬戸内圏の地域活性化の処方箋·· *84*

第3章　資金調達と資本構成が企業価値に及ぼす影響·············· *91*

1. 負債を持つことの功罪··· *92*

2. 資本構成の主要な理論の紹介··· *93*

3. 役員の持株比率が企業不祥事を抑止させる効果について············ *98*

　3.1　はじめに　*98*

　3.2　理論モデルの紹介　*102*

　3.3　サンプルと分析方法　*118*

　3.4　分析方法　*125*

　3.5　まとめと課題　*131*

　3.6　経営トップをモニタリングする方法について　*132*

4. 第3章のまとめ·· *138*

第Ⅱ部　政　策　編

第4章　金利規制が貸金市場に及ぼす影響························ *145*

1. 任意法規と強行法規の優劣·· *147*

2. 上限金利規制の引下げが貸金市場に与える影響······················ *150*

　2.1　はじめに　*150*

2.2 貸金市場の理論モデル　*155*

2.3 実証分析　*170*

2.4 まとめ　*189*

3. 九州地区の貸出供給曲線に関するシミュレーション結果について ………………………………………………………… *191*

4. 市場構造に関する考察……………………………………………… *192*

5. 第4章のまとめ……………………………………………………… *198*

第5章　司法制度改革が民事訴訟に及ぼす影響 ………………… *205*

1. モラル・ハザード問題とその回避策……………………………… *206*

2. 法曹人口拡大の具体的な政策……………………………………… *208*

3. 弁護士人口の増加が民事訴訟に及ぼす影響…………………… *214*

　3.1 はじめに　*214*

　3.2 訴訟におけるリスクを弁護士が分担する契約モデル　*217*

　3.3 実証分析で用いられる被説明変数と分析手法の紹介　*225*

　3.4 Two-phase model の分析結果　*228*

　3.5 ま と め　*233*

4. 九州・四国地域の動向について…………………………………… *233*

5. 第5章のまとめ……………………………………………………… *240*

第6章　地域の交通問題に向けての政策提言 ………………… *243*

1. はじめに…………………………………………………………… *243*

　1.1 地域の衰退と政策の効果　*244*

　1.2 高齢化社会と交通政策　*245*

2. 運転免許返上が高齢者の交通事故を減らすのか……………… *246*

　2.1 はじめに　*246*

　2.2 仮説と理論モデル　*248*

　2.3 実証分析　*252*

　2.4 結　論　*261*

終　章　全体のまとめ……………………………………………………… *265*

あとがき………………………………………………………………… *277*

参考文献………………………………………………………………… *283*

索　　引………………………………………………………………… *295*

序　章

本書を執筆するにあたり

　21世紀に入り現在に至るまで，簡単には答えの出ないそして深く研究するに値するチャレンジ的な問題が，地方には積在している。たとえば，地域活性化と財政の健全化を遂行するため，地域に賦存する資源を最大限活用することに対する関心は非常に高い。財政学の分野では，臨時財政対策債の残高が直近の7年間で約2.5倍に増加していることを問題とし，将来の地方財政運営に悪影響を与えると警鐘を鳴らしている。行政の分野では，緊縮財政や行政組織の効率化によって，その解決策を見出そうとしてきた。一方，過去に大量に建設された公共施設の更新費用，企業誘致，新産業の創出事業の推進に向けての財源確保の問題に地方自治体は直面している。複数の政策目的の間に同調性がない状況で，異なる価値観の衝突を調整する場合，その優劣を論理的に決めることは非常に困難である。地域創生と地方財政の健全化の両立は難しいのではないかという認識が次第に広まりつつある。しかし，地域活性化の議論では，マスコミ等で個別的な事例を印象論的に現状を紹介しているに過ぎない。また推進事業に投じた予算により，どれだけの経済的付加価値が生み出され，その結果，税収がいくら生まれたのかといった費用対効果の視点が明確でない問題点を孕んでいる。

　地域創生に向けて学問の実用化が求められているが，産学連携の関連で社会に継続的に貢献してきた理系と異なり，社会科学系の場合，その知見を地域社会に応用することが始まったのは最近のことである。本書では，現在事業活動を行っている地域の企業が，地元で自立して存続が可能となるための経営戦略のヒント及び地域活性化を高めていくための指針を提供している。具体的には，資金の供給者にあたる地域金融機関がコミュニティー銀行となり，企業経営者の能力を見極め，事業再生の支援を通し，吸収合併や事業承

継により，生産性の低い企業から高い事業への集約化を促進していく役割を担うことを期待する。そして事業再生の際に必要となる経営戦略を紹介している[1]。域内の自治体間の従来の補助金や交付税の資金獲得競争よりも，内生的に必要な財源を獲得できる資金の循環を域内で創出することにより，地域が自立して持続的に経済活動を維持できる生活基盤を整備することが，地域創生への近道であると考える。

　また，地域住民の生活の質向上にもファイナンス的発想は役立つ。日常生活を営む上で私たちはさまざまな不確実性にさらされている。しかし，リスク回避度の異なる経済主体の間でリスクを移転・分散させる契約を結ぶことにより，地域住民は弁護士の訴訟遂行戦略の展開を追ってゆけば，これまでのように泣き寝入りしなくても被害者救済の途がある。地域住民だから，都市部では提供されている法的サービスを利用できないことにはならないという見解を示している。本書を通して，読者は地域創生への取組みの糸口を知ることができるであろう。

　著者は教員生活で企業分析に関する講義を担当してきたが，その大半は，大学院博士後期課程の時に研究の対象としていた東証一部上場企業に関する話であった。しかし，30歳を過ぎ就職で地方の国立大学に赴任したことで転機は訪れた。県庁所在地のある駅前でも商店街の空き店舗が目立っていたのには驚いた。家族経営しているような店の大半はシャッターが閉まっていた。これらの街を再生するにはどうしたらいいだろうか。まず思いついたのは，商店街を歩いてみたいと思う環境を作ることが必要だろう。子供連れで集まれる施設を開設し，今後増える高齢者が集える場所も大切だ。その際，まとまった資金が必要になる。それには，魅力的な「ふるさと投資ファンド」を作ることで資金集めが課題となるだろう。

　ただし，元本は保証されない融資になれば，貸出しリスクを過度に金融機関に負担させることになるため，貸渋りの問題が起こる。このような場合，地域金融機関が別の投資ファンド会社を設立し，金融機関の窓口を通じて顧客に投資ファンドを販売することにより，リスクを広く分散させることで対処することは可能になるであろう。つまり，情報の非対称性，リスク転嫁というファイナンス的発想があれば，地域の持続可能な発展を支えるまちづく

りが整備できる。地域金融機関がコミュニティー銀行として地域社会と共存してゆく途を，こうした地域活性化プロジェクトから提供することになり，地域住民，金融機関の双方にとって望ましいと言えるだろう。

　著者は，自宅から大学までの商店街を通りながら，都市部にはない地域に共通する問題を市民の目線で考えることができた。それと同時に，第4章と第5章で紹介している「情報が不確実な状況下における消費者金融の貸渋り行動」や「訴訟リスクを最小化できる代理人にそのリスクを負担してもらう依頼者の訴訟遂行メカニズム」を考察するヒントを得た。また諸先輩の配慮で，国土交通省地方整備局総合評価委員，高松市民病院（高松市立みんなの病院）治験審査委員，丸亀市廃棄物減量等推進審議会会長，中讃広域行政事務組合エコ丸工房運営委員会会長といった貴重な経験をさせていただいた。この図書を執筆するにあたり，著者のこうした背景を読者にご理解していただけたと思う。単なるファイナンスの一般理論の説明でなく，実務にも十分適用できるようにケースを示し，そして自らが本書で紹介した理論を用いて研究論文を執筆するというスタイルを採用した。それゆえ，地域社会のあるべき姿を検討するための糸口は，十分に提供できているのではと考えている。日本の地域経済活性化のため，そこで住む人たちが働く地域企業の実態を社会科学の別分野の手法を応用するという取組みは，これまで行われてこなかった。この本が地域企業の価値を高め，そこに住む人たちの生活水準の向上に少しでも貢献できればと思っている。

本書の目的

　本書の目的は，ファイナンスというモノの見方を習得することで地域社会を活性化させる取組みの糸口を与えることである。ファイナンスとは狭義の意味では，資金の流れを通じて企業を観察する学問である。一方，広義の意味で捉えるのであれば，企業の将来性を付加価値で表し，社会の豊かさを説明する学問であると言える。本書ではファイナンスを広義の意味で捉え，事例研究を検討する際，新聞記事等で取り上げられた指標を眺めるだけでなく，読者が実際に数値計算を行うことの意義を説いている。

　これまで，制度上あるいは慣習から「地域活性化」を唱えてきた従来の論

者の中に，所得補塡の理由から，都市部から地方へ資金を回す地域間再分配政策が，地方創生に繋がると安易に考えてしまう者が少なからずいる。ヒト・モノ・マネーが一時的に流入することで，一見地域が活気付くように見える。しかし，域内で資金が循環せずに都市部に逆流しているのであれば，地域活性化に常に繋がるとは限らない[2]。結果的には地域では衰退が進むケースも存在する。

　このように，真の地域活性化がどこにあるのかを判断することが，地域支援策の立案や社会的・経済的影響の精度を高めるものとして重要視され，政策的関心を集めてきている。しかし，域内でどのような基準で事業の再構築を取り組めばいいか，事業再生における経営戦略や地域活性化のための国の支援政策が，地域社会に及ぼす経済的影響はどれくらいあったかを判断する枠組みは，これまで十分には提供されてこなかった。

　著者は，地域の衰退が起こる問題のひとつとして，企業・住民の破産数が増加したことが原因となっていると位置付けてきた。そして，自己破産を抑えるため，企業・住民を保護する政策を採ったほうが社会的には望ましいか否か，情報量の格差が原因で市場の失敗が起こっていることを根拠に，取引環境の整備をしたほうがよいか，その場合取引当事者間の情報の非対称性をどの程度是正しなければならないか，欧米の研究と比較しながら規制の根拠とその費用対効果に関する実証研究をこれまで実施してきた。具体的には，社会的弱者の保護を謳った諸制度は，実質的に自由で公正な社会を実現するため機能しているのか，取引当事者のインセンティブにどのような影響を及ぼしているのか，これらの問いをⅡ部構成に整理して，検証を行った。

　本書の構成：第Ⅰ部

　第Ⅰ部では基本的理解に重点を置いており，企業価値を表す際に，EVA（経済的付加価値）を紹介している。ただし，利益概念に資本コストの考え方を取り入れたという点で，EVAには優れた点を認めることはできるが，それでも万能ではない。絶対額表示の利益や伝統的指標であるROA（総資産利益率），ROE（自己資本利益率）を否定するものではない。それぞれに長所と短所を有しており，目的に応じて使い分けをすることを勧めたい。15

年余り教育現場で培った経済学の研究手法を応用しながら，独自の経営戦略案を展開している。先行研究の紹介といった学説の羅列を避け，本文中では著者が博士課程時代から輪読してきた論文の中から，ファイナンス分野の重要かつ代表的な研究者及び学説を紹介し，それらの学説が日本の企業の経営実態を説明できるか，そして関連する著者の研究を紹介しつつ，今後の地方企業の経営戦略について検討するという形でまとめている。

第1章で取り上げている「残余利益」の考え方に基づく EVA は，実際のところ目新しい概念ではない。2000 年前後に流行した。それをなぜあえて今取り上げるのか。地方企業への支援策として，資本コストの考えを取り入れてはどうだろうかという提言でもある。復権というほど大仰なものを掲げるつもりはないが，今一度この概念を再評価する契機としていただければ幸いである。

たとえば，地域の零細な部品供給業者の廃業によって製造本体のラインの回転に支障を来した場合，連鎖的に関連企業の倒産が進行することがある。この場合，部品を新たな取引先から調達する，あるいは自前で製造する途を選んでも，機械や人材を確保するのに資金が必要となる。経営者は，現時点の景気状況及び自社の業績予想を鑑みて，自ら工場をたたむか，あるいは存続する途を選ぶか，非常に難しい意思決定の問題を迫られることになる。

経営学的アプローチをとる場合，負債を多く抱える企業の経営者は，元本の返済の目処を視野に入れ，返せないと判断すれば，経営活動を停止するのが一般的である。しかし，将来にわたり付加価値を生み出せる企業であれば，たとえ自転車操業と言われても，存続させたほうが社会的にも望ましいという見解を著者は提示している。つまり，負債の元本を返す方針より，機会費用を考慮した積極的新規投資をする経営戦略を採ることの重要性を提唱している。そして，事業活動における投資活動の参加制約を緩和させるモノの見方を紹介している。

第2章は，社会人学生たちによる地方企業の事例を適宜紹介しながら，客観的事実に基づいた個別の企業戦略に関する解説を試みている点が他に例のない内容となっている。地域の事例を挙げ，現実の地域社会において財務戦略が果たす役割がどれだけ大切なのかを理解できるように工夫して説明し

た。著者が以前所属していた香川大学の MBA では，「地域の基本問題は経営にあり，経営学が援用できる」という考えの下，地元企業が経営戦略や事業計画の見直しを行うため，体系的にビジネス知識を身につけることを目的とした高度人材教育プログラムの提供に取り組んできた。著者も地域創生に向けての教育プログラムに携わってきたが，科内で留めておくよりも教育成果を公開することで，地域活性に役立つノウハウを広めてゆきたいという考えから，この章を作成した。そして，読者に対する知のフィードバックを促進することを目的とし，実務レベルで応用できるように地域活性に役立つノウハウを紹介している。ケーススタディを通して，創業者が経営に関与する同族企業がなぜ企業価値最大化をとろうとしないのかを考察し，そこから，瀬戸内圏の企業の経営戦略を捉え，データの性質をよく理解した上で適切な理論と推計方法を選択することが大切であることを示している。実務レベルにおいても，今後の事業戦略見直しを検討している地方の中小企業経営者や，中間管理職の方々に対し，アカデミックな内容から何らかの示唆が得られる内容になっていると思われる。

　第3章は，定性的分析のみならず，定量的分析を通じて，負債をすることの功罪に触れ，資本構成や企業統治の諸問題を解決させるためには，利害関係者の間で利害調節を行い，インセンティブや情報の非対称性の問題と絡めて分析することが必要であると説明している。具体的には，資本構成及び取締役会の構成が，経営者のエージェンシー問題の発生に大きく影響を与えているのか，社外取締役に自社株やストック・オプションを認めることで，経営者に対するモニタリングが機能しうるのかに関する議論を展開している。

　株主の利益に繋がるように，欧米では長い歴史を持つ社外取締役制度の採用，社外取締役を一定数以上置くように改革が進められた。日本では，内部統制により，会計に関する書類や事業報告を提出することを義務付け，その情報の質を担保するため，経営者に不祥事を起こさせないように「善管注意義務」または「忠実義務」を負わせるといった会社法の整備は進められてきた。しかし，経営者や従業員の報酬体系を金銭的報酬や業績連動型で契約を締結するだけでなく，取締役会にモニタリングさせるインセンティブを持たせる工夫も必要になるだろう。さらに，経営トップをモニタリングする方法

について論じている。具体的には，社内取締役によるモニタリングの有効性と社外取締役に対するインセンティブ付与について考察を行った。

2015年5月に社外取締役の設置を強く推奨する会社法が改正され，そして日本版コーポレート・ガバナンスコードにより，社外取締役制度が導入されたが，その原則4条7項，4条8項の規定を遵守するだけでなく，株価連動報酬体系のもと，社外取締役が多くの持ち株を保有することが大切であると主張している。海外の研究は，欧米社会を対象とした判例研究から導出された理論であり，日本の事情を欧米由来の仮説では説明できないため，日本の特殊性に合わせ読み替える必要があるからである。

企業統治の問題を扱った内容は以下の通りである。多くの企業の場合，不祥事を起こしてもしばらく時間が経てば不祥事以前の水準まで株価が回復する傾向にある。そのため，大株主や金融機関といった利害関係者は，経営者が不法行為に手を染めることをそれほど問題視していない可能性がある。特に，非上場企業の場合，株価下落による評価価値の損失を考慮しなくて済むため，不法行為を行う誘因を上場企業より経営者は持っており，不祥事は繰り返されるという社会現象を明らかにしている。以上の内容は，内閣府社会経済研究所が発刊している学術雑誌である「経済分析」(2013)，「九州経済学年報」(2018) に査読を経て掲載された論文に加筆・修正をしたものである。

本書の構成：第Ⅱ部

第Ⅱ部は，第Ⅰ部の前半に紹介したファイナンス理論の手法を応用し，定量的分析を通じ，日常生活で起こる地域住民に関わる課題を解決するための政策提言をしている。その中に，著者の直近の論文を紹介している。1本目は，経済の分野，2本目は，法律の分野にそれぞれ焦点を当て考察している。両者とも九州経済学会，法と経済学会の学会誌や日本経済研究センターが刊行する学術誌で，前者は「法と経済学研究」(2017)，後者は「九州経済学年報」(2017)，「日本経済研究」(2013) にそれぞれ査読を経て掲載されたものに加筆・修正をしたものである。

まず，経済問題を扱った内容は以下の通りである。第4章では，利息制限

法が自己破産に陥る人の救済の点で，消費者に対しどの程度の効果を挙げているのかを定量的に評価した。2000 年の最高裁判所資料によると，人口 10 万人当たりに対する自己破産新受件数のワーストランキングは，大分県，宮崎県，福岡県，熊本県，長崎県の順に上位 5 位をすべて九州勢が占めている。社会的弱者の保護を謳った諸制度は，公正な社会を実現するため機能しているのか，判決などの法ルールを通じて，取引当事者のインセンティブにどのような影響を及ぼしているのか，定量的分析を通して以下の検証を行った。

　貸金市場を利用する際，借り手がきちんと返済してくれるかどうか，借り手の属性について貸金業者にはわからないことに原因があるため，情報の格差の点で企業は優位な状況にはない。こうした情報の非対称性を利用し，返済する意思のない借り手がみんな，優良な借り手の振りをするため，自己選抜メカニズムが働かず，貸出金利はますます上昇するといった市場の失敗が，貸金市場では起こっている。その結果，貸金業者は契約を遵守する消費者に対しても，契約を遵守しないとみなす。また，自らの契約条件を悪くしてでも，貸出しをする誘因を貸金業者は持ち得ないため，市場の失敗を理由として，高金利で貸出額を減らす，いわゆる貸渋りという状況の起こる蓋然性が高い（Freixas/Rochet（1997））。こうした状況下では，貸出供給曲線が右下がりかつ超過需要が発生しているワルラス不安定な状態にあり，上限金利規制の水準が引き下げられ，市場均衡の金利水準に近づくほど，社会的余剰は増加することになる。よって，上限金利規制引き下げ政策は，社会的に見て望ましいものであった。さらに，消費者金融市場は，貸金業者の登録数が年々減少しているとはいえ，市場は競争的状況に依然としてあるため，貸渋りはそれほど深刻ではないと結論として締めくくった。

　次に，法律問題を扱った内容は以下の通りである。第 5 章では，弁護士の数を増やす政策により，地域住民は泣き寝入りせずに訴訟遂行しやすくなっているのかを定量的に評価した。川島武宜が，『日本人の法意識』で日本人の和を重んじる意識によるものと指摘しているように，九州や四国といったムラ社会が残る田舎に行くと，紛争を公にすることをはばかる気風が依然残っている。日本では 90 年代後半より，個人の権利を擁護することが可能

な，法の支配を確立させる目的で，法曹人口を増加させることを通じて司法の規模を拡大させてゆこうと司法制度改革が進められてきた。さらに，法的サービスの供給者である弁護士の自由競争を促進する意味で，弁護士市場における広告，事務所，報酬等の規制緩和が行われてきた。

　法律に関する知識が不足して自信がなく，利用者が訴訟手続きに関する充分な知識や情報を得ることが難しくても，法曹資格を持つ専門家に依頼できるならば，自らの権利を実現することが可能となる。これは，裁判という公共的な場を通して，広く一般社会の人々の正義感覚に訴え，自分たちの権利主張を支持する社会的コンセンサスを拡大する機会が手続き的に保証されていることを意味する。また，弁護士に訴訟代理を依頼する際，経済学では，情報が不完備の状況下では，代理人を直接監視しなくてもインセンティブ報酬契約，たとえば成功報酬の契約を提示することにより，依頼者にとって望ましい状況を作り出すことが可能になることを示している[3]。しかし，司法制度改革の一環として弁護士の絶対数を強制的に増加した結果，貸金市場と異なり，自らの契約条件を悪くしてでも，法的サービスの提供をしようと誘発需要を起こす蓋然性がこれまで以上に高くなる。

　もっとも，弁護士が依頼者の裁判に対する誤解を修正し，法的サービスの需要曲線を上方にシフトさせることになるが，2割司法[4]と言われる現状の日本では，そのこと自体が直接弊害になるわけでない。むしろ司法関係者の数を増やす政策は裁判を遅らせ，訴訟件数はかえって減少することが危惧される（Garoupa/Simões/Silveira（2006），Martins（2009））。しかし，契約上のトラブルで消費者が企業を相手取り訴訟を起こす場合，民事訴訟法で定める証明責任の原則をそのまま適用すると，企業側は顧問弁護士で周到な準備をして対処してくるため，消費者側に著しく酷な負担を強いる結果になる[5]。したがって，消費者が泣き寝入りすることなく，弁護士に依頼しやすい環境を作ることが大切であることを結論として締めくくった。

　最後に，著者が2018年の暮れに英語で執筆した論文 "Will Encouraging the Return of the Driver's Licenses of the Elderly Reduced Traffic Accidents?" を翻訳した内容を紹介している。地方創生という名の下で行われた地域活性化政策は，地方をさらに衰退化させている可能性もあるとい

う論調に対し，高齢化が進む地方においても，都市の生活環境とほとんど変わらず豊かな生活を送れるようにするにはどうしたらいいか，地方行政の取組みについて考察した。

International Journal of Japan Association for Management Systems (IJAMS) に掲載された著者の論文では，高齢者による自動車乗車中の事故増加が問題とされている最近の論潮に対し，多くの高齢者は交通事故に遭わないように十分注意を払っているが，運転免許を保有する高齢者は運転する機会があるためか，交通事故の増加に寄与している可能性がある。したがって，高齢者に運転免許の返納を奨励することは，交通事故の減少につながる可能性がある。また，現在の損害保険契約では，モラル・ハザードの問題が発生していることも実証し，歩行者が関わる交通事故を引き起こす傾向にあることを指摘した。

　これまでの話から分かるように，本書は，理論からの解説を心掛けているが，地域社会の問題に関心を寄せる社会人・院生・実務家の方を読者対象としている。本文中でも触れることになるが，たとえば EVA はその理論的な整合性を備えつつも，実務に浸透させるのは必ずしも容易ではない。しかしながら，資本コスト概念の有用性を納得してもらうことで，直接的ではなくとも実務への何らかの貢献は期待できると考えている。そして，著者の専攻する計量経済学，ゲーム理論に関する内容を可能な限り基本あるいは大枠なものにとどめるよう努力して書いている。その際，学術論文では必ず書いてきたモデル構築のための導出過程，仮説検定を行うための実証分析に関する手法の数学的記述は，必要最小限なレベルにとどめている。

　また，これらの論文は本書をまとめるにあたって，かなりの部分については加筆・修正を施し，章相互間で関連付けを行った。これらの論文をこのような形で本書に収録することを許可してくださった初出雑誌出版社に感謝する次第である。また，上司である板倉宏昭，元同僚であった都築治彦の各先生は，首都大学東京，佐賀大学の大学院で担当した私の講義内容を傍で聴かれ，その内容に共感して各々の大学紀要で公表してくれた。また，本書の出版に際して多くのご配慮を頂いた，九州大学出版会の永山俊二氏に対し，改めて感謝の意を表したい。そして，これらの関連するプロジェクトを遂行す

るにあたり，日本学術振興会からの科学研究費補助金（研究課題番号：20730249，23730355，19K01860），村田学術振興財団，大林財団および石井記念証券振興財団から研究助成を頂いた。この機会をお借りして厚くお礼申し上げる。

[注]

1　もっとも，従来から補助金で延命的に事業を行ってきた企業の多くは生産性が低いため，低賃金等の課題を抱えている。その企業を生産性の高い企業に生まれ変わらせることにより，住民の低賃金問題も解消させることが可能になる。

2　政府の予算配分の恩恵を受けた地域の商店街が，街おこしの PR のために，都市部の大手広告代理店に，チラシやポスターを外注し，イベントを行っても，地域で雇用された広告代理店の社員の給与にはなるものの，その利益の大半は，ストロー式に資金を大都市に吸い上げられる現象を想像すればよい。

3　代理人のモラル・ハザードの解決策としてのインセンティブ報酬については，たとえば，ポール・ミルグロム，ジョン・ロバーツ（1997）の『組織の経済学』を参照。

4　2割司法とは，司法，すなわち裁判は，本来果たすべき機能の2割しか果たしていないという意味である。残りの8割は，泣き寝入り・政治決着・暴力や行政の力ずくで，道理を曲げ弱者をいためつけて物事が進んでいる。また，なるべく解決自体をあいまいにし，何故こんな結果になったかの道筋を明らかにせず，社会全体を不透明にしている（中坊公平，元日弁連会長，1999年6月30日付『東京新聞』夕刊「放射線」より）。

5　特に，一般市民のような1回の依頼ではなく，財力を持った反復的依頼者との関係が長期継続的関係にある企業弁護の場合，高額の報酬契約が約束されているため，質の高いサービスを提供することになり，消費者には手強い存在となる。

（三好祐輔）

第 I 部
企 業 編

第 1 章

企業価値の評価と計測

　本章では，企業の業績評価指標 EVA（Economic Value Added）の性質や計算構造について具体的なケースを交えながら解説する。当指標は企業利益の効率性測定に資本コストの概念を取り入れたという点で，従来からある ROE，ROA よりも投資家視点を徹底したものと言える。日本では 2000 年代前半期に大手企業を中心に導入が進んだが，産業界全体への広まりを見せることはなかった。課題含みではあるものの，一定の有効性は認められる当指標について説明する。

1. 企業の使命

　「企業の使命とは何か」という問いに対しては，一般的には次のように答えることができよう。すなわち「売上を拡大し十分な利益を上げること」であると。それでは，誰のために利益を上げる必要があるのだろうか。ここで「企業は誰のものであるか」という次の問いが想起される。周知の通り，企業はその出資者たる株主のものである。会社法および民法に基づき，依頼人（Principal）である株主は，代理人（Agent）である経営者に対して，企業運営を委任する契約を結んでいる[1]。近年ますます高まっている株主権利を強調する風潮は，法律に確かな根拠を求めることができる。しかしながら，実態として本当に企業は株主だけのものだろうか。言うまでもなく，企業を存続せしめているのはそのステークホルダー（Stakeholders：利害関係者）の全体である。つまり，従業員，取引先，債権者，株主のいずれを欠いても企業活動を継続することはできない。したがって広義には，企業はステークホル

ダーすべての満足度を高めることを使命として負っている。

　ステークホルダーが企業の利益にあずかれる順位を示すと，上から従業員，取引先，債権者，株主の順である。企業活動においては，従業員に賃金が支払われ，取引先にモノやサービスの提供が行われ，債権者に対して債務が返済され，国や自治体への納税を行った上で，最後に配当という形で株主への還元がなされる。企業活動を継続するためには，受益の順番を最後列で待っている株主を満足させなくてはならない。では，株主が求めている利益とは何か。それは，出資以上の還元（リターン）を得ることである。ただしリターンとは，単に配当を支払うことだけを意味しない。資金を提供している株主は，別のモノに投資していたら得られたであろう利益よりも多くの利益を得ること，すなわち，機会費用を上回る還元を期待している。これを企業の側から捉えると，自社の資金調達に要するコストを算定するには，借入金や社債にかかる金利（負債コスト）だけではなく，資本にかかる株主にとっての機会費用（資本コスト）をも考慮しなくてはならないということを意味する。

　ここで，冒頭に示した問いに対する回答が可能となる。企業の使命とは，その出資者である株主に対して，調達コスト（資金提供者にとっての機会費用）を上回るリターンを生み出すことであり，これによってステークホルダー全体への還元が実現されることとなる。調達コストとリターンを測定し，後者から前者を引いた差額が正であれば，その企業は付加価値[2]を生み出していると認められよう。次節では，それを具体的に測定する経済指標について説明を行う。

2. 経済的付加価値 EVA による企業価値測定

　企業はその活動資金を投資家および金融機関等から調達する。その金額は貸借対照表の純資産の部または負債の部に計上されるし，利息や配当金の支払いは損益計算書に計上される。しかし，それらはすべてキャッシュイン，キャッシュアウトを伴うものに限られ，前節で述べたような，資金提供者に

とっての機会費用（他の案件に投資していれば得られたであろう利益）は，財務諸表のどこにも掲載されることはない。この「見えざる金額」を資本コストの概念を用いて表出化したのが，EVA（Economic Value Added：経済的付加価値）という指標である。

EVA とは，米国のコンサルティング会社 Stern Stewart & Co. が考案した企業業績評価の指標で，以下の計算式により定義される。

(1)式：

$$EVA^3 = [投下資本利益率(ROIC) - 加重平均資本コスト(WACC)] \times 投下資本$$
$$= [(税引き後営業利益 \div 投下資本) - WACC] \times 投下資本$$

この指標は，株主や債権者といった企業に対する資金提供者の視点に立ち，企業の生み出す事業利益が，資金提供者の期待する水準をどの程度上回っているかを表している。以下では，この指標を構成する主要素であるROIC（Return on Invested Capital：投下資本利益率）と WACC（Weighted Average Cost of Capital：加重平均資本コスト）に関する説明と並行して，花王株式会社（証券コード 4452　以下，花王）の実際の決算数値をケースとして，EVA の計算プロセスを具体的に示す（花王を対象企業として選定したのは，同社が国内で EVA を早い段階から導入した代表的企業であり，現在でも EVA を指標とした業績管理を継続しているためである[4]）。

2.1　ROIC（Return on Invested Capital：投下資本利益率）

ROIC の解説を行う前に，業績評価指標一般について確認しておきたい。

多くの日本企業では，高度経済成長期以前から，営業利益および経常利益が業績評価の主要指標として用いられてきた。これらの指標が支持された理由は，①損益計算書に表示される数値そのままであるので，利用が簡便かつ明瞭である。②長らく日本企業にとっては，金融機関からの借入金が資金調達の主要部分を占めていたため，資本効率の良さよりも，元本返済および利息支払能力が担保されていることのほうが優先事項であった。効率経営を望

む株主よりも，債権者（金融機関）の声が大きかったことの表れといえる。

こうした絶対額指標のほか，効率性指標である ROA（Return on Asset），ROE（Return on Equity）もよく利用されている[5]。ROE（株主資本利益率＝利益[6]÷株主資本×100）は，株主から預かった資金，ROA（総資産利益率＝利益÷総資産×100）は保有資産のすべてをベースとして，どれだけの利益を生み出しているかを測定する。

特に株主主権の強い米国およびバブル崩壊後の日本では，経営者の専断を抑止する手段として，企業の行う事業活動が資本コストを上回る利益率を確保できているかを測定するため，株主資本利益率（ROE）が重視されてきた[7]。

ただし，ROE も万能ではない。ROE の計算式を変形すると ｛ROA ＋（ROA －有利子負債の利率）×負債比率｝ ×（1 －税率）となる。有利子負債の利率を ROA が上回っていれば，負債比率を高めるだけで ROE は大きくなる。すなわち，ROE が高いことは，負債比率を過度に高めた（リスクが高い）結果に起因するかもしれない。そのため，ROE が高いだけで好業績であると判断するのは拙速である。

ROIC は「税引き後営業利益÷投下資本」で計算され，一見，ROA と似通った計算式である。分母の投下資本は，事業活動に要する正味運転資本，有形固定資産，無形固定資産，投資その他の資産などの事業資産を対象とし，余剰資金[8]，遊休資産などは余剰資産として除外される点が，ROA で用いられる総資産との相違である。投下資本（事業資産）に限定することで，本業の資本効率を測定することができる。

分子の利益額には税引き後営業利益を利用する。これは EVA がステークホルダーへの還元を終えた後の「残余利益」[9]の考えに基づいているためである。また，上式で見たように EVA は ROIC と WACC の差額概念として把握されるが，ROIC と同様，WACC の計算で使用される利益数値も税引き後営業利益である。

具体的な数値を用いて花王における 1999 年度（EVA 導入初年度）および 2000 年度の ROIC を計算すると，次の通りとなる（表1）。いずれの数値も財務諸表の情報から算出することができる。

第1章　企業価値の評価と計測　　*19*

ROIC（1999 年度）＝ 57,967 ÷ 494,088 ＝ 11.7%

ROIC（2000 年度）＝ 55,906 ÷ 489,257 ＝ 11.4%

表1　ROIC の算出（花王（1999 年，2000 年））(単位：百万円)

	1999 年度	2000 年度
短期借入金	8,914	13,791
長期借入金	1,091	8,405
社債	9,104	4,074
D：有利子負債	19,109	26,270
S：株主資本（資本金）	474,979	462,987
D＋S：投下資本	494,088	489,257
営業利益	99,181	107,098
法人税等	41,214	51,192
税引き後営業利益	57,967	55,906
ROIC	11.7%	11.4%

2.2　WACC（**Weighted Average Cost of Capital**：加重平均資本コスト）

　加重平均資本コスト（WACC）は，外部から資金を調達する際に認識すべきコストで，以下の算式により求められる。企業の資金調達の源泉は負債と株主資本の2つに分けることができるが，各々の調達にかかるコスト，すなわち①「負債コスト」[10] と②「株主資本コスト」[11] の両者を加重平均することで調達コストが計算される。

WACC
＝負債比率×税引き後負債コスト　＋　株主資本比率×株主資本コスト

$$＝\frac{有利子負債額}{（有利子負債額＋株主資本時価）}×負債コスト×（1－法人税実効税率）$$

$$＋\frac{株主資本時価}{（有利子負債額＋株主資本時価）}×株主資本コスト$$

表2 負債コストの算出（花王（1999年，2000年）） (単位：百万円)

	1999年度	2000年度
短期借入金	8,914	13,791
長期借入金	1,091	8,405
社債	9,104	4,074
D：有利子負債	19,109	26,270
支払利息	2,852	2,194
負債コスト （支払利息÷有利子負債）×（1－法人税実効税率）	9.0%	5.0%

① 負債コストの算出

負債コストは「支払利息÷有利子負債額」により計算される。なお，支払利息は税務上，損金として認識される（翌年度の支出を減らす効果がある）ため，実質的な支出額を考慮して「税引き後負債コスト」[12] を求める。具体的な計算結果は表2に示す通りであり，公表されている決算数値から導き出すことが可能である。

② 株主資本コストの算出

株主資本コストは CAPM（Capital Asset Pricing Model：資本資産価格モデル）に基づき，次の算式により求められる。

r_c（株主資本コスト）
$= r_f$（リスクフリー・レート）$+ \beta$（ベータ）×（マーケット・リスク・プレミアム）

1) r_f（リスクフリー・レート）

投資家は，収益を得ることを期待してある会社の株を買う（すなわちある会社に投資する）が，同時に，株価が下がる（損失を被る）かもしれないというリスクを負っている。したがって，元本保証がなされている預貯金のような無リスク（正確にはリスクが限りなくゼロに近い）商品を上回る収益を期待している。この無リスク商品の利回りをリスクフリー・レートといい，

表3　10年物国債流通利回り

年	%	年	%
1999	1.655	2009	1.285
2000	1.640	2010	1.120
2001	1.360	2011	0.980
2002	0.900	2012	0.795
2003	1.360	2013	0.740
2004	1.430	2014	0.320
2005	1.470	2015	0.265
2006	1.675	2016	0.040
2007	1.500	2017	0.045
2008	1.165		

出所）日本相互証券

実務では10年物国債流通利回り（国家が破たんしない限り収益が確約されている）を用いることが通常である。

2）β（ベータ）

　株式のベータ値とは，個別の株式が，株式市場全体の動きにどれくらい連動するかを示す数値であり，「株式市場全体と個別株式の感応度」を言う。すなわち，ベータ値が1.0の株式は株式市場全体と全く同じ動きをする[13]。ベータ値算出のためには，通常は最低3～5年間分の週次もしくは月次の株価データが必要とされる。

　具体的には表4のように，対象企業の株価について，t週の終値とt－1週の終値の変動幅を算出し，これを株価収益率とする。同様にTOPIX（東証株価指数）についてもt週の終値とt－1週の終値の変動幅を算出し，これをTOPIX収益率とする。t週における株価収益率をX座標，TOPIX収益率をY座標にプロットしたものが図1であり，前者を後者に回帰させて得られる係数の最小二乗推定値，すなわち回帰直線の傾きがベータ値である。

3）マーケット・リスク・プレミアム

　マーケット・リスク・プレミアムは，株式市場全体の期待収益率（市場イ

表4 株価収益率（花王）（TOPIX）の算出

年月週	花王終値（週次）A	花王株価収益率 $(A_t - A_{t-1}) \div A_{t-1}$	TOPIX 終値（週次）B	TOPIX 収益率 $(B_t - B_{t-1}) \div B_{t-1}$
1999年1月第一週	2,540		1,042.48	
1999年1月第二週	2,340	-0.079	1,049.40	0.007
1999年1月第三週	2,325	-0.006	1,071.69	0.021
1999年1月第四週	2,350	0.011	1,091.22	0.018
〜	〜	〜	〜	〜
1999年12月第一週	3,160	0.068	1,583.10	-0.038
1999年12月第二週	2,975	-0.059	1,594.80	0.007
1999年12月第三週	2,960	-0.005	1,596.31	0.001
1999年12月第四週	3,000	0.014	1,602.76	0.004
1999年12月第五週	2,915	-0.028	1,652.87	0.031

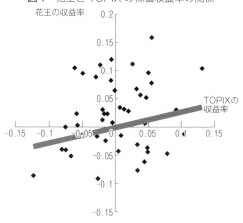

図1　花王とTOPIXの株価収益率の関係

ンデックスの収益率）からリスクフリー・レートを引いて計算して求められるが，目安として，日本は5.0〜5.5％，米国は7〜8％といわれている。また，市場インデックスは，日本の場合TOPIX，米国の場合S&P 500を利用する。

以上より，実際に株主資本コストを算出すると，以下のようになる。

第1章 企業価値の評価と計測　*23*

株主資本コスト（1999 年度）

= 0.016（リスクフリー・レート）+ 0.328（β）× 0.05（マーケット・リスク・プレミアム）= 3.24%

株主資本コスト（2000 年度）

= 0.0136（リスクフリー・レート）+ 0.246（β）× 0.05（マーケット・リスク・プレミアム）= 2.59%

次に，負債コストと株主資本コストの加重平均をとることで，WACC が算出される。

WACC（1999 年度）

= 9.0% ×（19,109 ／ 494,088）+ 3.24% ×（474,979 ／ 494,088）

= 3.5%

WACC（2000 年度）

= 5.0% ×（26,270 ／ 489,257）+ 2.59% ×（462,987 ／ 489,257）

= 2.7%

ROIC と WACC の数値を式 p. 17 の(1)式へ代入することで，EVA が求められる。

EVA（1999 年度）

=（11.7% − 3.5%）× 494,088

= 40,866

EVA（2000 年度）

=（11.4% − 2.7%）× 489,257

= 42,598

24 第I部　企業編

以上のように花王の EVA を約 409 億円（1999 年度），約 426 億円（2000 年度）と計算することができる。なお，同社は EVA の具体的金額および計算過程を公表しておらず，基準年度を 100 とした経年比較を公開しているのみである。ところで，花王の EVA 導入について書かれた新聞記事[14] によると，同社の EVA 数値が 1999 年度 290 億円，2000 年度 370 億円とある。記事にある通り株主資本コストを 5％に設定した上で，この結果に近似する条件を探ったところ，負債コストをゼロ，税引き後営業利益を当期純利益に置き換えることで，比較的近似する数値が得られた（表 5）。

　これはあくまで推測に基づく条件設定であるが，実務上は簡便性を重視して，次のようなことがありうるのではなかろうか。すなわち，①有利子負債を上回る潤沢な金融資産を有する，いわゆる無借金企業の場合は，負債コストをゼロとみなすこと，②利益指標として税引き後営業利益の代替として当期純利益を用いることである。

表 5　WACC と EVA の算出

	1999 年度	2000 年度
有利子負債	19,109	26,270
支払利息	2,852	2,194
負債コスト*	0.0%	0.0%

＊金融資産が潤沢であるためゼロと仮定

	1999 年度	2000 年度
株主資本（資本金）	474,979	462,987
株主資本コスト	5.0%	5.0%

＊ 5.0% と仮定

	1999 年度	2000 年度
投下資本	494,088	489,257
WACC（投下資本コスト）	4.8%	4.7%

	1999 年度	2000 年度
当期純利益*	52,147	59,426
ROIC	10.6%	12.1%

＊税引き後営業利益の代替として使用

	1999 年度	2000 年度
EVA	28,398	36,277

3. EVA の抱える課題と限界

　ここまで，EVA の特徴に触れながら具体的な計算過程を説明してきたが，実際のところは，実務での利用が広く浸透しているとは言い難い。

　冒頭で述べたように，EVA の概念は米国のコンサルティング会社 Stern Stewart & Co. が提唱したもので，日本では 1990 年代後半から 2000 年代前半期に導入企業が相次ぎ，一時はブームの様相を呈する。ただしそれからおよそ 10 年後には，新たに導入する企業はめっきりと減ってしまい，廃止する企業も目立つ。ビジネス誌でも全くと言っていいほど見かけなくなる。結果的に，EVA は営業利益や ROA 等の伝統的指標に取って代わることはなく，企業での実施率は大きく伸びることはなかった。

　なぜ EVA は広く一般に活用されるに至らなかったのか。森（2016）は EVA の課題を①計算の複雑さ（調整項目の多さ），②短期的な業績を評価するため長期投資が阻害される，③実績値がマイナスになりやすい，等と整理している。①については，簡便な計算方法の導入，調整手順を定式化すること等によって対応可能である。②は多くの先行研究でも指摘されている事項であり，EVA 導入によって生じる問題点を「短期と長期のトレードオフ問題」（櫻井 2002）として，経営管理者が EVA の目標値を遵守しようとしすぎると，長期的には利益をもたらすが，短期的には EVA がマイナスになるような投資案件を採用できなくなってしまうとしている。③については，「EVA の値がマイナスになりやすいという課題については，EVA の性質として受け入れざるを得ないと考えられることから（中略），ディスクロージャーの中で取り上げるのは難しい」（森 2016）。

　さらに，EVA が突きつける数値をどう解釈するか，という視点からの批判もある。松村（2014）は限界利益や営業利益等と比較して「EVA は極めて高いハードル」であり，「（EVA は）市場に押し付けられた数値である。ここでは，主体的な取り組みが困難となる」と厳しい評価をした上で，「ここに EVA が徐々に話題にならなくなった原因があるのではなかろうか」と結論している。三浦（2007）も同様に「EVA 極大化企業にとって，株主の

ために創造される真の価値は，株主資本市場の平均期待収益率を上回る剰余分にこそ存在する。株主価値の創造を標榜する EVA は，株主資本の期待収益率以上の ROE を常に求め，加重平均資本コスト以上の ROA をつねに求めるのである。EVA 極大化企業は，もはや利益が出ただけでは許されない」。

　このように，課題が多い EVA であるが，日本における EVA 導入企業のうち 4 割程度が同指標を継続して利用しており，課題に対応するさまざまな取組みを行いつつ，管理会計の一端として機能していることを明らかにした研究（森 2016）もある。ブームは過ぎてしまったものの，有効に活用している企業も確かに存在する。

　前節でケースとして取り上げた花王は，すでに 20 年近くの EVA 運用実績を重ねている。同社は，EVA を重要な経営指標として使っていることが高く評価され，東京証券取引所が選定する企業価値向上表彰大賞（2016 年度）に選定されている。そのインタビューの中で同社の澤田社長は，なぜ EVA を指標として扱うのかという質問に対して，「単に効率的な経営をするだけでなく，株主の期待に沿ってそれを上回る利益を上げましょう，その利益で社会に，株主に，従業員に還元していきましょう，という願いがこもった指標が EVA なのです」という前置きをして，経営効率と株主期待値（WACC）の両方が合わさっている点に優位性を認め，EVA を長年採用していると答えている。また，EVA を活用できていない企業が多い中，花王ではどのように活用しているかという質問には「経営陣を含めて従業員全体が理解していくことが重要」と答えている。澤田社長は「EVA の本質とは，いかに効率的に資産を活用しながら，株主目線を忘れないようにするか」とも言っており，当指標には投資家の視点が内在化されているという点を生かし，経営者だけでなく従業員にも浸透させることが有効活用のカギとなる。

4. 地域企業の処方箋としての EVA

　先行研究が指摘するように，EVA の要求するハードルは決して低いものではない。ただし，これを最低限乗り越えなければ，投資家にとっては投資対象にする合理的理由を欠いてしまう指標であるというのもまた事実であろう。ここで，ROIC から WACC を差し引いた数値を EVA スプレッドとしたとき，EVA スプレッドが僅かでも正であれば，資本コストを上回る事業利益を生み出していると言える。すなわち，仮に自転車操業的な経営状況であったとしても，存続させる意義がある企業とみなせる。

　次章では，本書のタイトルでもある，地域企業の"処方箋"として EVA が機能しうる役割を考察するべく，具体的な地域および企業を対象とした研究を行う。とりわけ，瀬戸内地域の産業史や地理的条件等にも触れながら，当該地域の特質を明確にする。次に，具体的にいくつかの企業を取り上げて，個々の経営形態・企業戦略を記述する。さらには経営形態・企業戦略と EVA 数値の関係性について，瀬戸内の企業群を対象とした統計分析を行って考察を行う。最終的にはこれらの分析をまとめて，EVA を活用した処方箋モデル構築の端緒を得ることを目的とする。

補論 1：イベントスタディによるベータ値の推計

　本章で扱った花王のベータ値の算出について補足をすると，1999 年における
ベータ値は，1992 年から 1995 年までの月次株価データ（約 50 件），2000 年にお
けるベータ値は，1993 年から 1996 年までの月次株価データ（約 50 件）を用いて
いる。その理由は，2000 年の週次株価データを用いた計算を行うと，ベータがマ
イナスの値（− 0.35）になる（したがってマーケット・リスク・プレミアムの値
と掛け合わせて導かれる株主資本コストもマイナスの値になる）からである。株
主資本コストがマイナスであるということは，投資家の視点からすると元本割れ
の損失を被ることを前提とした投資ということになり，この値は資本コスト計算
には適さない異常値とみなすべきである。原因として考えられるのは，1997 年の
山一證券，北海道拓殖銀行の倒産に端を発した金融危機である。この出来事（イ
ベント）が花王のベータ値に大きな影響を与えている可能性は否定できない。実
際，この期間を除けば，1 年毎の週次株価データで推計したベータ値は概ね正の値
を取っている。長期間のデータを採用した場合もベータ値は正の値である。そこ
で，「イベントスタディ」という統計的手法によって，金融危機というイベントが
発生していなければ，その株式が付けたであろう価格を反事実として用いること
とする。これは，イベントが発生する前の株価を使って，イベント発生前の傾向
がイベント後もそのまま存続していただろうと仮定し，コントロール群として採
用するという方法である。
　また，事例期間（イベントウィンドウ）が長期にわたる場合，短期にはない問
題点が生じる。一つは，イベントの前後で企業の株価のリスクが大きく変化した
のにもかかわらず，その推定誤差が積み重なっていくこと，もう一つは，標本数
が多くなることで，モデルの説明力（修正済み決定係数値）が低下するというこ
とである。我々が採用している CAPM（資本資産評価モデル）はリターンの要因
を 1 つとする「シングルファクターモデル」であるが，その採用に対して否定的
な立場をとる実証研究は多い。代替手段として，企業規模（株価時価総額）や時
価簿価比率といった他の要因を考慮した「マルチファクターモデル」（Fama-
French（1993）の 3 ファクターモデル）を採用することも可能ではある[15]。しか
し，我々は特定のイベントが企業価値に与える効果を測定することを目的として
いるわけではない。また，日々の株価の動向に着目しなければならないわけでも
ない。そこで，長期の期間を対象とすることで，標本数を増加させてノイズ（推

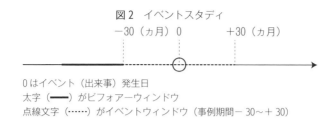

定誤差）を増やすことを避けるため，週次株価データではなく，月次株価データを採用した。

　イベントスタディでは−30ヵ月から＋30ヵ月までをイベントウィンドウとして，その平均予測誤差を加算した累積平均予測誤差を計算することが一般的である。そのため，月次株価データの場合，金融危機が発生した1997年よりも約3年前以前のデータを採用することになるので，1992年〜1995年までの期間（ビフォアーウィンドウ）を用いてベータ値を推計した。

補論2：未上場企業のベータ値算出

　未上場企業には株式の時価情報がないため，株主資本コスト計算に必要なベータ値について，本文中で説明したような方法で算出することができない。代替的な方法として，業界の類似企業数社のベータ値を利用して，当該企業の資本構成比で調整した平均ベータ値を求めることができる[16]。次頁では，未上場である四国電力の子会社のベータ値を載せている。

　具体的には，まず，上場している類似企業を数社選択して，各社のベータ値を求める。次に，有利子負債（D）と株主資本（S）の比率を用いて，次式によって類似企業のアンレバード・ベータ（unlevered β）値を算出する。

①アンレバード・ベータ
　＝ベータ÷（1＋（1－法人税実効税率）×有利子負債額÷株主資本）

　アンレバード・ベータ値とは「資本構成が100％株主資本と仮定した場合のベータ値」である[17]。すでに説明したように，ベータ値とは，個別の株式の株式市場全体に対する感応度を示す。ベータ値を構成するのは，次の2つの要素である。ⓐ事業リスク[18]：当該企業が行う事業活動固有のリスクが，株式市場全体に比べてどれぐらい変動するか，ⓑ財務リスク[19]：対象となる企業の資本構成が，株式市場全体の資本構成と比べどのようになっているか。

　アンレバード・ベータ値は，事業リスクだけを加味した場合のベータ値で，類似業種の上場企業から求め，アンレバード・ベータ値に当該企業固有の財務リスクを付加することで，未上場企業のベータ値，すなわち「事業リスクに加え財務リスクも加味した，通常のベータ値」を推定できる。

　手順としては，類似企業各社のアンレバード・ベータ値を算出したのち，これを平均して，業界平均のアンレバード・ベータ値を求める。そして，次式によって当該企業の財務リスク（資本構成比）を付加した推定ベータ値を得る。

②推定ベータ（未上場修正ベータ値）＝業界平均アンレバード・ベータ×
　（（1－法人税実効税率）×有利子負債額＋株主資本時価）÷株主資本

第 1 章　企業価値の評価と計測　　*31*

表 6　四国電力 100％子会社 3 社の修正ベータ値

STNet 社（2014 年度）	類似上場企業の@事業リスクで評価			
類似企業名	有利子負債(D)	株主資本(S)	β 値	① unβ
東芝テック	2,028	204,723	1.214	1.207
伊藤忠テクノソリューションズ	12,236	172,907	0.628	0.602
NTT データ	89,618	727,935	0.047	0.044
同業他社平均	34,627	368,522	0.630	0.6177

四電エンジニアリング（2014 年度）				
類似企業名	有利子負債(D)	株主資本(S)	β 値	① unβ
NIPPO	5,247	250,913	0.785	0.775
青木あすなろ建設	0	55,230	0.532	0.532
住友電設	2,804	42,825	0.659	0.634
同業他社平均	2,684	116,323	0.659	0.6471

四国計測工業（2014 年度）				
類似企業名	有利子負債(D)	株主資本(S)	β 値	① unβ
キヤノン電子	0	75,996	0.595	0.595
日新電機	3,892	79,995	0.971	0.943
日立ハイテクノロジーズ	0	301,696	0.870	0.870
同業他社平均	1,297	152,562	0.812	0.8028

企業名	事業リスクの平均値に⑥財務リスクを加味		
	有利子負債(D)	株主資本(S)	②未上場修正 β 値
STNet 社（2014 年度）	14,900	13,702	1.021
四電エンジニアリング（2014 年度）	5,526	9,675	0.869
四国計測工業（2014 年度）	7,605	3,794	1.768

[注]

1 会社法第330条では「株式会社と役員及び会計監査人との関係は、委任に関する規定に従う」ことが定められている。そしてこの委任関係について、民法第644条では「受任者は、委任の本旨に従い、善良な管理者の注意をもって、委任事務を処理する義務を負う」と定められている。

2 将来回収できる成果、つまり企業が将来にわたり生み出すことを期待されている付加価値を現在時点に割り引いた上で合計したものが、企業価値であり、実務ではDCF（Discounted Cash Flow）法が最も一般的に知られている。

3 EVAの計算式から確認できるのが、損益計算書（PL）上の利益項目および、貸借対照表（BS）上の投下資本使用コスト（WACC）が構成要素として組み込まれているということである。すなわち、EVAはPL項目とBS項目の双方を統合した指標である。EVAの数値を改善する方法は、①投下資本（負債と株主資本の和）を小さくする、②調達コスト（WACC）を小さくする、③利益を大きくする（売上高を大きくして、売上原価を少なくする）、の3択である。

4 花王はStern Stewart & Co. 社（EVA経営を提唱し、EVAを登録商標）のコンサルティングを1998年10月より受けており（日本での第1号顧客）、1999年4月からEVA適用を開始している。

5 川野（2014）らが2011年～2012年に東証上場企業を対象として実施した調査結果によると、各企業が業績評価に活用している指標は、営業利益（72.8%）、売上高（69.1%）、ROA（26.5%）、ROE（24.1%）などが上位である。

6 ファイナンス研究でROA、ROEの計算を行う時、「当期純利益」ではなく「経常利益」を使って計算することもある。

7 巨額の資金と積極的な事業展開によって事業を発展させてきた㈱そごうの崩壊など、相次ぐ企業倒産を目の当たりにした経営者は、自己資金を充実させる必要性を認識せざるを得なかった背景がある。

8 余剰資金は、手元流動性のうち、運転資金、設備資金に充当する必要のない資金を指す。

9 残余利益とは、当期純利益から株主が期待する収益分（株主資本コスト）を引いた利益である。

10 貸借対照表上の有利子負債にかかるコストで、銀行からの借入金や社債などの有利子負債で資金を調達する際に認識すべきコストである。

11 貸借対照表上の株主資本に係るコストで、株式の発行などにより、株主から資金を調達する際に認識すべきコストである。

12 法人税率は実務上0.3を用いる。

13 たとえば株式のベータ値が0.2の時、株式市場全体が100円上がれば、その株式は20円上がるが、株式市場全体が100円下がれば、その株式は20円下がることを意味する。

14 日経金融新聞（2001年7月16日付7面）では「花王はEVAの額自体は公表していない。資本コストの置き方や調整項目次第で額がぶれるためだが、その算出に欠

かせない株主資本コストについては同社では5%を目安にしている」とした上で，2000年度の同社のEVA金額を370億円程度，1999年度は290億円程度と推定している。

15 最近のビッグデータを扱う潮流に合わせるため，モデルの改善を要求されたという背景がある。ただし，理論的な根拠が存在しないで，データに沿ったモデルにするため，説明変数を加味したモデルという批判がある。

16 計算方法：β_u＝業界の類似企業の平均β÷業界類似企業の資本構成（1＋有利子負債÷株主資本）を対象とする企業の数だけ計算し，平均値を求める。そして，このβ_uを用いて，β_u×対象未上場企業の資本構成（1＋有利子負債÷株主資本）で求めるのが正解。

17 アンレバード・ベータ値の前提となる資本構成は，貸方が100％純資産（株主資本）になる。

18 個別の企業によらず，業種ごとに決まる。事業リスクは，個々の企業によらず，業種が同じであればほぼ同じになるとみなす。

19 個々の企業の資本構成に依存するので，各々の企業の資本構成によって異なる。

（三好祐輔・一柳慎太郎）

第2章

瀬戸内発祥の企業の形態と経営戦略

　利益最大化を使命とする企業は，経済合理性を追求した帰結として，人，モノ，カネ，情報が集積する都市部へとその重心を移していく。言われているように，地方には大量の雇用を吸収するだけの勤め先がなく，ますます生産年齢人口が減っていくという悪循環に陥るばかりである。本章では，どうすれば地方と呼ばれるエリアに企業が「残留」するのか，その手がかりを探ることを目的とする。言い換えれば，地域発祥の企業の都市部への進出／非進出の違いは何に由来するのかを探ることでもある。その上で，地域企業にとっての「処方箋」——具体的には，地元企業が存続するための条件，企業存続の環境整備について考察する。

1. 瀬戸内地域発祥企業の歴史的背景

　瀬戸内地域の人口は 1955 年をピークにして，減少の一途を辿っている[1]。当該地域では，農村エリアからの人口流出のかなりの部分を瀬戸内内部の地方都市，特に県庁所在都市が引き受けたことで，その都市機能が，周辺各地方の住民生活を支えていた。隣接する阪神・北九州地域と比べ，瀬戸内は特定の都市への人口集積が相対的に小さく，これまで等質的な地域発展が進められてきた。

　高度経済成長期における瀬戸内の工業化は，特に石油精製・石油化学が中心で，主として広島周辺・周南地方・岡山周辺に偏在して進行した。国家主導による工業立地が推進されたのは戦時体制期以後のことであるが，戦後の軍需産業からの転換により工業化が進められた広島・呉地区では，機械・鉄

鋼・造船（たとえば，呉地区では日立造船因島工場をはじめ，日立製作所系列の機械・部品メーカーが展開）を中心に，県外資本による工業化が進められた。

岩国・光・徳山の周南地域では，広島・呉地区同様に軍需工業施設の転換により，武田薬品工業，出光興産，出光石油化学，帝人等が工場進出を行ったことが有名である。近くに石炭及び石灰石を中心とした工業集積地区（宇部・小野田）があったため，地域資源を活用した㈱トクヤマ，東ソーなどの化学工業が勃興した地域でもあり，工業集積の礎は築かれていた。しかし，内貿の港湾はあっても外貿向けの大きな港湾はなく，石炭から石油へのエネルギー革命以降は，三井及び出光興産を中心とした企業系列による石油・化学工業コンビナートが形成された。このように，広島以西の地域経済の特徴は，下請けを中心とした関連企業による系列化が進展し，県外大資本による工業化が進められたことにある。

一方，倉敷・岡山地区では戦前の紡織，戦後の化学を独自産業として有し，水島工業地帯と岡山市が核となって工業化が進められた。戦前は岡山を中心とする繊維工業をはじめとして，綿紡績，人絹工業が主産業であったが，この多くが分散的に立地しており，地域経済に貢献する度合いは低かった[2]。しかし当該地域は海上交通の便がよく，海外からの原燃料輸入や製品輸送に便利な港湾を有しており，戦後は重化学工業を中心に発展した。特に広い埋立地や塩田跡地などの工業用地に恵まれていた倉敷市南部には，石油・化学コンビナートが形成された[3]。ただし，石油精製及び石油化学関係企業は，そのほとんどがすべての関連部門を内部化しており，大企業を中核とする関連・下請工業は発展しなかった。

1950年に制定された国土総合開発法により，工場の分散傾向を促進する地域開発が進められた。新産業都市に指定された岡山県南部では，水島地区に三菱石油が進出したことを契機として，中国電力，東京製鐵，川崎製鉄等の主導により重化学工業化が進展した。

岡山県の対岸，四国に目を転じると，川之江・伊予三島（東予）地区は，紙・パルプ工業の中心地として知られてきた[4]。もともと四国地方は，第二次産業の占める割合が他の地域に比べ低かったが，東予地域では紡織関係は

今治市，製紙関係は伊予三島・川之江市，化学・金属・機械は新居浜市に集中し，地元資本による工業化が進展していった。しかし，伊予三島・川之江は恒常的な水不足に悩まされる地区でもあり，工業化が計画的に誘導されたものではなかった。香川地区も水資源には恵まれず，近世以来の製塩業や紡績工業が主な産業であった。四国電力による電源開発（松尾川発電所，坂出火力発電所の稼動）が進んだこと，廃止塩田の転用・公有水面の埋立事業により地価が低廉であったこと等，産業立地に適した条件が整備されてようやく，番の州臨海工業地帯（坂出）が形成された。これに対し，新産業都市に指定された徳島地区の工業は，もともとは規模の小さい食料品及び化学関係の企業を中心としており，戦後は吉野川の水源を利用できる川下流域で企業集団を形成できる環境にあったため，東亜合成，東邦レーヨン，日清紡績等の工場が河川流域に進出し，コンビナートが形成された。

　このように，戦後の瀬戸内地域は，住民の所得水準を向上させようとする政府の所得倍増計画と密接な関わりを持ちつつ，工業化によって地域の就業機会を拡大してきた。特定の地域を一定の目的に沿って有機的・総合的に開発するという国の政策を受け，九州エリアを含む西日本経済圏の中で，各エリアが役割分担することで補完的に機能を担いながら開発が進められた。すなわち，瀬戸内の地域開発は，地域の内部的な欲求によるものというよりは，用地造成による企業誘致という外部からの力で進められたと言える。

2. 県外資本と地元資本

　このように，工場立地促進策等によって企業誘致を積極的に推進することは，雇用促進や地域発展のためには有効な手段である[5]。しかし，地域外からの企業誘致活動には限界がある。大都市圏の企業から工場や系列企業を誘致できたとしても，景気動向や本社の方針等，地域外部の要因によって撤退する可能性があるからである。企業撤退の後には，用地や工業用水など未利用の産業インフラが残ることになり，地方自治体にとって将来にわたる大きな財政負担となることもありえる。このように，地域外企業の誘致にはリス

クを伴う一方で，その地域（地元）発祥の企業をその地域において存続させることにはリスクは比較的少なく，地域の衰退を防ぐ布石となりうる（もちろん，都市部に進出するポテンシャルを持った企業を無理矢理に地域内に留めておくという意図ではない）。そこでわれわれは，地域発祥の企業，中でも瀬戸内地域で創業した企業に照準を絞って以後の考察を進める。

ところで，発祥の地において企業を存続させることの意義や，その積極的な理由は管見の限りでは明らかにされていない。企業は本店，子会社等の立地・移転をどのように決定しているか（Devereux and Griffith（2002）），特に，法人税率の変化が企業の立地選択，移転行動に及ぼす影響については分析されてきた（Becker et al.（2012），Brulhart et al.（2012））。しかし，地域における企業の存続可能性について，企業価値評価の観点から企業行動を考察する研究は未着手の状況である。瀬戸内圏外へ進出した地元資本の企業と，圏内に留まる企業の違いは何に由来するのか。

3. 地域外への進出／非進出

国土交通省国土政策局「平成27年度調査報告書」によると，地元企業が本社を都市（東京）に移転させる理由としてもっとも多いのは，「取引先や採用，業務運営の利便性の高さ」である。たとえば，松浦（2015）は，製造業に限定すると，規模が大きく若い企業であれば移転確率が高く，生産性の高い企業が移転していると報告している。一方，東京都内に本社機能を置かないことの主な理由には，創業地に取引先や関連企業が多いことが挙げられている。

都市部に進出する企業については「支社や営業所などと比べて高度機能・人材を多く抱える本社の立地は，その地域における知識の外部性・技術のスピルオーバー効果をもたらし，労働及び資本の生産性を高め，その結果，付加価値の向上に繋がっている[6]。そして，その恩恵は当該企業にフィードバックされるがゆえに，大都市の優位性がある」と多くの都市経済学関連の研究で報告されている[7]。たとえば，Shilton and Stanley（1999）は，多様な

本社が立地する都市は，1人当たりの付加価値が高いと説明する。しかし，こうした研究における分析は，事業の再構築において「脱多角化」を追求してきた欧米社会を対象とした研究から導出された理論を背景としている。一方，日本は，互いの事業の独自性を維持しつつ，技術・生産・販売で連携するといった戦略的提携を図り，多角化を維持した経営を続けてきた。こうした経営戦略の相違を考慮すると，必ずしも両者を同列に論じることはできない。

　それでは，地域に留まることのメリットはないのであろうか。Mejia, Makri and Kintana（2010）は，企業の進出戦略について「企業進出の際，進出先の地域に関わる専門知識を必要とする。この専門知識が創業地以外で事業を展開する場合，事業設立の費用として認識される」と言う。逆に言うと，地域内に留まることによって，そこで蓄積された特有の知識，ノウハウ，人脈を活用できることはアドバンテージになる（それらを獲得するのに追加コストを要しない）。また，Mejia et al. は続いてこうも述べている。「（進出に伴い）事業コントロールが創業家の手を離れる可能性が高く，同族所有比率が高いほど，企業は地理的な多角化を行わない」と。同族企業における創業者は，自社への影響力の低下を望まず，地域に残留する傾向にあることが示唆される。

　ここから，企業の都市部への進出／非進出の決定にあたって重要と思われるファクターを得ることができる。それは，当該地域で事業を興した創業者（一族）が経営権や所有権を握っているかどうか，すなわち同族企業であるか否かということである。株式保有の分散化が進んでいる欧米などの諸外国と異なり，日本では上場企業の中にも同族企業が多く存在している。こうした株式保有構成の違いが，企業の経営戦略に大きく影響を与えている可能性がある。

4. 同族企業と非同族企業

同族企業の定義を確認しよう。LaPorta, Lopez-de-Silanes and Shleifer

（1999）は，同族企業とは「創業者・あるいはその一族（以下，創業家）が経営に関与する企業」として，創業家が企業の株式を一定比率以上保有し，主要株主として間接的に関与すること，すなわち「同族所有（family ownership）」を構成要件に入れ，上場企業の所有形態に着目した[8]。そして，1995年の日本の企業規模上位20社のうち同族所有企業がわずか1社であったことを根拠に，諸外国と比べ日本は同族所有の比率は著しく低いという見解を述べている。

　ただし，日本には現在，2,628,852社の法人企業が存在し，そのうち2,516,686社（95.7％）が，少数の親族関係者だけで株式の過半数を所有する「同族企業」である（平成27年度国税庁税務統計より）。また，資本金1億円以上の企業に限定した場合，同族企業は10,523社に対し，非同族会社は4,993社であり，同族企業が少ないとはいえない[9]。なお，同族企業とは税法上の用語であり，法人税法では上位3株主の持ち株比率があわせて50％を超える会社が同族企業に該当する。しかし，出資比率は同族全体で5％以下しかなくても，創業家一族が経営陣になって実質的に支配している場合（トヨタ自動車，竹中工務店，サントリー，キヤノンetc）のように，創業者一族が中心となって経営権や所有権を支配している企業，すなわちオーナー企業は上場企業の中にも多く存在している。実際のところ，日本の先行研究において同族企業やオーナー企業について，明確な定義は確立されていない。

　本研究では，上野・吉村・加護野（2003）の定義に倣い，「金融機関以外の事業法人の中で，最大の持株比率を持つ1事業法人の持株比率が，間接所有を含め20％未満で，かつ個人株主の中で最大の持株比率を持つ1家族の持株比率が10％超の企業」を同族企業とする[10]。

5. 同族経営のメリットとデメリット

　2016年度の帝国データバンクの報告書によると，瀬戸内圏（特に四国地域）は，全企業のなかで同族企業の占める割合の高い地域であり，企業の事

業承継が進んでいないという問題が，他の地域に比べ深刻であると論じている。

　同族経営では株主と経営者間でのエージェンシー問題[11]が起こらない。そのため，重要事項に関する迅速な決断が可能であり，両者の利害が一致すること，短期的業績に左右されることなく，長期的な視点で経営できること等がメリットとして挙げられる。しかし，経営者と株主が一致するために，自己の利益を優先する行動（身の保身を考えての保守的な経営方針）を取るというエントレンチメント行動[12]が顕著になるデメリットも想定される。

　このように，同族経営の是非については，企業ガバナンスの視点，あるいは利益指標の視点から定量的に語られることが一般的であった[13]。近年の定性研究では，企業や地域へのコミットメントという観点から同族経営の在り方を見直す動きもある。Mejia, Nickel, and Gutierrez（2011）は，創業者は長年にわたる経営の労苦から，アイデンティティを自社企業と強く結び付ける傾向にあるため，自社を保有・経営し続けることに強い関心を持つと説明する。これを積極的な要因として，瀬戸内圏内では同族企業が存続する根拠になっているのではないかとわれわれは考える。この見解を裏付けるべく，企業形態（同族／非同族）と経営戦略（進出／非進出）に着目したい。この二軸をクロスすることで分類される4つの象限について，それぞれ具体的な瀬戸内圏内発祥の企業を取り上げて事例研究を行う。本章の冒頭で触れた瀬戸内地域の歴史的背景に基づき，当地域の特徴を色濃く残す化学工業を中心に，対象企業の選定を行い，4つの象限に当てはめたものが図1である。

図1　企業形態および経営戦略による瀬戸内発祥企業の分類

経営戦略 ＼ 企業形態	非進出	進出
グループ支配	四国電力	大王製紙
同族	日亜化学工業 穴吹興産	
非同族	四国化成工業 大倉工業	クラレ

- ケーススタディ 1：都市部に進出，かつ非同族企業
  ……株式会社クラレ（岡山）
- ケーススタディ 2：都市部に進出，かつ同族企業
  ……大王製紙株式会社（愛媛）
- ケーススタディ 3，4：都市部に進出していない，かつ同族企業
  ……日亜化学工業株式会社（徳島），穴吹興産株式会社（香川）
- ケーススタディ 5：都市部に進出していない未上場企業を有するグループ
  支配企業に該当する企業
  ……四国電力株式会社（香川）
- ケーススタディ 6，7：都市部に進出していない，かつ非同族企業
  ……四国化成工業株式会社（香川），大倉工業株式会社（香川）

6. 事例研究

　以下では，これら瀬戸内発祥の企業について，それぞれ次の4点について事例研究を行う。各社の事業概要およびどのような企業形態・経営戦略を選択しているかを整理した後，第1章で紹介したEVAの指標を用いて企業価値を測定する。締めくくりとして，瀬戸内地域をどう位置付けているか考察を行う。なお，ケーススタディの表に記載されている財務情報は，各社が発表している有価証券報告書等から引用した。

　1. 対象企業の事業概要
　2. 経営形態およびエリア戦略
　3. 業績評価指標（ROA，ROE，EVA）の経年比較
　4. 瀬戸内地域の位置づけ

〈ケーススタディ1〉　株式会社クラレ

1. 対象企業の事業概要

　株式会社クラレ（以下，クラレ）は，主に化学製品・繊維製品の製造・販売を行う化学メーカーである。東証一部上場，連結売上高5,184億円（2017年度），従業員数9,089人（2017年12月末）。

　主力製品は液晶フィルム向け光学フィルム（世界シェア80%），ガスバリアプラスチック（65%），ポリビニルアルコール合成繊維（中国除く100%）等，独自技術による特殊素材を多数製造・販売しており，ビニルアセテート，イソプレン等の特定化学素材に集中した事業展開を強みとしている。

2. 経営形態およびエリア戦略

経営形態（同族／非同族）

　1926年の創業で，元は倉敷の地方資本を結集して設立された倉敷紡績（現クラボウ）の多角化経営の一環として，同社社長である大原孫三郎によって設立された（創業時の社名は倉敷絹織。当初は株式の50%を倉敷紡績が引受）。その後，同

44 第Ⅰ部 企業編

社からは独立し，次第に同族色を弱めていく。初代社長を大原孫三郎（1938年まで），2代目を大原總一郎（1968年まで）が務めているが，現在（2017年12月末時点）では創業家は役員におらず，大株主でもない。大株主のトップテンは全て信託銀行，生命保険会社等の金融機関が占めている。

エリア戦略（進出／非進出）

社名の通り，岡山県倉敷市にて発足した会社であるが，創業から10年ほどで本社事務を倉敷から大阪に移行しており，早い段階から瀬戸内圏外への進出を積極的に行っている（2004年より東京，大阪両本社制）。ただし，製造拠点は長きにわたって瀬戸内地域を中心に展開しており，西条（愛媛県，1936年），岡山（1936年），玉島（岡山県，1956年）の工場を新設した後，新潟（1962年），鹿島（茨城県，1972年）といった東日本エリアへの拡張を行っている。1980年代以降はアメリカ（1986年），ドイツ（1995年），シンガポール（1996年），ベルギー（1999年）等，海外拠点が順次設立されていく。2000年以降は海外での企業買収（M＆A）に加え，インド，ブラジル，タイ等新興国における拠点が作られ，グローバル企業への転身を遂げている。海外売上高比率は2001年度の30％から，2017年度には64％にまで高まっている。

3. 業績評価指標（ROA，ROE，EVA）の経年比較

ROA，ROE，EVAともに一貫して高い水準を維持している。近年，相次ぐM＆A[1]によって海外企業を取得することで，事業領域および企業規模の拡大を図っている。そのため資産総額が段階的に増加している。また，2014年度は決算期変更による変則的集計を行っており，当年度のみ9ヵ月間で決算を行っていることに注意されたい。イレギュラー値を示す2014年度を除外すると，負債コスト，営業利益，投下資本ともに一定値で安定している。よって主に同社のEVA数値を増減させているのは株主資本コストである。より詳細に見ていくと，同社はベータ値が0.5を切るディフェンシブ銘柄と言えるが，ベータ値が上昇する年に資本コストが悪化している。一方，株主資本の積増しが進むにつれて漸次的に資本コストが改善していることが読み取れる。

第2章　瀬戸内発祥の企業の形態と経営戦略　　*45*

表1　クラレ（2010年〜2015年）　　　　　　　　　　　　　　　　　（単位：百万円）

年　　　度	2010年度	2011年度	2012年度	2013年度	2014年度	2015年度
短期借入金＋CP	22,738	13,781	30,918	13,143	22,087	7,187
長期借入金	43,035	41,981	28,171	42,187	42,326	42,257
有利子負債　計	65,773	55,762	59,089	55,330	64,413	49,444
支払利息	1,135	1,072	966	936	251	724
法人税実効税率	39.54%	39.54%	37.00%	37.00%	34.62%	32.11%
負債コスト*	1.04%	1.16%	1.03%	1.07%	0.25%	0.99%

＊（支払利息÷有利子負債）×（1－法人税実効税率）

株主資本	360,989	382,103	399,195	417,293	423,588	450,682
β	0.80	0.45	1.07	1.00	0.38	0.33
（補正R^2＝修正済み決定係数）	0.32	0.13	0.72	0.4	0.53	0.02
マーケット・リスク・プレミアム	5.00%	5.00%	5.00%	5.00%	5.00%	5.00%
リスクフリー・レート*	1.12%	0.98%	0.80%	0.74%	0.32%	0.27%
株主資本コスト**	5.12%	3.23%	6.15%	5.74%	2.22%	1.92%

＊10年国債利回り
＊＊10年国債利回り＋マーケット・リスク・プレミアム（5%）×β

投下資本	426,762	437,865	458,284	472,623	488,001	500,126
WACC	4.43%	2.91%	5.44%	5.15%	1.95%	1.80%

営業利益	54,733	53,095	49,197	49,545	40,298	66,077
法人税等	18,710	17,031	15,889	15,772	9,631	22,046
税引後営業利益	36,023	36,064	33,308	33,773	30,667	44,031
投下資本利益率（ROIC）	8.4%	8.2%	7.3%	7.1%	6.3%	8.8%

総資産	507,328	523,247	587,254	634,252	691,538	701,770
ROA	7.1%	6.9%	5.7%	5.3%	4.4%	6.3%
ROE	10.0%	9.4%	8.3%	8.1%	7.2%	9.8%
EVA	17,125	23,330	8,374	9,449	21,156	35,044

4. 瀬戸内地域の位置づけ

　既に述べたようにクラレは，戦前の産業発展を主導した紡績業の大手，倉敷紡績の事業多角化を目的として創業された。したがって発足時点から国内全域への進出を目論んでおり，本社の販売・管理機能は早々に都心部へシフトした（そしてそれを可能とするだけの資本力も有していた）。他方で，製造部門については，創業地の倉敷を中心とした瀬戸内地域が，現在まで一貫してマザープラントであり続けている。その理由として次の2点を挙げることができる。1つは，繊維工業および化学工業が大規模な設備投資を伴う装置産業であるという特性上，移転コストが膨大であることである。もう1つは，当地域への工業集積によりインフラが整備されていること，工場操業に不可欠な水資源が豊富であること，物資輸送に有利な臨海地域であることなど，多くの環境的優位性が認められることである。

　しかしながら，製造業とりわけ化学工業の宿命として，低コストの海外製品との価格競争は避けがたく，汎用品の製造については海外工場シフトや撤退などが進められてきた。逆に言えば，（人件費等のコストが嵩む）国内工場での製造を継続できているのは，高付加価値品に限られており，その意味では瀬戸内地域の工場，研究拠点が存続できているのは，同社製品の市場価値が高いことの表れである。その他にも，国内工場の技術的優位性，製造ノウハウの流出防止意図なども，瀬戸内圏内に拠点を存続させる誘因となっている。そうはいっても，一方では新興国を含むグローバル需要に応える必要性にも迫られ，近年では海外プラントの設置も相次いでおり，将来にわたって国内拠点の存続可能性が盤石であるという状況ではなかろう。

［注］

1　2012年：産業用ポバールフィルム製造販売会社 MonoSol, Inc を買収，2014年：E. I. du Pont de Nemours and Company からビニルアセテート事業の買収，2015年：バイオマス由来バリアフィルム事業を展開する Plantic Technologies Limited を買収。

〈ケーススタディ 2〉 大王製紙株式会社

1. 対象企業の事業概要

大王製紙株式会社（以下，大王製紙）は，国内有数の総合製紙メーカーの 1 つである。新聞用紙，印刷・出版用紙，情報用紙，包装用紙，段ボール原紙，家庭紙など多品種の紙製品を製造・販売している。なかでも同社を代表するブランド「エリエール」はティッシュやトイレットペーパーといった家庭紙においては国内トップシェアを誇っている。

2. 同社の歴史および創業家「井川家」

1928 年に創業者である井川伊勢吉が製紙原料商をはじめたところから同社の歴史は始まる。その後，1943 年に 14 工場が合同合併して大王製紙株式会社が設立された。1945 年には生産設備を現在の四国中央市に集約している。

同社の歴史は創業家「井川家」の歴史といっても過言ではない。創業者から現在に至るまでの 6 人の社長のうち 3 人が井川家の人物である。創業家の井川伊勢吉（1943 年～1987 年），井川高雄（1987 年～1995 年，伊勢吉の長男），井川意高（2007 年～2011 年，高雄の長男）の在任期間は計 56 年に及ぶ。そして，井川家は社長の輩出だけでなく，大株主としても長年君臨し続けてきていた。この状況が一変した出来事が，2011 年に発覚した井川意高による子会社からの巨額借入事件である。事件発覚によって，一族は経営の主要ポストから外れることとなり，借入金については井川家が大王製紙の株式を北越紀州製紙に売却するなどして得た資金をもとに返済したと見られている。これにより，大株主が井川家からライバル企業である北越紀州製紙に変わっている。

3. 業績評価指標（ROA，ROE，EVA）の経年比較

製紙業界には次のような特徴がある。

特徴① 典型的な装置産業であり，資産のうち固定資産の構成比率が高い。

特徴② 他社との商品の差別化が難しいことに加え，単位量当たりの価格が低い。

すなわち，製品製造に要する設備投資費が嵩み，薄利多売で収益を上げるビジネス構造である。利益の絶対額に対して総資本が大きいため，ROA，ROIC は低

48 第Ⅰ部 企業編

表1 大王製紙（2010年〜2015年）　　　　　　　　　　　　　　　　　　　　　（単位：百万円）

年　　　度	2010年度	2011年度	2012年度	2013年度	2014年度	2015年度
短期借入金＋CP	163,359	149,076	178,270	165,709	148,745	123,821
長期借入金	288,296	247,297	262,728	240,923	217,870	230,127
有利子負債　計	451,655	396,373	440,998	406,632	366,615	353,948
支払利息	8,293	7,135	7,154	6,898	5,826	4,697
法人税実効税率	40.40%	40.40%	37.80%	37.80%	35.40%	32.20%
負債コスト＊	1.09%	1.07%	1.01%	1.06%	1.03%	0.90%

＊（支払利息÷有利子負債）×（1－法人税実効税率）

株主資本	100,190	94,773	106,089	116,146	146,809	160,494
β	0.97	0.95	1.55	1.14	0.766	1.13
（補正R² ＝修正済み決定係数）						
マーケット・リスク・プレミアム	5.00%	5.00%	5.00%	5.00%	5.00%	5.00%
リスクフリー・レート＊	1.12%	0.98%	0.80%	0.74%	0.32%	0.27%
株主資本コスト＊＊	5.98%	5.75%	8.56%	6.45%	4.15%	5.92%

＊10年国債利回り
＊＊10年国債利回り＋マーケット・リスク・プレミアム（5%）×β

投下資本	551,845	491,146	547,087	522,778	513,424	514,442
WACC	1.62%	1.62%	2.17%	1.94%	1.66%	2.27%

営業利益	13,377	10,483	11,577	16,049	21,796	24,323
法人税等	9,750	618	1,180	−843	3,755	7,104
税引後営業利益	3,627	9,865	10,397	16,892	18,041	17,219
投下資本利益率（ROIC）	0.7%	2.0%	1.9%	3.2%	3.5%	3.3%

総資産	672,386	596,425	659,112	646,112	652,745	656,310
ROA	0.5%	1.7%	1.6%	2.6%	2.8%	2.6%
ROE	3.6%	10.4%	9.8%	14.5%	12.3%	10.7%
EVA	−5,310	1,886	−1,452	6,732	9,517	5,559

い水準となる。

このような特徴を持つ製紙業界において，同社は紙・板紙事業に比べて高利益率，差別化要素を有する衛生用品・ベビー，大人ケア用品といったホーム＆パーソナルケア事業に注力しており，営業利益はほぼ右肩上がりで推移している。

税引後営業利益について，同社の場合は必ずしも利益額に法人税等の額が連動していない。これは税効果会計の影響である[1]。このように，会計と税務の差異が著しく大きい，あるいは期間対応していない場合には，算出される利益額に歪みが生じ，企業価値評価の指標として有効性を欠くことがある。

そこで当ケースでは，代替手段として，営業利益から控除する税額を法人税法定実効税率による理論税額に置き換えて各利益指標を算出した。

2013年度から2015年度に着目すると，低金利の影響でコストの安い借入金を減少させる半面，借入れよりもコスト高となる株主資本を増加させている。そのためWACCは上昇しているが，投下資本利益率はそれを上回る改善をみせており，順調な業績推移と言える。この投下資本利益率を押し上げている要因が粗利益率の上昇である。セグメント別の状況を見ればホーム＆パーソナルケア事業，売電事業，チップ販売事業の増加が大きく，従来の紙・板紙事業をベースに置きながらも，他事業へのシフトが上手くいっているものと考えられる。

4. 瀬戸内地域の位置づけ

同社が工場を構える愛媛県四国中央市には紙産業・企業が集積しており，紙製品の製造加工流通に必要な印刷，機械や薬品メーカー，運送業といった多くの紙関連産業・企業が存在している。同市は「紙のまちランキング」で12年連続日本一となっており[2]，これは，同社の貢献によるところが非常に大きい。

地域特性に着目すると，必ずしも四国中央市は土地・水資源が豊富ではなく，大消費地からも遠いことから輸送コストが嵩み，製紙業を行う地域として有利な立地とは言えない。しかし，先に述べた装置産業という業態のゆえに即時に移転する可能性も低い。さらに同市には国際貿易港である三島港があり，アジア，特に中国や上海に対する輸送コストの優位性が，地域に留まるインセンティブの1つとなっている。

瀬戸内地域からの撤退や規模縮小のリスクとして想定されるのは，北越紀州製紙が筆頭株主であるという点である。現在，大王製紙は同社の持分法適用会社であり，業界再編が起これば，生産規模の縮小や設備投資の減額といった点で地域

50   第 I 部　企業編

にも影響があると考えられる。

[注]

1　例えば 2010 年度は税引前当期純利益が△53 億円に対して法人税等が98 億円計上
　　されている。これは，税務上直ちに損金対象とはならず，翌年度以降の税額控除対
　　象となる特別損失（投資有価証券評価損や関係会社事業損失引当金繰入額等）が多
　　額に計上されたにもかかわらず，不祥事等による先行き不透明感から，将来所得が
　　確実に見込める状況とは言いがたいと判断された。その結果，繰延税金資産が取り
　　崩され，マイナスの会計利益（赤字）に対して法人税等が上乗せされたためであ
　　る。
2　平成 27 年度製造品出荷額等と粗付加価値額（平成 28 年経済センサス-活動調査製
　　造業（市区町村編））より。

第 2 章　瀬戸内発祥の企業の形態と経営戦略　　*51*

〈ケーススタディ 3〉　日亜化学工業株式会社

1.　対象企業の事業概要

　日亜化学工業株式会社（以下，日亜化学工業）は，蛍光体及び電池材料等の化学品，LED とその応用製品を主とした光半導体の製造・販売を主な事業としている。非上場企業，資本金 52,264 百万円，従業員数 8,676 人で，2017 年（第 62 期）売上高は 3,473 億円（前期比 111％），営業利益は 632 億円（前期比 160％），経常利益は 659 億円（前期比 149％）と業績は好調である。主力製品は蛍光体及びリチウム電池材料（世界シェア 11％と推定）等の化学品，光半導体は，高出力分野で青色 LED（世界シェア 20％）と高出力 GaN 系 LD（世界シェア 95％）を主力に事業展開している。徳島県内（阿南市，徳島市，鳴門市）の本体のほか子会社 14 社により構成されている。同社は，2019 年 1 月に，フォーブズ（Forbs）誌の「世界の革新的企業トップ 100 社」に 2 年連続で選出されており，特許数も国内外合わせて約 5,200 件取得済みである。

2.　経営形態およびエリア戦略

①　経営形態（同族／非同族）

　1956 年に小川信雄が創業した同社は，1989 年から 2 代目社長を娘婿の小川英治が務めた。後に LED 特許訴訟で争うことになった中村修二の青色発光ダイオード開発着手の直訴を受け，中小企業としては潤沢な研究開発費の拠出や米国留学を認める等，中村の開発作業を支援した。1993 年には青色 LED の製品化に成功し，高収益企業へと急成長を遂げた。2015 年からは創業者の孫にあたる小川裕義が社長に就任している。役員の持株数に着目すると，経営者持株数 43,065 株のうち，小川英治が 7,574 株，小川裕義が 10,167 株をそれぞれ所有している。創業者一族の発言権が経営方針に与える影響は非常に大きく，同族経営の企業経営形態と言える。発行済み株式数は 1,091,581 株であるが，現在の株主構成は，創業家の日亜持株組合（14.1％），協同医薬研究所（6.1％），徳島銀行（4.9％），阿波銀行（4.8％），四国銀行（4.8％），シチズンホールディングス（3.7％），みずほ銀行（3.5％），伊予銀行（3.1％），三菱 UFJ 銀行（2.9％），ソニー（2.6％）である。創業家と創業当時の医薬品製造の関係を除けば，他は金融機関である。

52　第Ⅰ部　企業編

表1　日亜化学工業（未上場）（2010 年～2015 年）　　　　　　　　（単位：百万円）

年　　度	2010 年度	2011 年度	2012 年度	2013 年度	2014 年度	2015 年度
短期借入金＋ CP	10,696	11,467	12,226	12,387	13,098	11,855
長期借入金	20,260	22,241	26,546	23,632	19,823	18,590
有利子負債　計	30,956	33,708	38,772	36,019	32,921	30,445
支払利息	560	464	410	301	263	212
法人税実効税率	39.54%	39.54%	37.00%	37.00%	34.62%	32.11%
負債コスト＊	1.09%	0.83%	0.67%	0.53%	0.52%	0.47%

＊（支払利息÷有利子負債）×（1－法人税実効税率）

株主資本	418,681	443,377	470,589	514,541	566,434	620,862
β	0.66	0.70	0.96	0.76	0.56	0.46
似ている同業他社の unβ（アンレバード・ベータ）平均値	0.64	0.67	0.91	0.73	0.54	0.45
マーケット・リスク・プレミアム	5.00%	5.00%	5.00%	5.00%	5.00%	5.00%
リスクフリー・レート＊	1.12%	0.98%	0.80%	0.74%	0.32%	0.27%
株主資本コスト＊＊	4.44%	4.49%	5.58%	4.54%	3.11%	2.57%

＊ 10 年国債利回り
＊＊ 10 年国債利回り＋マーケット・リスク・プレミアム（5%）×β

投下資本	449,637	477,085	509,361	550,560	599,355	651,307
WACC	4.14%	4.17%	5.16%	4.24%	2.94%	2.45%

営業利益	71,156	48,181	30,489	50,059	84,387	75,369
法人税等	22,353	13,028	17,570	22,381	33,556	20,475
税引後営業利益	48,803	35,153	12,919	27,678	50,831	54,894
投下資本利益率（ROIC）	10.9%	7.4%	2.5%	5.0%	8.5%	8.4%

総資産	494,511	502,416	547,178	623,518	703,254	735,620
ROA	9.9%	7.0%	2.4%	4.4%	7.2%	7.5%
ROE	11.7%	7.9%	2.7%	5.4%	9.0%	8.8%
EVA	30,195	15,249	-13,353	4,318	33,217	38,910

② エリア戦略（進出／非進出）

創業から現在まで本社を徳島県阿南市に置く。社史によれば，「日亜」（NICHIA）は，日本の「日」（NICHI）とアジア，アメリカ，オーストラリアの「亜」（A）を表しており，この社名には，創業者小川信雄の「日本を中心に四海仲良く肩を並べて発展していこうという思い」が込められており，その考えを反映した経営が展開されている。

これまで，徳島工場（1974年操業），日亜薬品工業株式会社（1976年設立），辰巳工場（1995年操業），鳴門工場（2006年操業）と製造拠点は長きに渡り徳島県内を中心に展開してきたが，近年では横浜技術研究所（2006年），鹿児島工場（2007年），諏訪技術センター（2016年）と国内各所へと拡張している。最近のトピックスとしては，LEDに続く収益源を模索するため，開発人員を地元徳島は50人に据え置きするのに対して，横浜技術研究所，諏訪技術センターをR＆Dの拠点と指定し，それぞれ100人（現在50人），50人（現在20人）に拡充するとの計画が発表された[1]。拡充計画は国内に留まらず，海外においても，この10年間で中国，台湾，韓国，マレーシア，シンガポール，インド，タイなど東アジアを中心に現地子会社を設立している。その結果，海外売上高比率は2005年度の27.3%から，2017年度には62%にまで高まっている。

3. 業績評価指標（ROA，ROE，EVA）の経年比較

ROA，ROE，EVAともに，2012年を除くと高い水準を維持している。近年，海外に子会社を設立することで，事業領域および企業規模の拡大を図っている。そのため，グローバルに事業を展開し，2012年には連結売上高に占める海外売上高の割合は51%を超えた。しかし，欧州の債務問題，長期化する円高による為替変動による為替差損165億円が計上された結果，売上高は2,875億円（前期比107%）にもかかわらず，営業利益は305億円（前期比63%）と落ち込んだ。その後，2013年には，行き過ぎた円高の修正が進み，その結果，売上高は309,687百万円（前期比108%）に対し，営業利益は50,059百万円（前期比164%）となり，業績は回復基調にある。

4. 瀬戸内地域の位置づけ

同郷の徳島に本社を構える大塚製薬・大塚正士からの支援を受けて設立された

54   第 I 部　企業編

同社は，当初，主に抗生物質向けの医薬品原料（塩化カルシウム）の製造を中心とした企業であった。高度経済成長期以降は，蛍光灯用の蛍光体，ブラウン管テレビ用の蛍光体のメーカーとして成長したが，1990 年の時点で売上高 180 億円程度の地方の中規模企業に過ぎなかった。しかし，1993 年に青色 LED の実用化に成功したことにより，この画期的な製品の製造・販売をほぼ独占することで業容を拡大し，現在では「地方発のグローバル企業」を謳い，世界中に直接販売網を敷きつつ，主力の生産拠点は徳島県内に置いている。

　グローバルな競争では苦戦を予想しているが，2018 年 5 月 11 日，小川裕義社長は「現状の強みを活かせる限りは行けるところまで現状のままで行く。将来は分からないが，向こう 10 年ほどは現状を維持したまま海外メーカーと戦っていく」と話す。研究開発やプロセス革新の観点から，拠点が集中していることによる効率の良さを重要視するため，徳島県内に主力拠点を集中させるこれまでの戦略を変える考えはなく，海外拠点はあくまで補完的な位置付けにとどまる。

　［注］

　1　日本経済新聞朝刊 2018 年 9 月 27 日

第 2 章　瀬戸内発祥の企業の形態と経営戦略　　*55*

〈ケーススタディ 4〉　穴吹興産株式会社

1．対象企業の事業概要

　穴吹興産株式会社（以下，穴吹興産）は，アルファブランドのマンションの分譲を行う他，戸建請負・不動産仲介などの不動産関連事業，人材派遣・有料職業紹介事業などの人材サービス関連事業，ホテル・ゴルフ場，公的施設の運営受託（指定管理事業）などの施設運営事業，有料老人ホーム経営などの介護医療関連事業，スーパーマーケット経営などの小売流通関連事業，その他，エネルギー・ライフサポート事業やトラベル事業など，地域に根ざした幅広い多角化経営を強みとしている。東証一部上場，連結売上高 815 億，従業員数約 3,000 人（2017 年 6月期）である[1]。主力である新築分譲マンション事業に次ぐ新たな収益の柱を育てるべく，近年では介護医療関連事業や電力提供事業，中古マンションの買取再販事業などに積極的に投資を行っている。また民泊等のシェアリング・エコノミーサービス事業やインバウンド事業，海外での不動産事業等，外国人向け新規事業も展開している。

2．経営形態およびエリア戦略

①　経営形態（同族／非同族）

　1964 年に，穴吹工務店社長の穴吹夏次により，あなぶき興産は設立された。創業当初は立体駐車場事業やホテル事業を営んでおり，もともと穴吹工務店とは資本関係はなく，1984 年にあなぶき興産がマンション分譲事業に参入したことで競業関係となり，穴吹工務店グループより独立した。その後「あなぶき興産グループ」は次男・穴吹忠嗣社長のもと，さまざまな独自の事業展開を続け，西日本有数の企業グループへと成長していく。2018 年 6 月現在の大株主は，関連企業や創業家が上位に並び，持株割合は 65％を超える。経営の安定化を図る一方で，30 社を超える各グループ会社の経営は，それぞれ各社の経営陣や現場に任せることで意思決定の迅速化と利益責任の明確化を図っている。

②　エリア戦略（進出／非進出）

　香川県高松市にて発足し，その後は岡山や広島を中心に中四国，九州，全国へと展開。基本路線の中に「地域密着型企業」「最大たるより最良たるべし」を掲げ

ている通り，拠点数や規模の拡大ばかりを追うのではなく，様々な事業を通じて，本社のある高松からその他の地域へと着実に進出していった。不動産事業は M ＆ A を重ね，マンション販売戸数を全国で伸ばす一方，あなぶきメディカルケアによる有料老人ホームやサービス付き高齢者住宅も西日本エリアを中心に，29 施設 1,291 室を運営している。（2017 年 6 月期）

　また，2018 年 5 月にはインドネシアにて現地法人を設立する等，今後は日本の地域で培った不動産事業のノウハウ等を海外で展開し，台湾やベトナムでのマンション管理事業に続き，あなぶきグループの持つ総合力を生かした海外拠点数の拡大を目指している。

3. 業績評価指標（ROA，ROE，EVA）の経年比較

　ROA，ROE，EVA ともに，常に高い水準を維持している。海外事業の展開を重点戦略のひとつに掲げているが，大きな海外投資をするイメージではなく，長年培ってきたマンションの管理スキルやサービス・人でいかに新しい事業を切り開くかという，グループ代表の考えが実を結んだものと言える。

　これまで，「不動産関連事業」を中心に，「人材サービス関連事業」，「施設運営事業」「介護医療関連事業」「その他事業」と多角化経営を行ってきた。分譲マンション市場は，景気の変動に大きく影響され，多くのデベロッパーが淘汰される等の経過をたどってきたことから，財務体質の健全性が事業の継続には不可欠な要素となる。そこで，キャッシュ・フローの重視により，資金調達コストを下げる経営を進めてきた。具体的には，有利子負債比率を 45％未満に圧縮し，自己資本比率を 30％以上に向上していくことを重点目標としてきた。

　このように，投下資本利益率は概ね 5％水準を上回る推移で移行しているなか，EVA スプレッドの数値を常に正にさせているのは，低コストに抑えられた株主資本コストに着目した経営戦略が功を奏した結果である。同社は概ね β（ベータ）値が 0.5 を切る銘柄と判断される。もっとも，2013 年と 2014 年度は β（ベータ）値が上昇し，資本コストが悪化していたが，2013 年には，介護施設の運営コンサルタント事業等を目的として，あなぶきヘルスケア㈱（現・連結子会社）を設立し，2014 年には優良な収益不動産として，法人向け単身赴任者用賃貸マンション物件を取得するなどで，業績が好転し，EVA の数値が改善している。

第2章 瀬戸内発祥の企業の形態と経営戦略　　*57*

表1　穴吹興産（2010年〜2015年）　　　　　　　　　　　　（単位：百万円）

年　　　度	2010年度	2011年度	2012年度	2013年度	2014年度	2015年度
短期借入金＋CP	16,193	8,328	11,673	8,637	7,841	5,251
長期借入金	8,449	11,770	9,763	5,860	10,873	10,449
社債	120	429	1,296	5,150	8,339	9,915
有利子負債　計	24,642	20,098	21,436	14,497	27,053	25,615
支払利息	716	581	511	446	334	364
法人税実効税率	39.54%	39.54%	37.00%	37.00%	34.62%	32.11%
負債コスト*	1.76%	1.75%	1.50%	1.94%	0.81%	0.96%

＊（支払利息÷有利子負債）×（1−法人税実効税率）

年　　　度	2010年度	2011年度	2012年度	2013年度	2014年度	2015年度
株主資本	7,268	7,997	8,953	11,033	13,179	14,750
β	0.491	0.476	0.486	1.062	1.008	0.425
（補正 R^2 ＝修正済み決定係数）	0.070	0.163	0.043	0.203	0.354	0.235
マーケット・リスク・プレミアム	5.00%	5.00%	5.00%	5.00%	5.00%	5.00%
リスクフリー・レート*	1.12%	0.98%	0.80%	0.74%	0.32%	0.27%
株主資本コスト**	3.58%	3.36%	3.23%	6.05%	5.36%	2.39%

＊10年国債利回り
＊＊10年国債利回り＋マーケット・リスク・プレミアム（5%）×β

年　　　度	2010年度	2011年度	2012年度	2013年度	2014年度	2015年度
投下資本	31,910	28,095	30,389	25,530	40,232	40,365
WACC	1.63%	1.71%	1.62%	3.31%	2.11%	1.29%
営業利益	1,776	2,423	3,210	5,257	4,785	3,151
法人税等	317	718	1,108	1,766	1,918	1,259
税引後営業利益	1,459	1,705	2,102	3,491	2,867	1,892
投下資本利益率（ROIC）	4.6%	6.1%	6.9%	13.7%	7.1%	4.7%
総資産	44,251	41,611	45,529	48,476	55,735	57,519
ROA	4.0%	5.8%	7.1%	10.8%	8.6%	5.5%
ROE	24.4%	30.3%	35.9%	47.6%	36.3%	21.4%
EVA	937	1,224	1,610	2,646	2,018	1,371

4. 瀬戸内地域の位置づけ

　同社グループは高松，松山，岡山，広島，神戸と，瀬戸内圏内の都市部を中心に拠点を拡大してきた。

　さらに今後は，中四国地区に18校の専門学校を擁する「穴吹カレッジグループ（学校法人　穴吹学園）」に加え，瀬戸内で活躍する人材育成の事業（2020年4月に設置認可申請中の新設校「瀬戸内専門職短期大学」地域観光学科）を通じ，当該エリアの地域活性化に貢献できる人づくりや観光産業にも力を注いでいく方針である。背景として，瀬戸内地域の訪日外国人観光客が年々増加しているという現在の外部環境がある。これに対して，あなぶき興産グループでは，2018年7月に高松市と広島市で地域活性化拠点シェアードワークプレイス（co-ba takamatsu/hiroshima）を設立し，民泊事業やあなぶきトラベルの瀬戸内四国エリアを海外でプロモーションするインバウンド事業等の，グループの経営資源を生かした事業展開を図っている。

　［注］

　1　あなぶきグループ全体では，連結売上高約1,200億円，従業員数8,400人である。

第 2 章　瀬戸内発祥の企業の形態と経営戦略　*59*

〈ケーススタディ 5〉　四国電力株式会社，四国電力子会社（株式会社 STNet，
　四電エンジニアリング株式会社，四国計測工業株式会社，株式会社四電工）

1．対象企業の事業概要

　四国電力株式会社（東証一部上場・以下，四国電力）および主な連結決算対象
子会社である株式会社 STNet（以下，STNet），四電エンジニアリング株式会社
（以下，四電エンジニアリング），四国計測工業株式会社（以下，四国計測工業）
を対象とする。この 3 社は四国電力のコア事業である電気事業を行う上で基盤と
なる「情報・通信事業」「建設・エンジニアリング事業」「製造事業」をそれぞれ
担っている企業であり，四国電力の 100％子会社でもある。

　四国電力は連結売上高のほとんどを電力販売が占める。2015 年度は連結売上高
6,540 億円のうちの 90％以上が電気事業に関連したもので，残りの 1 割が情報通
信事業や建設・エンジニアリング事業などである。

　STNet は 1984 年に設立され，情報事業（システム開発，データセンター運用な
ど情報事業（売上高の 6 割）と，個人向けインターネットや法人向けの通信回線
など通信事業（売上高の 4 割）を主な事業内容としている。

　四電エンジニアリングは 1970 年に設立され，四国電力の発電所をはじめとする
各種プラントの建設・整備・保守・メンテナンスなどを主な事業内容とする。
2012 年度以降，東日本大震災の影響で停止した四国電力の伊方原子力発電所の安
全対策工事やプラントの保守業務が大幅に増加したことにより，同社の売上高・
営業利益率も上昇している。

　四国計測工業は 1951 年に四国計器工業として設立された。電力使用量の計測用
メーターを製作することが主な目的の企業であった。その後，半導体事業やプラ
ントの制御装置，産業用機器の製造など多岐にわたる事業を展開している。同社
は，四国電力のプラント保守工事などによる売上・利益が 7 割程度を占める。

　四電工は 1963 年に南海電気工事として設立された。東証一部に上場している。
主に配電工事の設計・施工・保守，送電工事の施工・保守や電気・計装・情報通
信・空調・給排水・衛生・土木工事の設計・施工を事業として行っている。同社
の売上のうち，5 割程度を四国電力向けの配電工事をはじめとする電気工事が占め
ている。

2. 経営形態およびエリア戦略

① 経営形態（同族／非同族）

四国電力は設立から現在に至るまで，特定の親族や企業が経営権を握ったことはなく，上位の株主も地方銀行や信託銀行，保険会社や自治体がそれぞれ5％未満の持ち分である。

STNet，四電エンジニアリング，四国計測機器ともに，かつては地域の銀行，商社，四国電力グループ内の企業等が株主となることがあったものの，現在では3社とも四国電力の100％子会社[1]になっており，経営層には四国電力の人材が送り込まれ，同社の支配下にある。

四電工は，もともと地域の電気工事業者が合併して設立された企業であることから，四国電力の持ち分は31.87％（2017年度末時点）で株式の過半数を所有していないものの，経営層には四国電力の人間が就任している。

② エリア戦略（進出／非進出）

四国電力は，社名の通り四国地方を中心とした電力供給を主な事業内容としている。1951年の電気事業再編政令により，日本全国を10地域に分割した電力体制が敷かれて以来，各電力会社は自地域を商業エリアとして事業活動を行ってきた。それは2000年以降，段階的に電力の小売自由化が進捗してきた中でも大きくは変わっていない。転換点となったのは，2011年の東日本大震災，それに次ぐ2016年の小売全面自由化であり，現在すべての顧客はどのような電気事業者からでも自由に電力を購入することが可能になっている。ただし，そのような事業環境下でも，四国電力における自地域以外の売上比率は限定的である。

STNetは1996年には東京に事業所を開設して，四国地域内以外の顧客の開拓も野心的に行っている。例えば，同社が高松市に保有しているデータセンターは，災害が少ない香川県の立地を効果的に活用し，四国域外の企業へPRすることで，多くの四国外の企業の利用実績があり，同社の売上げ・利益に貢献している。

四電エンジニアリングは四国外の各地のプラントでの施工実績を保有している。特に風力発電所の立地調査・建設工事の実績を数多く保有しており，それらは北海道から九州まで，施工個所は多岐にわたっている。同社も，1990年に東京支社を設置しており，四国内にとどまらない事業展開を行っている。

四国計測工業は，近年では，LED照明を四国地域外の各地に納入している。同社も前述の企業と同様に，東京支社を中心に各地での事業を展開している。

四電工は，設立時に高松市内の本店のほかに大阪支社（現，大阪本部）を，1965年に広島営業所を，1966年に東京支社（現，東京本部）を，1974年に岡山営業所を，2012年に東北営業所を開設するなど，早くから四国域外での営業活動を行ってきている。四国電力からの工事の受注が売上げの半数程度を占めている同社であるが，日本各地の建設工事や電気設備・空調・配管工事などにおいて，事業活動を行っている。

3. 業績評価指標（ROA, ROE, EVA）の経年比較

100％子会社3社すべてで2013年度に大幅に株主資本が減少し，有利子負債が増加している。これは，当該年度末の2014年3月に四国電力が連結対象子会社へ資金を貸し付け，利益剰余金を特別配当として吸い上げたためである。これにより，2013年度については四国電力単体の決算については黒字化したものの，連結決算では相殺されている。

まず，連結決算の経営指標をもとに，四国電力（連結）のEVAについて算定したものが表1である。また参考に四国電力（単体）のEVAについて算定したものが表2である。連結決算の数値の大半を四国電力が占めているため，連結と単体の決算数値のトレンドは同様の傾向を示していることが見てとれる。2014年度以降，震災前の2010年度までの水準には達していないものの，利益水準は回復しており，また，それに伴い，ROE，ROICの数値も向上している。一方，EVAの数値を見ると，利益水準が一定程度回復した後でもマイナスのままである。

次に，未上場100％の子会社3社についてEVAの分析を行う。未上場の子会社についてEVAを算定するにあたり，まずベータ値の算定が必要となる。そこで類似企業のベータ値を用いて推定した。類似企業の選定にあたっては，株価の変動に業界・業種の特性が含まれていることを考慮して，同業界・同業種の企業を対象とした。加えて，親子上場をしている企業の子会社であることを条件とした。これは，潤沢な親会社の資金によって，有利な金利で資金調達が可能となっている可能性を想定したためである。

STNetについては「東芝テック」「伊藤忠テクノソリューションズ」「NTTデータ」の3社を類似企業とみなしベータ値を推定した。それを用いてEVAを算定した結果が表3である。特筆すべきは，2015年度以降のベータ値の低さである。これにより，WACCが大幅に低下し，EVAの値が大幅に向上していることが見て取れる。類似企業として見た3社の他に，「キューブシステム」「さくらインター

62   第 I 部　企業編

表1　四国電力（連結）（2010 年〜2015 年）　　　　　　　　　　　　　　　　（単位：百万円）

年　　度	2010 年度	2011 年度	2012 年度	2013 年度	2014 年度	2015 年度
短期借入金＋ CP	348,949	367,954	391,958	336,963	357,968	357,972
長期借入金	310,448	305,596	344,625	402,543	356,086	364,299
有利子負債　計	659,397	673,550	736,583	739,506	714,054	722,271
支払利息	9,938	9,636	9,462	9,898	9,983	9,094
法人税実効税率	39.54%	39.54%	37.00%	37.00%	34.62%	32.11%
負債コスト＊	0.91%	0.86%	0.81%	0.84%	0.91%	0.85%

＊（支払利息÷有利子負債）×（1 －法人税実効税率）

株主資本	351,384	326,815	285,201	287,439	300,897	286,177
β	0.49	0.43	1.15	1.29	0.999	0.934
（補正 R^2 ＝修正済み決定係数）	0.255	0.06	0.128	0.424	0.304	0.432
マーケット・リスク・プレミアム	5.00%	5.00%	5.00%	5.00%	5.00%	5.00%
リスクフリー・レート＊	1.12%	0.98%	0.80%	0.74%	0.32%	0.27%
株主資本コスト＊＊	3.58%	3.15%	6.55%	7.21%	5.32%	4.94%

＊10 年国債利回り
＊＊10 年国債利回り＋マーケット・リスク・プレミアム（5%）×β

投下資本	1,010,781	1,000,365	1,021,784	1,026,945	1,014,951	1,008,448
WACC	1.60%	1.38%	2.19%	2.40%	2.00%	1.82%

営業利益	60,022	5,789	−50,337	2,715	28,993	24,702
法人税等	15,524	5,676	−16,542	2,853	12,525	7,751
税引後営業利益	44,498	113	−33,795	−138	16,468	16,951
投下資本利益率（ROIC）	4.4%	0.0%	−3.3%	0.0%	1.6%	1.7%

総資産	1,379,859	1,375,197	1,385,440	1,397,227	1,401,189	1,401,750
ROA	3.2%	0.0%	−2.4%	0.0%	1.2%	1.2%
ROE	12.7%	0.0%	−11.8%	0.0%	5.5%	5.9%
EVA	28,286	−13,688	−56,217	−24,791	−3,792	−1,378

第 2 章　瀬戸内発祥の企業の形態と経営戦略　　*63*

表 2　四国電力（単体）（2010 年〜2015 年）　　　　　　　　　　　　　　　（単位：百万円）

年　　　度	2010 年度	2011 年度	2012 年度	2013 年度	2014 年度	2015 年度
短期借入金＋CP	348,949	367,954	347,958	336,963	357,968	357,972
長期借入金	306,233	301,952	341,249	396,911	349,789	357,707
有利子負債　計	655,182	669,906	689,207	733,874	707,757	715,679
支払利息	9,880	9,613	9,482	9,903	9,946	9,056
法人税実効税率	39.54%	39.54%	37.00%	37.00%	34.62%	32.11%
負債コスト＊	0.91%	0.87%	0.87%	0.85%	0.92%	0.86%

＊（支払利息÷有利子負債）×（1－法人税実効税率）

株主資本	309,878	283,037	237,844	268,505	276,576	272,352
β	0.49	0.43	1.15	1.29	0.999	0.934
（補正 R^2＝修正済み決定係数）	0.255	0.06	0.128	0.424	0.304	0.432
マーケット・リスク・プレミアム	5.00%	5.00%	5.00%	5.00%	5.00%	5.00%
リスクフリー・レート＊	1.12%	0.98%	0.80%	0.74%	0.32%	0.27%
株主資本コスト＊＊	3.58%	3.15%	6.55%	7.21%	5.32%	4.94%

＊ 10 年国債利回り
＊＊ 10 年国債利回り＋マーケット・リスク・プレミアム（5%）×β

投下資本	965,060	952,943	927,051	1,002,379	984,333	988,031
WACC	1.52%	1.30%	2.09%	2.32%	1.93%	1.78%
営業利益	53,255	−2,212	−58,532	−4,007	21,687	14,699
法人税等	13,196	1,258	−19,701	−608	8,425	4,137
税引後営業利益	40,059	−3,470	−38,831	−3,399	13,262	10,562
投下資本利益率（ROIC）	4.2%	−0.4%	−4.2%	−0.3%	1.3%	1.1%
総資産	1,316,794	1,313,106	1,318,731	1,334,456	1,338,671	1,348,660
ROA	3.0%	−0.3%	−2.9%	−0.3%	1.0%	0.8%
ROE	12.9%	−1.2%	−16.3%	−1.3%	4.8%	3.9%
EVA	25,354	−15,885	−58,161	−26,689	−5,689	−7,066

64   第 I 部　企業編

表3　STNet（未上場）（2010 年～2015 年）　　　　　　　　　　　　（単位：百万円）

年　　　度	2010 年度	2011 年度	2012 年度	2013 年度	2014 年度	2015 年度
短期借入金＋ CP	1,746	2,498	590	1,000	1,000	1,300
長期借入金	6,353	3,855	4,365	15,615	13,900	13,200
有利子負債　計	8,099	6,353	4,955	16,615	14,900	14,500
支払利息	170	126	88	82	124	100
法人税実効税率	39.54%	39.54%	37.00%	37.00%	34.62%	32.11%
負債コスト*	1.27%	1.20%	1.12%	0.31%	0.54%	0.47%

＊（支払利息÷有利子負債）×（1 －法人税実効税率）

株主資本	12,725	14,847	17,291	12,908	13,702	14,704
β	1.62	0.82	0.85	1.54	1.021	-0.003
似ている同業他社の unβ（アンレバード・ベータ）平均値	1.172	0.655	0.726	0.894	0.617	-0.002
マーケット・リスク・プレミアム	5.00%	5.00%	5.00%	5.00%	5.00%	5.00%
リスクフリー・レート*	1.12%	0.98%	0.80%	0.74%	0.32%	0.27%
株主資本コスト**	9.22%	5.10%	5.055%	8.46%	5.43%	0.26%

＊ 10 年国債利回り
＊＊ 10 年国債利回り＋マーケット・リスク・プレミアム（5%）×β

投下資本	20,824	21,200	22,246	29,523	28,602	29,204
WACC	5.93%	3.79%	4.09%	3.81%	2.78%	0.29%
営業利益	3,295	3,750	4,296	3,213	3,196	3,151
法人税等	1,406	1,782	1,689	1,413	1,409	1,135
税引後営業利益	1,889	1,968	2,607	1,800	1,787	2,016
投下資本利益率（ROIC）	9.1%	9.3%	11.7%	6.1%	6.2%	6.9%
総資産	27,918	29,038	30,689	37,590	38,190	38,704
ROA	6.8%	6.8%	8.5%	4.8%	4.7%	5.2%
ROE	14.8%	13.3%	15.1%	13.9%	13.0%	13.7%
EVA	654	1,165	1,698	676	991	1,932

第 2 章　瀬戸内発祥の企業の形態と経営戦略　　*65*

表 4　四電エンジニアリング（未上場）（2010 年〜2015 年）　　（単位：百万円）

年　　度	2010 年度	2011 年度	2012 年度	2013 年度	2014 年度	2015 年度
短期借入金＋ CP	0	0	0	512	1,338	0
長期借入金	0	0	0	1,000	4,187	3,931
有利子負債　計	0	0	0	1,512	5,525	3,931
支払利息	0	0	0	0	3	33
法人税実効税率	39.54%	39.54%	37.00%	37.00%	34.62%	32.11%
負債コスト＊	0.00%	0.00%	0.00%	0.00%	0.04%	0.57%

＊（支払利息÷有利子負債）×（1 －法人税実効税率）

株主資本	19,681	20,319	19,945	9,598	9,675	11,286
β	0.48	0.62	0.58	0.77	0.869	0.992
似ている同業他社の unβ（アンレバード・ベータ）平均値	0.482	0.618	0.58	0.707	0.647	0.821
マーケット・リスク・プレミアム	5.00%	5.00%	5.00%	5.00%	5.00%	5.00%
リスクフリー・レート＊	1.12%	0.98%	0.80%	0.74%	0.32%	0.27%
株主資本コスト＊＊	3.53%	4.07%	3.700%	4.57%	4.67%	5.23%

＊ 10 年国債利回り
＊＊ 10 年国債利回り＋マーケット・リスク・プレミアム（5%）×β

投下資本	19,681	20,319	19,945	11,110	15,200	15,217
WACC	3.53%	4.07%	3.70%	3.94%	2.98%	3.98%

営業利益	1,435	1,479	723	1,589	1,726	2,927
法人税等	528	942	400	799	870	1,155
税引後営業利益	907	537	323	790	856	1,772
投下資本利益率（ROIC）	4.6%	2.6%	1.6%	7.1%	5.6%	11.6%

総資産	32,628	31,907	33,651	29,446	31,852	31,979
ROA	2.8%	1.7%	1.0%	2.7%	2.7%	5.5%
ROE	4.6%	2.6%	1.6%	8.2%	8.8%	15.7%
EVA	212	−290	−415	352	403	1,167

66　第Ⅰ部　企業編

表5　四国計測（未上場）（2010年〜2015年）　　　　　　　　　　　　　　　　　（単位：百万円）

年　　　度	2010年度	2011年度	2012年度	2013年度	2014年度	2015年度
短期借入金＋CP	0	0	0	33	0	0
長期借入金	0	0	0	4,000	7,605	8,360
有利子負債　計	0	0	0	4,033	7,605	8,360
支払利息	0	0	0	0	71	76
法人税実効税率	39.54%	39.54%	37.00%	37.00%	34.62%	32.11%
負債コスト＊	0.00%	0.00%	0.00%	0.00%	0.61%	0.62%

＊（支払利息÷有利子負債）×（1−法人税実効税率）

株主資本	13,740	13,674	13,725	4,877	3,793	4,246
β	1.21	1.22	0.89	1.30	1.768	2.05
似ている同業他社のunβ（アンレバード・ベータ）平均値	1.214	1.216	0.893	0.866	0.803	0.94
マーケット・リスク・プレミアム	5.00%	5.00%	5.00%	5.00%	5.00%	5.00%
リスクフリー・レート＊	1.12%	0.98%	0.80%	0.74%	0.32%	0.27%
株主資本コスト＊＊	7.19%	7.06%	5.265%	7.22%	9.16%	10.52%

＊10年国債利回り
＊＊10年国債利回り＋マーケット・リスク・プレミアム（5%）×β

投下資本	13,740	13,674	13,725	8,910	11,398	12,606
WACC	7.19%	7.06%	5.26%	3.95%	3.31%	3.82%

営業利益	643	433	358	−72	210	760
法人税等	261	337	149	64	−274	325
税引後営業利益	382	96	209	−136	484	435
投下資本利益率（ROIC）	2.8%	0.7%	1.5%	−1.5%	4.2%	3.5%

総資産	19,253	19,544	19,449	16,333	19,964	18,868
ROA	2.0%	0.5%	1.1%	−0.8%	2.4%	2.3%
ROE	2.8%	0.7%	1.5%	−2.8%	12.8%	10.2%
EVA	−606	−869	−514	−488	106	−47

第 2 章　瀬戸内発祥の企業の形態と経営戦略　　*67*

表 6　四電工（上場）（2010 年〜2015 年）　　　　　　　　　　　　　　　　　　　　（単位：百万円）

年　　　度	2010 年度	2011 年度	2012 年度	2013 年度	2014 年度	2015 年度
短期借入金＋ CP	400	400	490	350	280	400
長期借入金	1,885	1,556	1,535	2,614	5,566	12,267
有利子負債　計	2,285	1,956	2,025	2,964	5,846	12,667
支払利息	1	0	0	1	4	23
法人税実効税率	39.54%	39.54%	37.00%	37.00%	34.62%	32.11%
負債コスト＊	0.03%	0.00%	0.00%	0.02%	0.04%	0.12%

＊（支払利息÷有利子負債）×（1 －法人税実効税率）

株主資本	41,935	42,385	41,525	42,621	43,161	42,237
β	0.53	0.87	0.43	0.44	0.721	0.439
（補正 R^2 ＝修正済み決定係数）	0.391	0.167	0.068	0.34	0.28	0.297
マーケット・リスク・プレミアム	5.00%	5.00%	5.00%	5.00%	5.00%	5.00%
リスクフリー・レート＊	1.12%	0.98%	0.80%	0.74%	0.32%	0.27%
株主資本コスト＊＊	3.79%	5.35%	2.965%	2.94%	3.93%	2.47%

＊ 10 年国債利回り
＊＊ 10 年国債利回り＋マーケット・リスク・プレミアム（5%）×β

投下資本	44,220	44,341	43,550	45,585	49,007	54,904
WACC	3.59%	5.11%	2.83%	2.75%	3.46%	1.92%

営業利益	2,592	555	-157	525	1,742	2,017
法人税等	1,040	687	-1	485	777	921
税引後営業利益	1,552	-132	-156	40	965	1,096
投下資本利益率（ROIC）	3.5%	-0.3%	-0.4%	0.1%	2.0%	2.0%

総資産	71,250	66,130	66,840	71,444	74,839	79,522
ROA	2.2%	-0.2%	-0.2%	0.1%	1.3%	1.4%
ROE	3.7%	-0.3%	-0.4%	0.1%	2.2%	2.6%
EVA	-36	-2,397	-1,387	-1,211	-731	44

ネット」「システナ」といった上場している情報通信事業を生業とする企業のベータ値を算定したが，いずれの企業もベータ値は低い値となっており，業界固有の特徴と考えられる。同社は安定的にプラスの EVA を計上しており，企業価値を維持しながら事業活動を継続していることが見て取れる。

　四電エンジニアリングについては，「NIPPO」「青木あすなろ建設」「住友電設」の3社を類似企業とみなした。ベータ値を導出し，EVA を算定した結果が表4である。同社は2013年度に親会社である四国電力への特別配当を実施したことで利益剰余金が大幅に減少した。結果，自己資本が減少したことで ROIC が上昇し，EVA も上昇している。同社は2012年度までは自己資本比率が6割程度，有利子負債はゼロで，いわゆる無借金経営であった。2013年度以降，有利子負債が発生し，株主資本コストが増加したにもかかわらず，EVA の値がマイナスからプラスに転じている。その原因としては ROIC が大幅に上昇したことが挙げられるが，自己資本が大幅に減少した2013年度以降も，それ以前を上回る利益を生み出していることは，投下資本をより効率的に使用できていることの証左である。裏を返すと，これまでの自己資本が過剰であり，投下資本の効率的な活用ができていなかったとも言える。

　四国計測工業については，「キヤノン電子」「日新電機」「日立ハイテクノロジーズ」の3社を類似企業とみなした。ベータ値を導出し，EVA を算定した結果が表5である。同社においても，2012年度までは有利子負債がゼロであった。2014年度に，同社は長年の中核事業であった半導体事業を売却した。同時に早期退職募集などを実施したものの，EVA の値はプラスとなっている。翌年度も，EVA はマイナスではあるが，半導体事業の売却前と比較すると大幅に改善している。

　四電工は，四国電力グループ企業で唯一の上場企業である。EVA の値の変動については，表6のとおりである。東日本大震災直後に，親会社である四国電力からの受注量が減少したことで利益が低下している。2011年度から2014年度は利益の減少による ROIC の低下により，EVA の値は負の値をとっている。震災前の2010年度は25億円の黒字決算であったが，EVA はマイナスであった。震災影響が落ち着いた2015年度には，利益水準がほぼ回復するとともに，EVA はプラスとなっている。両年度を比較すると，株主資本コスト低減による WACC 低下が，EVA の改善に寄与したと見られる。

4. 瀬戸内地域の位置づけ

　地域電力会社という事業形態からすると，四国電力が積極的に域外進出していくことはあまり想定できない。もちろん，2016年に始まった電力小売の全面自由化，2020年に控える発送電分離等，業界の構造変化は起こりえるが，ドラスティックな変化はないものと考えられる。

　とはいえ，四国地域の人口が全国平均を上回るスピードで減少していくことを考えると，今後，四国地域内への電力販売事業だけでは，市場は先細っていくことは自明である。その一方で，地域への電力供給責任という観点からは，今後も四国地域を主要な事業拠点としていくことは間違いない。

　［注］

　1　STNet は 2002 年以降，四電エンジニアリングは 2007 年以降，四国計測工業は
　　　2007 年以降，四国電力の 100％子会社である。

70　第 I 部　企業編

〈ケーススタディ 6〉　四国化成工業株式会社

1. 対象企業の事業概要

　四国化成工業株式会社（以下，四国化成工業）は，香川県丸亀市に本社を置く化学メーカーである。化学品事業と建材事業の 2 本柱で事業を展開しており，各事業セグメントと主要取扱品目は表 1 の通り。東証一部上場，連結売上高 507 億円（2017 年度），連結従業員数 1,131 人（2018 年 3 月末）。

　プリント配線板用水溶性防錆剤（世界シェア 1 位）や不溶性硫黄（世界シェア 2 位）をはじめ，ニッチ分野で高いシェアを誇る製品を多く手がけており，2014 年 3 月には経済産業省が顕彰する「グローバルニッチトップ（GNT）企業 100 選」に選定されている。

2. 経営形態及びエリア戦略

① 経営形態（非同族）

　同社は 1947 年，三菱化成（現，三菱ケミカル）の技術者であった多津白年と大阪大学理学部の嘱託をしていた横山良一が，化学繊維レーヨンの原料である二硫

表 1　事業内容

セグメントの名称		主 要 品 目
化学品事業	無機化成品	二硫化炭素（レーヨン原料） 不溶性硫黄（ラジアルタイヤ用原料） 無水芒硝（粉末洗剤・入浴剤原料）
	有機化成品	塩素化イソシアヌル酸（プール・浄化槽の殺菌消毒剤，サニタリー製品等の水処理剤）
	ファイン ケミカル	プリント配線板用水溶性防錆剤 イミダゾール類（エポキシ樹脂硬化剤）
建材事業	壁材	内装・外装壁材，舗装材
	エクステリア	門扉，フェンス，車庫，シャッター
その他	その他サービス	ファーストフード販売，損害保険代理 情報システム

化炭素の画期的な製法を考案。そのアイデアを基に，香川県内の有力者に出資を募り創業した。

初代社長を多津白年（1972年まで），2代目社長は創業時の出資者の一人で設立当初から専務を務めていた西川謙次（1985年まで）が務めたが，2018年3月末現在では創業時メンバーの関係者は役員におらず経営に関与していない。また，大株主のトップテンは事業会社や銀行等の金融機関が占めている。

② エリア戦略（進出/非進出）

同社は，1949年に東京に事務所を開設。その後，幾度か場所と組織上の地位を変え，1990年には東京本社を設けて丸亀本社との2本社制を布いた。しかしながら，バブル崩壊以降企業を取り巻く環境が激変するなかで，意思決定の迅速化と効率性向上を図るため，1999年に2本社制を解消し丸亀本社（1本社制）へ再編され現在に至っている。

また，研究・開発や製造拠点はすべて国内である。研究・開発拠点としてR＆Dセンターを丸亀本社の近隣（香川県綾歌郡宇多津町）に設置しており，製造拠点については化学品事業では創業の地である丸亀の他，徳島工場（徳島市及び板野郡北島町），建材事業では多度津工場（香川県仲多度郡），鳴門工場（徳島県鳴門市），高瀬工場（香川県三豊市）等，一部を除きその多くが瀬戸内圏内に位置している。

3. 業績評価指標（ROA，ROE，EVA）の経年比較

2011年度は，主に化学品事業において円高や市況の低迷の影響を受けたことから減収減益となり，業績評価指標（ROA，ROE，EVA）はいずれも前期比で低下した。2012年度以降の業績は4期連続で増収増益（経常利益ベース）となっており，2015年度は売上高，営業利益，経常利益，当期純利益のいずれの項目も（当時の）過去最高を更新。ROA，ROEも若干の営業減益となった2014年度を除き基本的に上昇傾向である。

一方で2012年度は，前期比で増益かつROA及びROEが上昇しているなかEVAが大きく減少している。これはWACCの上昇が影響しており，株主資本コスト算定で使用されるβ（ベータ）値の上昇に起因している。

72　第 I 部　企業編

表 2　四国化成工業（2010 年〜2015 年）　　　　　　　　　　　　　　　　　　　　（単位：百万円）

年　　　　度	2010 年度	2011 年度	2012 年度	2013 年度	2014 年度	2015 年度
短期借入金＋CP	2,050	2,050	1,950	1,950	1,990	1,930
長期借入金	1,718	2,819	2,555	1,872	1,715	1,761
有利子負債　計	3,768	4,869	4,505	3,822	3,705	3,691
支払利息	49	44	34	22	21	19
法人税実効税率	40.4%	40.4%	37.8%	37.8%	35.4%	32.8%
負債コスト＊	0.78%	0.54%	0.47%	0.36%	0.37%	0.35%

＊（支払利息÷有利子負債）×（1－法人税実効税率）

株主資本	36,143	38,521	41,694	45,241	52,021	54,855
β	0.686	0.588	1.029	0.571	0.758	0.789
（補正 R^2＝修正済み決定係数）	0.339	0.142	0.293	0.198	0.295	0.308
マーケット・リスク・プレミアム	5.00%	5.00%	5.00%	5.00%	5.00%	5.00%
リスクフリー・レート＊	1.12%	0.98%	0.80%	0.74%	0.32%	0.27%
株主資本コスト＊＊	4.55%	3.92%	5.94%	3.60%	4.11%	4.22%

＊10 年国債利回り
＊＊10 年国債利回り＋マーケット・リスク・プレミアム（5%）×β

投下資本	39,911	43,390	46,199	49,063	55,726	58,546
WACC	4.16%	3.52%	5.39%	3.33%	3.85%	3.97%

営業利益	5,789	4,919	5,262	6,113	6,106	7,973
法人税等	2,122	2,178	2,213	2,065	2,290	2,450
税引後営業利益	3,667	2,741	3,049	4,048	3,816	5,523
投下資本利益率（ROIC）	9.2%	6.3%	6.6%	8.3%	6.8%	9.4%

総資産	56,351	60,797	64,304	66,042	74,262	77,510
ROA	6.5%	4.5%	4.7%	6.1%	5.1%	7.1%
ROE	10.1%	7.1%	7.3%	8.9%	7.3%	10.1%
EVA	2,005	1,215	558	2,413	1,668	3,202

4. 瀬戸内地域の位置づけ

　前述の通り，同社は化学繊維レーヨンの原料となる二硫化炭素の製法開発を礎に創業した。当時，創業の地となった香川県丸亀市を含む瀬戸内海沿岸の四国・中国地方にはレーヨン工場が多く，国内化繊生産の約7割を占めていたことから，需要産業が近くにあるという地の利があった。

　国内レーヨン産業の衰退により，1998年に丸亀工場での二硫化炭素製造は終了したが，同工場の製造品目は不溶性硫黄やプリント配線板用水溶性防錆剤等の高付加価値品にシフトしており，今なお同社の主力工場であり続けている。

　このように同社は瀬戸内地域，なかでも香川・徳島両県を中心とした製造拠点において事業の盛衰に応じて製造品目を入れ替えつつ発展してきた。研究・開発や製造拠点の多くが比較的近接した地域に集積していることは，開発した製品をスピーディーに量産化する上で一定のメリットが認められる。また，化学プラントが大規模な設備投資を伴う装置産業であることや，操業に習熟した要員が必要であることから，同一の製造拠点内で設備増強等の拡充が進められてきた理由を見ることができる。

　一方で東日本大震災以降，自然災害等への備えとして，サプライチェーン維持の観点から，リスク分散の意識も高まっている。今後，新規事業の創出や既存事業の拡大等により新たな製造拠点・設備が必要となるケースにおいては，前述のような集積メリットを享受するだけではなく，供給責任を果たしていくための視点も考慮に入れた上で戦略を構築していくことが求められよう。

74   第Ⅰ部　企業編

〈ケーススタディ7〉　大倉工業株式会社

1. 分析対象企業について

① 対象企業の事業概要

　大倉工業株式会社（以下，大倉工業）は，合成樹脂フィルム製品などの製造・販売を行う加工メーカーである。東証一部上場，連結売上高90,812百万円（2017年度），従業員数2,027人（2017年12月末）。

　「合成樹脂事業」，「新規材料事業」，「建材事業」を3本柱に事業を行っている。各事業セグメントの内容は表1の通りである。なお，各事業セグメントの売上高比率は，合成樹脂事業49,341百万円（54％），新規材料事業27,010百万円（30％），建材事業8,188百万円（9％），その他6,272百万円（7％）となっている。

2. 経営形態及びエリア戦略

① 経営形態（同族／非同族）

　1947年の創業で，旧倉敷飛行機高松製作所の元社員が創業者松田正二の下に結束し，香川県高松市に住宅業の「四国住宅株式会社」が設立された（1955年に現在の商号である大倉工業株式会社に変更）。創業者の松田正二は1997年まで代表取締役を務めているが，現在（2017年12月末時点）では創業家は役員におらず，大株主でもない。大株主のトップテンは，取引先企業と銀行，生命保険会社などの金融機関が占めている。

表1　各事業セグメントの内容

セグメントの名称	事　業　内　容	使用用途
合成樹脂事業	食品包装などの包装用プラスチックフィルムの生産，販売	カップ麺など
新規材料事業	電子情報材料分野などの光学機能性フィルムの生産，販売	スマートフォンなど
建材事業	パーティクルボードなどの建築資材の生産，販売	住宅，家具など
その他	ホテル事業，情報処理システム開発事業など	

第 2 章　瀬戸内発祥の企業の形態と経営戦略　　75

② エリア戦略（進出／非進出）

香川県高松市にて設立した会社であるが，1972 年に本社を現在の香川県丸亀市に移転している。製造拠点は丸亀市として全国展開をしており，1959 年に東京，1960 年に大阪，福岡に製造拠点を新設（のちに製造拠点の集約のため廃止）。現在も製造を行っている製造拠点としては，岡山工場（岡山県，1964 年，現株式会社オークラプロダクツ），熊本工場（熊本県，1964 年，現株式会社九州オークラ），静岡工場（静岡県，1964 年，現株式会社関東オークラ），埼玉工場（埼玉県，1967年），詫間工場（香川県，1968 年），滋賀工場（滋賀県，1971 年，現株式会社関西オークラ），丸亀第四工場（香川県，1977 年），新規材料事業（香川県，1987 年），丸亀第五工場（香川県，1992 年），仲南工場（香川県，1995 年）などがある。海外拠点（連結子会社）は，中国（江蘇省無錫市，1995 年）の 1 拠点のみである。海外売上高比率は少しずつ増加しているが約 7%（2017 年度）であり，国内販売が中心の会社である。

3. 業績評価指標（ROA，ROE，EVA）の経年比較

大倉工業の過去 5 年間の業績及び業績評価指標（ROA，ROE，EVA）の推移は表 2 の通りである。

EVA は，2011 年度から 2015 年度まではマイナスとなっている。マイナスの要因は営業利益率の低迷による。2012 年度から 2015 年度にかけては，主力事業である合成樹脂事業において，原材料価格の上昇に対する製品価格への転嫁が遅れていたことや，新規材料事業における新工場稼働による償却負担増などから営業利益率が低くなっていた。ただし，2016 年度は，合成樹脂事業における原材料価格の低下による影響に加えて，新規材料事業における新工場の損益改善が進んだことなどから，大幅に営業利益率が上昇したため，EVA もプラスとなっている。

4. 瀬戸内地域の位置づけ

すでに述べたように大倉工業は，香川県丸亀市を本社としている。販売エリアは全国展開を行っており，製造拠点ついても全国の各地に存在している。しかしながら，各事業セグメントの主力製品や開発製品を製造している製造拠点は本社がある香川県を中心としており，県外にある製造拠点の大半は合成樹脂事業の汎用製品を製造している子会社工場となっている。取引先の多くは関東や関西地区

76   第 I 部   企業編

表 2   大倉工業（2010 年～2015 年）   （単位：百万円）

年　　　度	2010 年度	2011 年度	2012 年度	2013 年度	2014 年度	2015 年度
流動短期借入金	11,070	10,765	7,675	8,400	9,805	9,377
流動長期借入金	1,960	2,507	2,477	2,552	7,064	3,036
リース債務	621	649	673	708	726	568
固定長期借入金	10,478	9,400	8,643	9,454	4,026	6,704
リース債務	3,246	2,626	1,976	1,312	588	20
有利子負債　計	27,375	25,947	21,444	22,426	22,209	19,705
支払利息	529	468	407	344	316	261
法人税実効税率	39.5%	39.5%	37.0%	37.0%	34.6%	32.1%
負債コスト＊	1.17%	1.09%	1.20%	0.97%	0.93%	0.90%

＊（支払利息÷有利子負債）×（1 −法人税実効税率）

株主資本	31,386	32,532	34,008	36,459	37,957	38,739
β	0.767	1.534	1.018	0.932	1.226	0.763
マーケット・リスク・プレミアム	5.00%	5.00%	5.00%	5.00%	5.00%	5.00%
リスクフリー・レート＊	1.12%	0.98%	0.80%	0.74%	0.32%	0.27%
株主資本コスト＊＊	4.96%	8.65%	5.89%	5.40%	6.45%	4.08%

＊10 年国債利回り
＊＊10 年国債利回り＋マーケット・リスク・プレミアム（5%）×β

投下資本	58,761	58,479	55,452	58,885	60,166	58,444
WACC	3.19%	5.30%	4.07%	3.71%	4.41%	3.01%

営業利益	2,015	2,438	2,517	2,010	2,100	2,354
法人税等	−595	47	286	524	−126	784
税引後営業利益	2,610	2,391	2,231	1,486	2,226	1,570
投下資本利益率（ROIC）	4.44%	4.09%	4.02%	2.52%	3.70%	2.69%

総資産	88,347	86,426	85,129	90,730	88,811	87,801
ROA	3.0%	2.8%	2.6%	1.6%	2.5%	1.8%
ROE	8.3%	7.3%	6.6%	4.1%	5.9%	4.1%
EVA	735	−706	−27	−700	−429	−188

であるため，製品の輸送コストなどを考えると製造拠点のメインを都市圏に移すことも考えられるが，大倉工業は経営理念として，「創業地である香川県で地元の雇用確保と拡大，適正な税金の納付などを通して地域社会へ貢献すること」と掲げており，今後も香川県及び瀬戸内地域を拠点とした事業活動を継続していくことが見込まれる。同社の高濱会長はこうも述べている。「海外で『安い』モノはできますが，『それなりの』モノはまだできません。原料を日本から運ぶと経費がかかりますから，製造拠点を海外に移す必要はありません。技術の優位性を保つわが社は日本で，丸亀でフィルムを作ります。」（出典：ビジネス香川（2010 年 7 月号））を行っている。

78   第Ⅰ部　企業編

7. 企業形態および経営戦略が企業価値に与える影響の定量分析

　　ここまでは，「進出／非進出」と「同族／非同族」という観点から瀬戸内発
祥の具体的な企業を取り上げ，業績評価指標の経年比較および瀬戸内地域の
位置付けについて定性的に考察を行ってきた。次に，瀬戸内地域発祥の上場
企業を対象として，企業形態（同族／非同族）および経営戦略（進出／非進
出）が，企業価値（具体的には EVA 数値）にどのような影響を与えるか，
定量分析によって探索的に研究する。

　瀬戸内発祥の全上場企業を対象として，財務データの統計分析を行う。サ
ンプルの選定にあたっては，2010 年度に存在する企業を対象とし，少なく
とも 5 年以上現存する企業に限定した[14]。進出／非進出の定義は，本社が瀬
戸内圏内にとどまっている企業を「非進出」，圏外に移転した企業を「進出」
とする。圏内と圏外の両方に本社を設置している企業は「進出」とみなし
た。また，同族／非同族の区分は第 2 章で用いた定義（39〜40 ページ参照）
による。集計の結果，対象企業数は 120 となり，そのうち「進出」企業数は
40 社であった（表 1 参照）。内訳をみると，瀬戸内発祥の企業は現在でも瀬
戸内に本社を置く企業が過半数を越え，その中でも同族企業が 8 割を占めて
いることがわかる。なお，独立性の検定（Pearson's chi-square test）によっ
て，統計的に有意な値が得られており，「進出／非進出」および「同族／非
同族」の変数は独立であると確認されている。

　各企業の財務データは eol 社の DB Tower Service を用いた（なお，企業グ

表1　瀬戸内発祥の上場企業の経営形態および
　　　経営戦略による分類

	非進出組	進出組
同族企業	69	29
非同族企業	11	11
合計	80	40

Pearson chi2(1)=3.3673 Pr=0.067

第 2 章　瀬戸内発祥の企業の形態と経営戦略　*79*

表 2　進出企業・非進出企業の EVA スプレッドの推移

	平均値	標準偏差	2010	2011	2012	2013	2014	2015
進出企業の EVA スプレッド	0.018	0.025	-0.015	-0.011	0.001	0.004	0.022	0.027
非進出企業（四国地区）の EVA スプレッド	0.004	0.016	-0.022	0.003	-0.007	-0.017	0.016	0.015
非進出企業（中国地区）の EVA スプレッド	-0.004	0.023	-0.036	0.009	-0.046	0.011	-0.006	-0.003

EVA スプレッド中央値

進出企業の中央値	0.017
非進出企業の中央値	-0.001
Wilcoxon rank-sum（Mann-Whitney）test	-2.362
同族企業の中央値	0.005
非同族企業の中央値	0.000
Wilcoxon rank-sum（Mann-Whitney）test	-0.969

ループの全体像を把握するため，単独ではなく連結ベース値とする）。そして，業績指標は ROIC － WACC で計算される「EVA スプレッド」を用いる。表 2 には企業区分（進出／非進出，同族／非同族）ごとの経年推移を示している。全期間を通算した EVA スプレッド平均値では，進出は 1.8%，非進出（四国地区）は 0.4%，非進出（中国地区）は － 0.4%で，進出の方が非進出よりも約 2 ポイント高いことがわかる。とりわけ，景気が落ち込んだ 2010 年度においてもこの開きは変わらず，進出組は － 1.5%であったのに対し，非進出（四国地区）は － 2.2%，非進出（中国地区）は － 3.6%と共に大幅に悪化している。また，中央値の差の検定（Wilcoxon rank-sum test）の結果，統計的に有意な差が得られている。もっともこの結果からは，EVA スプレッドが高いから都市部に進出しているのか，逆に都市部に進出したがゆえに EVA スプレッドが高くなるのか，因果関係までは判断できない。ところで，都市部への進出／非進出は企業の意思決定によるもの（内生変数）であり，この意思決定に影響を与える何らかの要因（外生変数）があるので

はないかと考えられる。一方,「同族／非同族」を基準に比較した場合,Wilcoxon rank-sum test の結果,統計的な有意差は確認できなかった。「進出／非進出」および「同族／非同族」の二次元での分析で得られる知見には限界がある。複数の変数を扱い,因果関係にまで踏み込んだ解析の必要性が示唆される。

　もっとも,われわれは先行研究のように,都市部への進出によるパフォーマンス検証や都市部への進出の要因解析を目的としているわけではない。上記の EVA スプレッド平均値比較では,進出企業のほうが非進出企業よりも経営効率が高いということが明らかになった。そして,非進出企業には同族企業の占める割合が高い。われわれの問題関心はこうである。地方で大きな存在感を持つ同族企業は,企業価値(利益率)の向上よりも自社の所有に高い関心を持つため,EVA スプレッドが小さい[15]。逆に,非同族企業,すなわち外部大株主・金融機関による持株比率の高い株主構成の企業は,利益最大化に対する圧力が強いため,EVA スプレッドが大きい。これを仮説1として,回帰分析(最小二乗法)によって検証する。そして,地域発祥の同族企業が非同族企業になると,利益追求の姿勢が高まる。その帰結として,地域に残るよりも都市圏に進出して企業価値を高めようとする。これが仮説2である。この仮説は,因果関係を明らかにするための操作変数法を用いて検証する。

【仮説1】　非同族企業よりも同族企業のほうが,EVA スプレッドが小さい。

【仮説2】　同族企業よりも非同族企業のほうが,企業価値の最大化を目指して,都市部への進出を図る。

仮説1の変数設定

　仮説1の検証にあたって,次のように変数を設定して回帰分析を行う。まず,EVA スプレッドを従属変数とする。そして,同族・非同族を特徴付ける変数として,個人の持株比率だけでなく,「金融機関持株比率」,「負債比率」を説明変数として設定する。

表3 説明変数の基本統計量

基本統計量	標本数	平均	標準偏差	最小値	最大値
金融機関持株比率	720	18.676	13.147	0.050	48.980
少数特定持株比率	720	26.921	21.950	0.000	74.810
十大株主持株比率	720	51.286	14.989	17.680	82.760
R & D 投資	720	0.019	0.032	0.000	0.179
負債比率	720	103.380	184.753	4.097	1217.601
進出ダミー	720	0.183	0.389	0.000	1.000

「金融機関持株比率」が高いと，自己の持株比率が相対的に減少するため，同族企業は金融機関持株比率の上昇を敬遠することが想定される。「負債比率」に関しても，同族企業ほど低いことが予想される。金融機関からの借入れが多くなると，経営方針に関して金融機関からの意向を無視できなくなることが想定されるためである。

仮説 2 の変数設定

仮説 2 の検証にあたって，次のように変数を設定して操作変数法による因果関係の解析を行う。仮説 1 と同様に EVA スプレッドを従属変数とし，「進出ダミー」（進出 = 1，非進出 = 0）を説明変数とする。ただし，進出ダミーは内生変数扱いなので，これに影響を与えると考えられる外生変数として，「少数特定持株比率」，「金融機関持株比率」，「負債比率」，「フリーキャッシュフロー」，「R & D 投資」（= 研究開発への投資），「Tobin's q」[16]（= 企業の時価総額÷簿価資産）を設定する。

上記変数の基本統計量を表 3 に示す。

表 4 は上記の説明変数を用いた分析結果である。まず，仮説 1（【A】式）の結果を検証する。「少数特定持株比率」（10％水準），「R & D 投資」（5％水準），「十大株主持株率」（1％水準）で統計的な有意差が得られている。「金融機関持株比率」，「負債比率」では有意差は得られなかった。このことから言えるのは次の 3 点である。

① 少数持株比率が大きい企業ほど，EVA スプレッドは低い傾向にあ

82　第Ⅰ部　企業編

表4　統計分析結果

説明変数	【A】式：最小二乗法			【B】式：操作変数法		
	係数	標準誤差	P値	係数	標準誤差	P値
少数特定持株比率	-0.001	0.000	0.066	0.000	0.001	-0.001
金融機関持株比率	0.001	0.001	0.105	0.001	0.001	-0.001
十大株主持株比率	0.002	0.001	0.000	0.002	0.001	0.001
負債比率	0.000	0.000	0.896	0.000	0.000	0.000
R&D投資	-0.379	0.185	0.043	-0.611	0.290	-1.186
進出ダミー	0.016	0.015	0.287	0.190	0.079	0.033
定数項	-0.133	0.035	0.000	-0.188	0.057	-0.300

標本数	720	720
修正済み決定係数	0.1794	0.1892

Tests of overidentifying restrictions：Sargan N*R-sq test= 34.640　Chi-sq(2)　　P-value = 0.0000
Tests of endogeneity：Wu-Hausman F test:12.46929　F(1,112)　　P-value = 0.00060
(注)　網掛けは，統計的に有意水準のものであることを示している。

　　る。

　②　R&D投資が多い企業ほど，EVAスプレッドは低い傾向にある。

　③　十大持株比率が大きい企業ほど，EVAスプレッドは高い傾向にあ
　　る。

　①より，同族企業は高業績が上げられていないことが示唆される[17]。②か
らは，短期的には企業価値向上に直結しないことを承知の上で，長期的な視
点からR&D投資を積極的に行っていることが伺える。③より，十大株主
持株比率が高いことは経営陣に対するモニタリング機能の強化につながり，
企業価値向上に寄与していることが示唆される。ただし，十大株主持株比率
の多寡は，必ずしも同族／非同族を特徴付けるものではない。以上より，①
を積極的に評価することで，仮説1「非同族企業よりも同族企業のほうが，
EVAスプレッドが小さい」が採択される。

　次に，仮説2について，操作変数法を用いた分析結果（【B】式）を検証す
る。操作変数法について簡単に説明しておくと，回帰分析（最小二乗法）で
は扱うことができない従属変数と説明変数の因果関係まで推計できる分析手
法である。企業の「進出／非進出」選択を主体的（内生的）な意思決定と捉

図2 本研究で用いる外生変数と内生変数および従属変数

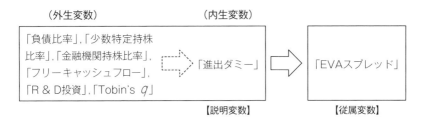

図3 企業形態とエリア戦略の独立モデルと従属モデル

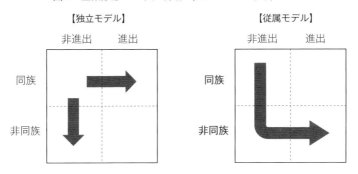

えると，それに影響を与える説明変数（外生変数）が別に存在するものと考えられる[18]。また，変数が内生変数であるかどうかを調べるには，内生性検定（Wu-Hausman test）を行う。さらに，過剰識別性の検定（Sargan-test）をし，操作変数の候補を探す。

【B】式の推定結果を見ると，「進出ダミー」（5％水準）に統計的な有意差が確認できる。これによって，都市部に進出すれば，EVA スプレッドは高くなるということが明らかになった。すなわち，EVA スプレッドが高い企業が都市部に進出するのではない。都市部に進出した結果，EVA スプレッドが高まっているという因果関係が実証された。

ところで，「進出ダミー」は内生変数である（内生変数の検定（Wu-Hausman test）によって統計的に有意な結果が得られている）。これに影響を与えるのが，少数特定持株比率，R＆D 投資，Tobin's q，フリーキャッ

シュフロー等の外生変数である。ここから推測できるのは，少数持株比率が下がる（すなわち同族企業から非同族企業に移行する）ことで，地域企業は都市部への進出を行い，その結果として，EVA スプレッドが高まる（利益水準が向上して企業価値が高まる）ということである。よって仮説 2 は採択された。

そして，「同族／非同族」という企業形態と「進出／非進出」のエリア戦略は，独立した意思決定ではなく，「同族／非同族」という形態の違いが，「進出／非進出」という意思決定に影響を与えている，すなわち従属的関係にあることを意味する。企業形態とエリア戦略においては，図 3 に示す従属モデルが適合することが新たな知見として得られた[19]。

8. 瀬戸内圏の地域活性化の処方箋

経営形態（同族／非同族）および企業戦略（非進出／進出）で区切った 4

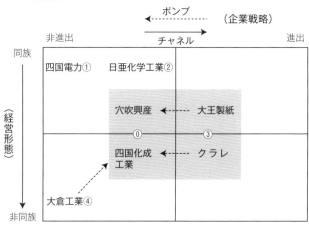

図4　瀬戸内圏を代表する企業を対象にした企業価値向上のための処方箋

注：○内の数字は第 8 節のステージ番号。

つの象限に，EVA スプレッドの正負を加味して作成したのが図4である。中央の網掛けエリアが，EVA スプレッドが正である企業群を示す。実線矢印は外部からの力がなくても自然の流れ（チャネル）に沿って進む。点線矢印は，外部からの力（ポンプ）を加えないと能動的に進まない。

地域活性化の処方箋
ステージ⓪：非進出で EVA ＞ 0（ケーススタディの穴吹興産，四国化成
　　　　　　　工業）

　図の網掛けエリアの左半分，地域内に残留しており，資本コストを上回る付加価値を生み出している企業については，地域活性化という観点からは，特段の経済支援は必要としない。

1）未上場企業の上場による企業価値の増加[20]
ステージ①：非進出・支配で EVA ＜ 0（ケーススタディでは四国電力グ
　　　　　　　ループ）

　地域に残留する企業グループで，たとえ，親会社の EVA が負であっても，未上場の子会社の企業価値が正であれば，子会社を上場させることにより，グループ全体の EVA の改善に繋がる[21]。

ステージ②：非進出・同族で EVA ＜ 0（ケーススタディでは日亜化学工
　　　　　　　業）

　地域に残留し，未上場の同族企業であれば，EVA が負であっても，上場することによって外部投資家を意識した効率的な経営を促して，EVA の改善に繋げる。

　なお，このステージ①，②までは，政府や自治体等による外的補助や誘導によらずとも，企業価値を向上させる余地が残っている。たとえば，日亜化学工業，四国電力とも，本体あるいは傘下の子会社を上場させることにより，外部投資家を意識した高利益率の経営を目指す，というプランを提示することができる。日亜化学工業のような本体上場の場合，知名度および信用

度の向上に伴い，人材確保や資金調達を有利に進めることができ，事業拡大ひいては企業価値上昇への貢献が想定される。もっとも，こうしたアドバンテージは，不特定多数の株主による支配への移行に伴う買収リスクや，投資家に対する情報開示にかかる負担等とのトレード・オフ関係にもある。

　一方，四国電力のようなグループ企業が子会社上場を行う場合，子会社株式の市場価値の向上，子会社株式を株式市場で売却することによる資金調達メリットが，企業価値向上に寄与すると想定される。ただし，子会社に対する支配力低下，上場に伴う子会社の情報開示負担増，敵対的買収に遭遇するという懸念事項もある[22]。

2）政府主導による地域への企業移転及び企業存続策

　ステージ③：地域外に進出しており EVA ＞ 0 の場合（同族・非同族は問
　　　　　　　わない）（ケーススタディではクラレ，大王製紙）

　すでに都市部に進出しており，EVA が正の企業に対しては，政府や自治体が本社移転に対する減税等のインセンティブを間接的に付与することで，地域に誘致する施策が考えられる。

　現在，地方拠点強化税制改革の一環として政府が実施しているオフィス減税や雇用促進税制等の本社機能を地方に移転させる政策は，このステージにある企業が対象である。

　都市部に進出している企業が本社機能を地域に移転するには，いくつかのハードルが想定される。たとえば顧客，情報等に対するアクセシビリティが高いという都市部のアドバンテージを放棄することで，事業遂行に支障をきたすことはないか。また，顧客，経営陣，従業員，投資家，金融機関等，さまざまなステークホルダーからの理解が得られるか。したがって，地方自治体が企業誘致を行うには，当概企業の移転にかかる費用対効果を考慮した上での条件提示が必要である。減税や助成金だけの施策では十分なインセンティブとは言えないが，もともとその地域が発祥の企業であれば，移転先地域に関する専門的知識を既に有しているため，誘致が現実味を帯びてくる可能性がある[23]。

ステージ④：非進出・非同族で EVA ＜ 0 の場合（ケーススタディでは大倉工業）

　地域に残留し，EVA が負で，非同族企業の場合，資本コストを下げさせることを目的として，政府や自治体が資金を提供（直接的支援）することで，当概企業の企業価値を改善させることが可能である。

　事業再生支援のために公的資金の提供を行う場合，企業経営者の能力を見極め，必要に応じて吸収合併や事業承継により，生産性の低い企業から高い事業への集約化を促進していくことが求められる。その際には，資本コストを意識した企業経営戦略が重要である。しかし，政府が関わる施策には，収益構造比較をして支援企業を選出しているようには見えず，地域資源に対する投資効率性を意識した資金の提供とは思えないものもある[24]。従来の補助金や交付税を獲得するため，地方自治体同士が域内の競争に精を出すより，存続可能性の高い企業を選定し，内生的に必要な財源を獲得できる資金の循環を創出することが大切である。その選定には EVA の指標は有力な判断基準のひとつとなる。そして，本章で提示する未上場企業の上場による企業価値の増加と，政府主導による地域への企業移転及び企業存続策により，ヒト・企業が地域に定着すれば，地域が自立して持続的に経済活動を維持できる生活基盤の整備に寄与する。これこそ，地域創生への近道になりうると考える。

3）提言

　「地方創生」という一種の流行語の元では，政府や自治体による減税，補助金頼みの対策（すなわちステージ③及びステージ④）ばかりが議論されがちである。ファイナンスの発想によって，ステージ①，②の企業も含めて，外部の力に依拠することなく EVA を改善させることを包括的に検討するべきである。ケーススタディで紹介した日亜化学工業や四国電力の場合，本体あるいは傘下の子会社を上場させることによって，外部投資家を意識して高利益率の経営を目指すというプランが提示される。このことは，大企業が地方に EVA スプレッドが正の未上場子会社を持っている場合においても，そ

の子会社を上場させることで企業価値を増加させるという手法にも応用できる。

[注]

1 瀬戸内の地域設定については，便宜上，山陽の岡山・広島・山口と四国の香川・愛媛・徳島の6県とする。

2 明治時代には綿花の産地として知られ，それが綿紡績業成立の背景となった。また紡績業の発達に伴って織物工業もこの地で始まった。こうした綿紡を中心とする繊維工業の蓄積が，原料生産部門である人絹工業の進出の基礎となった。

3 戦前における工業発展は倉敷紡績に始まり，岡山県を中心とする繊維工業の発展に大きな影響を与え，大正期までは主軸をなしていた。昭和に入ってから瀬戸内では，軍の命令により現水島地域に航空機製造拠点が築かれ，戦後重化学工業の比重が大きくなってきた。その先端に立ったのが山口県で日本最初の民営セメント工場となった小野田セメントである。これらの産業は，戦後の瀬戸内工業地域の発展に引き継がれている。

4 新居浜は住友の町と言われ，住友系企業が多く，江戸期の開発になる別子銅山(住友金属鉱山)を中心に，明治期より銅鉱精錬を主とする住友系企業の集積が進み，銅・アルミ・機械・服料など非鉄金属・機械・化学工業などの工場立地が見られた。

5 第一次世界大戦後から昭和初期にかけて人絹工業の立地は，岡山・広島・山口の諸県から四国にのび，その過程で倉敷・広島・岩国・防府などの臨海工業都市が形成された。そして人絹工業は，相互に強い関連性を持たない繊維工業と化学工業を結合させ，戦後の合成繊維工業への転換の基盤となった。

6 スピルオーバー効果とは，知識の伝達及び技術の外部性が産業集積の有効性の1つとして挙げられる。これは，企業間の空間的近接性が，知識や情報の交換・伝達，特に情報ネットワーク上では入手困難な「暗黙知」に相当する知識の伝達に好影響を与え，産業集積形成に対しプラスの要因として作用していることを指す。

7 都市規模の利益や集積の経済性に関する実証分析に関する代表的なサーベイとしてRosenthal and Strange（2004）があり，一般に都市規模が2倍になると生産性は3%〜8%高くなると示している。

8 ここでは，創業者一族の持株比率に着目して考察を進めるため，「同族経営（family management）」を構成要件には入れていない。同族経営は，通常は創業家のメンバーが当該企業の社長・役員になることで，取締役会において創業者一族が役職数を多く占める際に用いるが，創業者一族が経営に携わることでエージェンシー問題が緩和されるという内容をこの章では特に扱わないからである。

9 ちなみに，資本階級が10億円の同族企業は1,879社に対し，非同族企業は1,054社に上る。100億円以上になると，同族企業483社に対し非同族企業564社と逆転

する。

10 竹原（2014）においても「創業家が10%以上の株式を所有するか，あるいは創業家の構成員で代表権を有する役員が存在するかの2条件のうち，少なくともいずれかの条件を満たす企業」を同族企業と定義している。

11 エージェント（経営者）が，プリンシパル（株主）に委任されているにもかかわらず，プリンシパルの利益に反してエージェント自身の利益を優先した行動をとることを指す。

12 オーナー企業等において，経営者の任期長期化に伴い，自らの地位に固執し，適正な交代が行われないことを指す。

13 同族企業と業績の関係に関する実証研究は海外を含め数多く見られるが，現在のところ見解が一致していない。Anderson and Reeb（2003）は，米国のS＆P 500社のうち，403社を対象とし，同族所有の企業の方が，そうでない企業よりROAが高いことを発見した。そして，同族所有比率がある程度まで高い企業においてはROAは上昇するが，一定水準を超えるとROAはむしろ低下する傾向にあると述べる。Villalonga and Amit（2006）はForture 500社の中にある同族企業を調査し，創業者がCEOを務めている場合は企業価値を生み出しているが，その後継CEOが創業者一門（息子等）である場合，企業価値に負の影響をもたらすとした。

14 この期間中に企業業績が極端に悪化したことで上場廃止した企業は，企業存続のための議論をするのに相応しくないため，標本から除外した。

15 創業家の影響力が依然強く残っている企業の場合，不祥事に繋がるような非合法的な行動を慎み，利益追求の姿勢が弱まる。したがって非同族企業に比べ企業価値が最大化されないと思われる。次章では，短期的視点に立ち企業価値を上げようとするサラリーマン経営者と異なり，創業家の影響が強い企業の場合，組織ぐるみで企業の不祥事を起こさないとする理論モデルを，株主構成の点から説明している。

16 アメリカの経済学者Tobinが提唱した投資理論による指標で，「株式市場で評価された企業価値（時価総額）÷資本の再取得価格（簿価資産）」で定義される。

17 Villalonga and Amit（2006）が，同族所有の企業は，創業者の後継CEOが身内から出た場合は企業価値に負の影響をもたらすと指摘した結果と整合的である。

18 内生変数（従属変数）であるものを外生変数（説明変数）と扱って推計すると，推計値にバイアスが発生する。

19 もっとも，同族色を弱めるように株主構成を変更させることが都市圏進出の誘因となるのであれば，地域企業であることのメリット（人脈や低廉な運営コスト）喪失とのトレード・オフ問題が新たに発生しうることが示唆される。

20 グループ①とグループ②とも，グループ会社のどこかを上場させるという意味では同じであるが，親会社を上場させるか，子会社を上場させるかでは，上場させることへの抵抗感が違う（親会社と子会社とでは外部からの乗取りに対する恐れ）ため，2つに区分した。

21 たとえば，標準的な金融の教科書では，上場するのは資金調達や創業者利得のためであると説明されているが，親子上場を行っている企業の場合には該当しない。それは，上場している親会社の株価には，子会社へ配分する資金や子会社の企業価値

が既に反映されているからである。欧米では親子上場という概念はない。なぜ、日本では親子上場が見られるのかを説明するのであれば、市場の情報の非対称性を緩和させた結果、子会社株式の市場価値の向上に繋がる。それゆえ、子会社株式を株式市場で売却することによる資金調達のメリットが子会社上場の現状を説明していると考えられる。

22　子会社の（親会社以外の）株主の利益の不当な阻害という観点から次のように説明される。上場する子会社には親会社、すなわち支配株主が存在するため、親会社の判断によって子会社に不利な条件による取引が強要される、子会社から親会社の都合により資金が吸い上げられる、上場後短期間で再度非上場化されることで子会社株式の市場価値が毀損するなど、親会社以外の株主の権利や利益が不当に損なわれる恐れがある。

23　オフィス減税の場合、たとえば、本社を東京都 23 区から地方に 5 億円投資して移転させても、税金控除 5 億 × 7% = 3,500 万円の税金控除しか受けられない。仮にEVA スプレッドが地方と都市部で 1% の開きがあるならば、営業利益が 30 億円以上見込める企業は移転しない。

24　たとえば観光庁が平成 29 年に公表している観光圏整備実施計画を見る限り、認定された地域の事業に対する減税及び補助金の支給対象のほとんどが 50% 超の支給がされている。

第3章

資金調達と資本構成が企業価値に及ぼす影響

　第1章，第2章で扱った EVA とは，企業価値を表す指標であった。前章の結果を踏まると，企業価値は，金融機関・外部大株主の持株比率の高い企業では高く，少数特定株主の持株比率が高い企業では，かえって低い傾向にあることがわかった。この章では，多くの先行研究では明示的に扱っていないメカニズム，たとえば，経営者は合法的行動により企業価値を高めているのか，それとも不法行為をすることを通して企業価値を高めているのかについてまで言及している。その際，外生的な属性である株主構成に加え，なぜ企業価値を高める経営戦略を採らないのかを内生的な変数から経営者の意思決定を考察することに特色がある。

　日本企業に典型的に観察される企業統治の仕組みは，株主の権利を実質的に制限し，メインバンクに代表される銀行，そして従業員の主権が標榜されるものであった。そのおかげで，経営者が長期的視野に立ち経営を担えてきたこと，従業員の企業への組織コミットメント（忠誠心）が高くなるといった利点を生み出してきた。しかし，バブルが崩壊して以降，日本企業の経営不振，失われた20年と言われる長期の低迷期を経験した。会社法の定めるあり方と実態の乖離を問題視し，アングロサクソン型の企業統治の導入，2003年に施行された委員会型設置会社の導入が急務であるという議論が活発に繰り広げられたことは記憶に新しい。

　一方，アングロサクソン型統治の仕組みの有効性について，冷静な分析・判断が不足した状況で，たとえば93年の商法改正など株主重視の経営に舵を切らせる仕組みが導入された[1]。さらに，90年代後半における株価下落に伴う株式保有のリスクの高まりや，2001年の時価会計の導入により，金融機関はそれまでの株式持合株に代表される大量の保有株を処分した。その結

果，金融機関に代わって株式の保有を増加させたのは，「モノ言う株主」の外国人投資家，機関投資家であった。もっとも，株主が経営に口を挟んでくるような可能性が出てくると，短期的に利益を上げなければならないという制約，従業員の企業に対するコミットメントが急速に薄れてしまう恐れがある。このような状況下で，業績に依拠した報酬契約を結ぶと，経営者は企業業績を上げようと不法行為を行う誘因が働く。

　これまで，企業の負債発行が経営者の行動を規律付ける機能を持っていることは，Aghion and Bolton（1992）や Chang（1995）等で従来から主張されてきた。以下では，資本構成や企業統治の諸問題を解決させるため，負債の持つ企業の再組織化機能に着目し，負債が企業価値に与える影響に関する先行研究を随時紹介してゆく。

1. 負債を持つことの功罪

　ところで，負債はゼロがよいのだろうか。支払手形や買掛金等の負債は，会社が営業活動を行っている以上，必ず発生する。また，負債をできるということは会社の信用のある証拠でもある。したがって，資産に占める負債の割合が大きいからといって，必ずしも悪い会社とは言えない。また，無借金企業が必ずしも良いとは限らない。実際，日本の企業は全般的に見て資金調達の負債依存度は長期的低下傾向にあるが，依然としてメインバンクからの借入れ依存が継続中である。

　では，負債が企業価値に与える影響とはどのようなものか。負債が多い企業は，債権者からモニタリングを受けるので，経営者は格付けが下がるのを回避するのに必死になるであろう。それに対し負債がなく，格付けも高い経営者の場合は，プレッシャーがほとんどかからない。どんなに有能な経営者であっても，プレッシャーがないと，人ゆえに気が緩むこともある。

　つまり，資本構成の理論，負債を利用させることの意義とは何かというなら，負債利用をさせることで，経営者に負債返済のプレッシャーを与えること，そして企業価値の最大化をさせる誘因を与えることである。他に節税の

効果もある。こうした資本構成の理論を実社会で応用したM＆Aとして，LBO（leveraged buyout：買収先企業の生み出す将来のキャッシュフローを担保に資金を借り入れて買収），MBO（management buyout：経営陣が自ら会社の株式・事業などをその所有者から買収）が挙げられる。前者は，借入金を活用して買収することで，少ない投資資金で事業・企業を買収することをいう。これを行うファイナンス的意味合いは，企業のスリム化をしたい（過剰投資を抑制し，役に立たない資産を売却する），後述するフリー・キャッシュフロー問題を回避するためであると考えられる。後者は，上場企業の株式非公開化やオーナー企業の事業承継として実際に多く利用されている。

　では，負債をすることのデメリットはないのだろうか。仮に負債をするのが当たり前と経営者に思われると，経営者はそれほどプレッシャーを感じなくなる。そして有利子負債（銀行借入れや社債発行）を削減しないと毎期の営業活動におけるCF（キャッシュフロー）が減少するため，投資機会があっても積極的な長期投資を行えなくなる。したがって，負債を無限に増加することはありえない。投資機会の価値が高いほど，企業の負債比率は低いという発見から，負債を多く保有する企業は，過少投資する傾向にあるとSmith and Watts（1992）は主張している。また，Rajan and Zingales（1995）は，無形資産，時価簿価比率をそれぞれ成長機会の代理変数と表し，成長機会が豊富な企業は，米国・日本において負債比率が低い傾向にあると報告している。このように，負債の功罪に対する考えは，学界においても見解の統一ができていないのが現状である。しかし，負債の効果についてこれまで多くの研究が積み重ねられてきている。次に，Harris and Raviv（1991）等を参考にして，以下負債に関する主要な学術的理論の紹介を見てゆく。

2. 資本構成の主要な理論の紹介

　有名なのがMM理論（Modigliani and Miller（1958））である。彼らは，完全市場では企業価値は資本構成とは無関係であるという理論を構築した。そ

れゆえ，企業価値に影響を及ぼすのはもっぱら投資の側面であるため，企業が重視すべきは実物投資であると主張する。市場メカニズムが働くと裁定（arbitrage）が働くので，株主資本と負債の合計の値は変わらない。資金調達方法は企業価値に影響を及ぼさない[2]。しかし，現実の経済では，完全市場ではなく市場メカニズムが働いている保証はない。資本市場が完全であるなら，店で売られているピザの値段はスライスの仕方に依存しないことになる。しかし，ピザの値段は，丸ごと売られているよりも高くなる。他にも，価格の硬直性や保険市場におけるモラル・ハザード問題など，市場メカニズムが働かない例が挙げられる。

①トレード・オフ理論

　企業の最適資本構成（最適負債比率）は，負債の税効果と倒産コストのトレード・オフによって決まる。

・税金（負債比率（＋））

　企業が負債で調達した場合，債権者への支払利息は課税所得から控除される。しかし株主への配当は，税引き後利益より支払われるため，控除対象とならない。トレード・オフ理論を唱える Myers（1984）によると，負債比率を高めることで，支払利息の課税所得控除（節税）分だけ，企業価値が高まる。Modigliani and Miller（1966）は，負債の税効果が電力会社の企業価値を高めると主張したが，Fama and French（1998）は税制と企業価値の間に有意な関係は見出せないと否定している。

・倒産コスト（負債比率（－））

　その反面，企業が負債で調達した場合，直接効果として，倒産や会社更生による法的コストや事務経費，操業停止コストや資産の叩き売りによるコストが生じる。間接効果として，債権者は倒産の可能性が高い企業のリスク事業への投資を抑制し，その企業の投資機会を奪う。その結果，企業価値は低下する。Eastern Airlines 社が倒産手続き中の2年間のうちに残存価値はほとんどなくなっていると Weiss and Wruck（1998）は紹介している。Jensen

（1986）は，経営者が努力を怠り企業パフォーマンスが低下するならば，負債比率の高い企業のほうがより財務危機・倒産を引き起こす可能性が高くなると指摘する。

　上記のトレード・オフ理論に関する実証研究の検証方法は，以下のように解釈付けて考えられている。企業が目標とする負債比率の目標水準（target debt ratio）は，負債の税効果と倒産コストに依存し，企業が資本構成を徐々に調整するターゲット・アジャストメントモデル（target-adjustment model）と解釈する。目標水準を標本の平均的負債比率と考えている初期の先行研究もあるが，負債比率を企業規模[3]，有形資産と無形資産[4]の比率，成長機会を表す収益性等の変数で回帰した Hovakimian, Opler and Titman（2001）の分析手法は，各企業の各年度における負債比率をそれぞれ計算して表しているので，参考になるだろう。

　これを最適資本構成とみなし，現時点の負債比率が最適資本構成（最適負債比率）を超過する場合，企業は借入れを減らしているのか，最適資本構成を下回る場合，企業は借入れを増やしているのかを見ている。また，最適資本構成とは，税引き後の総資本コストをできる限り小さくする資本構成でもある。したがって，WACC と負債比率が凸関数の関係にあると考えるなら，企業は，WACC を小さくするように負債で調達していると考える理論と言える[5]。

　ちなみに，WACC とは以下のように定義している。

② WACC（％）＝ ｜有利子負債／（有利子負債＋株主資本時価）｜ ×負債
　　　　　　　コスト×（１－法人税実効税率）＋
　　　　　　　｜株主資本時価／（有利子負債＋株主資本時価）｜
　　　　　　　×株主資本コスト

- 有利子負債＝「短期借入金」，「CP（コマーシャルペーパー）」，「社債」，「長期借入金」の合計
- 株主資本時価＝「株価」×「発行済み株式数」
- 負債コスト（％）＝有利子負債の利子率（借入金や社債の金利）

＝支払利息／有利子負債

- 法人税実効税率は多くの書籍では，40％として計算している。しかし，本書では，（1 −法人税実効税率）×税引前当期純利益が当期純利益に相当することに着目し，法人税実効税率＝ 1 −（当期純利益／税引前当期純利益）で求めている。
- 株主資本コスト（％）は株価収益率の理論値（CAPM による算出を採用する。）

詳細は，第 1 章 19 頁から 23 頁を参照。

③エージェンシー理論

企業内部者と外部投資家の情報の非対称性に注目し，エージェンシー・コスト（経営裁量権エージェンシー・コストと負債エージェンシー・コストの 2 種類）によって決まる。少数特定者持株比率が高ければ，モノ言う株主である大株主の割合が多いため，経営者に対するモニタリング機能がより働く。したがって，経営者と株主との利害不一致が軽減し，経営裁量権エージェンシー・コストは低下する。しかし，債権者にとっては，債権者と経営者・株主との利害不一致は高まり，負債エージェンシー・コストは上昇する。その結果，少数特定者持株比率が高い企業は，負債を利用する誘因が下がる。

また，経営者の報酬体系を適切にデザインすることで，経営者と株主との利害をある程度一致させることができる。たとえば，役員持株制度は，企業に対する取締役の忠誠度を株主に示す指標となると同時に，取締役会メンバーの経営トップをモニタリングする機能を持ち合わせている。Jensen and Meckling（1976）は，経営者持株は，プリンシパルである株主とエージェントである経営者の利害相反を緩和し，経営者に企業価値最大化のインセンティブを付与する効果があることを指摘している。日本の場合，経営者の在職期間が長い場合，経営者のマネージメント能力が高いため不祥事が発覚しにくい。あるいは，経営者が役員退職慰労金を失いたくないと考えるため，企業に内在するトップへの牽制機能が低下するのにもかかわらず不法行為を必要以上に行わないことがわかった（三好（2013））。

しかし，Shleifer and Vishny（1989）は，私的便益が大きければ大きいほ

ど，経営者の在職期間が長くなり，エントレンチメント・コスト（entrench-
ment cost）が大きくなると指摘する[6]。経営者が，私的便益獲得のためにフ
リー・キャッシュフローを利用する可能性があるからである。このように，
経営者と出資者である株主の間にエージェンシー問題が生じている場合，フ
リー・キャッシュフローが多いと経営者の私的便益に利用される機会が多く
なり，その結果，不法行為に手を染める可能性が高まることが予想される
（Jensen（1986））。

　一方，社外取締役員の数が多いことは，経営トップに対する取締役会の相
対的な交渉力を増加させ，社長のエントレンチメント・コストを抑制する可
能性がある[7]。Weisbach（1988）は，社外取締役員が多数を占める企業にお
いて，企業の業績が悪いと経営トップを更迭するため，内部ガバナンスが働
くと主張している。一方，Sheridan and Kendall（1992）は，社外取締役は，
企業内部の情報に疎いため，経営陣に対しモニタリングを実施することが困
難であると主張する。

④ペッキング・オーダー理論

　既存投資家と新規投資家との間の企業に対する情報の非対称性から派生す
るコストに注目し，企業が内部留保，社債発行・借入れ，増資の順で資金調
達を行うという理論である[8]。株式は，資金調達の最終手段となることに対
し，Myers and Majluf（1984）は次のように説明する[9]。負債比率が既に倒産
危険水準にある場合，新たな負債をすることは倒産のリスクをさらに高める
ことになるので，株式を発行するという。また，既存の株主にとって，増資
することで自身の株式価値が希薄化するのは嫌であるから，株式発行を好ま
ない。Sunder and Myers（1999）は，企業は余剰資金をまず，負債の返還に
あて，その後自社株買いを行うことを理由に，株主に対する利益配分の優先
順位が最後であることからこの理論を支持する。しかし，Jagannathan,
Stephens and Weisbach（2000）は，自社株買いよりも配当支払いで株主に
利益を還元しているので，自社株買い政策が企業の負債政策よりも優先して
行われていると否定的な見解を述べている。また，Hsuan and Ritter（2002）
は，株価が市場で過大に評価されている時は，企業にとって発行しやすい条

98　第Ⅰ部　企業編

件である。その時に資金調達をすれば，株式発行のコストは低くなるため，もっとも好まれる資金調達方法になると否定的見解を述べる。小規模な成長企業が低いレバレッジを維持し，株式調達を頻繁に行う理由を説明するのも困難である（Fama and French（2002））。

　では，資本構成のペッキング・オーダー理論に関する実証研究の検証方法とはどのように行うのだろうか。将来発生する資金調達コストを低減させるため，企業はコストが最も低い内部留保を厚くし，自己資本を増加させる誘因を持つ。したがって，内部資金が赤字の場合，企業は借入れを増やしているのかを見れば判断できる。ちなみに，内部資金＝配当＋設備投資＋運転資本純増額＋１年以内返済長期負債残高－利払い・税引き後営業キャッシュフローで定義されている。

　学説では，株主利益の最大化を前提とした既存の最適資本構成理論（トレード・オフ理論）で，日本企業の資金調達行動を説明するのは困難であるという見方が支配的である。また，この章で紹介した上記４つの理論で，企業の資金調達行動をすべて説明しつくせるものではない。先行研究（池尾・広田（1992），Sunder and Myers（1999），Frank and Goyal（2003），Fama and French（2002））があげられるが，最近は，「企業の存続確率の最大化仮説」「銀行・メインバンク借入れ依存の継続仮説」という，資本構成とは別の仮説で説明しようと学界においても模索中である。つまり，すべての企業に共通する普遍的な財務戦略は存在しないのかもわからないが，上記の理論を反映させた多くの企業に共通な経営戦略はないか，企業不祥事が起こるのは，株主と経営者の利害相反の問題という形で捉えてよいのか，以下紹介してゆく。

3. 役員の持株比率が企業不祥事を抑止させる効果について

3.1　はじめに

　日本や欧米の有力企業で不祥事が近年多発している。特に，当該企業と経営者の間に関係特殊的な環境が形成されている場合，不祥事発覚後に生じる

第 3 章　資金調達と資本構成が企業価値に及ぼす影響　　99

企業の評判の失墜により受ける企業業績の損失は無視できない。経営者がその私的便益のみを重視し，企業業績を最大化する経営を行っていない場合，不祥事の発生によって企業業績が損なわれ，株価の下落が深刻化する可能性がある。そのような場合，不利益を被った株主は経営者を監視下に置き，時には経営者を解任する可能性がある。

　そうした最中，経営者を規律付けの面で，株主によるモニタリング機能，取締役会に対する経営報酬契約を使ったガバナンス機能は現実的にあまり効果がないのではないか，実際には十分な企業統治機能を果たしていないのではないかという議論が，欧米においても盛んに論じられている。企業全体の効率的な運営がされるため，利害関係者の間の権限，経営者責任，報酬をどう配分するのかに関する議論は避けて通ることはできない。

　株主のモニタリング機能に関する先行研究において，モニタリングからの利益を回収するには，最初に十分大きな株式保有比率を持つ必要があることを言及している。たとえば，Morck and Nakamura（1999），Weinstein and Yafeh（1998）は，メインバンク関係を持つ企業のほうが，持たない企業に比べ株価は低迷しており，さらに利益率も成長率も低いことを指摘している。この点から見ると，メインバンクの経営者に対するモニタリング機能が有効に働いていない可能性がある。特に，最近まで存在していた巨額の不良債権の存在，取得原価評価から時価評価への会計制度の変更は，企業と金融機関の株式持合関係を弱める傾向にある。そのため，株主分散所有型の株式所有構造がさらに進んでおり，外部からの，特に金融機関のモニタリング効果を期待することが困難である現状では，株主の望むような企業業績を最大にするような経営方針を経営者がとらない恐れがある。

　また，経営陣を監督する役目を果たすべき取締役会は，その構成メンバーの大半は他の企業の取締役を兼ねる社外取締役員であるのにもかかわらず，違法な取引をチェックし，これまで不祥事を未然に防ぐことができなかった[10]。たとえば，2004 年の西武鉄道は有価証券報告書の虚偽記載により，東京証券取引所から上場廃止の処分を受けたが，上場廃止に至るまでに他にも親会社であるコクドがインサイダー取引を行うなど，企業スキャンダルが相次いで起こっている。筆頭株主であるコクドは，経営者と濃密な利害関係を

築き，当該企業の業務内容に関する情報を経営陣と共有できる立場にあることを勘案すると，大株主は不祥事に加担する可能性は高いと言えよう。

　一方，どのような企業が不祥事を起こしやすいのかを研究した Alexander and Cohen（1999）は，経営者の株式所有割合が低い企業ほど不祥事が発生しやすいという実証結果を報告している。また，Shleifer and Vishny（1989）は，CEO（Chief Executive Officer）の任期の長期化に伴い，在職地位の安定性が高まるため，CEO に権力が集中する。そのため，周囲からの牽制が効かなくなり，在職期間の長期化に伴ってエントレンチメント・コストが増加する，すなわち，私的便益を追求することが指摘されている。しかし，不祥事による引責辞任を経営トップがした場合，株主総会で承認されなければ，退職金が支払われないことがある。特に経営者の在職期間が長くなればそれだけ役員退職慰労金が大きくなるため，その退職金を失いたくないと考える経営者は不法行為を慎むインセンティブを持つ。ただし，不祥事を起こした企業であってもしばらく時間が経てば，不祥事以前の水準まで株価が回復する場合，経営トップに不法行為への誘因があるという問題が新たに生じる。

　たとえば，経営者の努力や能力と無関係な要因で株価が高くなる場合，株主利益の最大化を目指さずとも，経営者の手に高額の報酬が渡るため，経営者の経営視野が経営トップの私的便益に向かうような経営方針をとる可能性が発生する。さらに，不祥事が発覚したことで経営トップの交替を強要すれば，これまで蓄積してきた関係特殊的な投資の損失が発生する。それを恐れ，株主側も経営陣の責任追及をせず，できるだけ穏便な形で事件の解決を模索する可能性がある。

　これまでのコーポレート・ガバナンスの研究は，経営者がきちんと契約内容を実行して株主利益を追求しているかどうかを株主が十分監督することが不可能であるという想定の下，契約の不完備性について議論することが多かった。特に，株主利益のために経営者を規律付けるため，株主の利益を犠牲にして経営者が機会主義的に自己の利益を追求するモラル・ハザードが生じる可能性，すなわちエージェンシー問題が発生することに焦点をあててきた。

　しかし，情報の非対称性が原因となるエージェンシー問題，すなわち，契

約不履行や企業業績最大化をすることなく，私的便益を最大化する行動を経営者がとるという問題をここで改めて論じるつもりはない。むしろ，不祥事を起こしても株価が回復しているため，大株主は経営者の行動を容認している節がある。たとえば，小佐野・堀（2006）は，法令遵守違反など，一部の種類の不祥事については事件が発覚しても，しばらく時間が経てば不祥事以前の水準まで株価が回復する傾向にあることを指摘している。この点を踏まえれば，企業が不祥事を繰り返すというのが，経営者がとる合理的な行動である。株価が大暴落しない限り，大株主は経営者の責任追及をすることに関心を持つことはない，むしろ，企業業績を上げるためには経営トップの不法行為を容認しているかもしれないというのが自然である。

　本研究ではそれをさらに進め，株価が回復しない可能性があるのにもかかわらず，不祥事は繰り返されるという結論を導くことに意義があると考える。後述するが，ストック・オプションの導入が，不祥事の再発に大きく関与している可能性があることについてモデル分析を行っているのが特徴である[11]。

　本研究の目的は，経営者の持株比率が経営トップの不法行為の発生に大きく影響を与えること，そして現経営陣に対しストック・オプションを付与することが不法行為回避のためには，大きな有効性を持ち得ないこと，さらに，取締役会の中で，経営トップの不法行為に対するモニタリングが機能しうるのかどうかに関して議論することにある。

　しかし，経営トップが不法行為をとることに関して，株価の回復や経営者の持株比率との関連でこれまで論じられたことはなく，さらに，持株比率とストック・オプション導入が経営者行動に与える違いを先行研究では明確にできていなかった。本研究では，持株比率の高い者を経営者や取締役として選ぶか，あるいは現経営陣にストック・オプションを付与するかと区別することにより，経営者の持株比率が不法行為を抑止するのに役立つものかどうか分析することに成功している。具体的には，持株比率の高い者を経営陣に選任した場合は不法行為に対し歯止めがかかるが，予め定められた価格（権利行使価格）で売却が可能なダウンサイド・リスクのないストック・オプションを付与しただけでは，歯止めがかかるかどうか不明で，むしろ不法行

102 第Ⅰ部 企業編

為を助長させる可能性があるという違いを明らかにすることができた。

　企業の統治構造から企業価値を説明しようとするこれまでの研究は，コーポレート・ガバナンスの観点から経営者の保有株式に注目したものが多く，Jensen and Meckling（1976），Lichtenberg and Pushner（1994），Morck, Shleifer and Vishny（1988），Cho（1998）は経営者の保有株式が多くなるほど経営者と株主の利害の一致が強まり企業価値にプラスの影響をもたらす点を強調している。また，Hermalin and Weisbach（1998）は，取締役会メンバーの持株数とモニタリングするインセンティブとの関連について分析し，社長の能力を取締役会が高く評価する企業ほど，モニタリング活動を実施しないことを明らかにしている。社長の影響力と取締役会の構成の関係について，Boone, Field, Karpoff and Raheja（2007）は，社長が非常に影響力を及ぼす企業では，取締役会に占める社外取締役員の数は低く抑えられており，社外取締役員の持株比率が高い企業ほど，社長の影響力を制限するように働くことを明らかにしている。

　しかし，上記の企業業績と役員持株比率の関係の実証研究は，いずれの分析でも経営者の行動が企業のさまざまな行動や戦略に影響を与え，その影響を通じて企業のパフォーマンスが変化する点が考慮されていない。本研究では，これまで分析されてこなかったストック・オプションならびに役員持株比率が不法行為をする経営者のインセンティブとの関係，すなわち，不法行為を抑止する株主構成と経営者の私的便益が及ぼす，経営者による不法行為への誘因のトレード・オフ問題について分析する。具体的には，過去に不祥事経験のある企業を対象とし，不法行為を引き起こす経営者のインセンティブが，役員持株比率や経営者の在職期間と大きく関わっているかどうかを把握するため，モデルにより導かれた以下の命題を検証する。

3.2　理論モデルの紹介

⑴　モデル1（オーナーと経営者のモデル）

　ここでは，オーナー（大株主）と経営者の2者によるモデルとして，企業

が不祥事を引き起こすメカニズムを考察する。オーナーと経営者は2人とも危険中立的な効用関数を持つとする。オーナーは経営者の行動を持株比率などによってコントロールしようとする。企業の株価は，2つの内生変数に依存すると仮定する。合法的活動（$m>0$）と不法行為（$n>0$）である。なお，ここでは，行為主体者は不法行為を承知の上で行っている（たとえば，利益供与や粉飾決算など）。この期の企業業績を $G(m+n)$ とする。ここでは，$G(m+n)$ は m および n の増加関数であり，次を仮定する。即ち，$G_m=G_n=G'>0$，$G_{mm}=G_{mn}=G_{nn}=G''<0$ とする[12]。

オーナーは株価の上昇にのみ関心がある。経営者が，たとえ不法行為を行ったとしても，それにより企業業績が上昇するならば，その経営方針を容認する。オーナーは経営者の活動についてその持株比率とストック・オプション比率によって影響力を及ぼすと考える。オーナーは経営者の委任の際，その株式，そしてストック・オプションを与え，持株比率とストック・オプション比率を変化させることで，経営者の合法的活動や不法行為に影響力を及ぼすものと考える。

オーナーは経営者の持株比率とストック・オプション比率を決める[13]こととし，持株比率を α（$0\leq\alpha\leq1$），ストック・オプション比率を γ とする[14]。また，不法行為 n によって得られる経営者の利益すなわち私的純便益（以下，私的便益とする）を $E(n)$ とする。これは，不法行為により不当に得た経営者の利益を表し，さらに，不法行為の発覚によって受ける罰則による不効用を考慮したものとする[15]。$E(n)$ について，次の仮定をおく。$E_n>0$，$E_{nn}<0$。つまり，私的便益は増加凹関数である。次に，経営者が活動を行う上での費用を $C(m,n)$ とする。そして，次の仮定をおく。C_n，$C_m>0$，C_{nn}，C_{mn}，$C_{mm}>0$ であり，費用関数は増加凸関数であるとする。ここで，E_n は C_n，C_m に比して大であるとする。つまり，限界私的便益は限界費用を上回るものとする。

不祥事が発生した場合，小佐野・堀（2006）などの先行研究によって，不祥事を起こした多くの企業（およそ8割）の株価がその後回復することが明らかとなっている。しかし，2割程度の確率で回復不可能なダメージを負う。この先行研究を考慮して，不祥事の発生により，株価が回復しない確率

を $P(n)$，そしてその場合の企業業績の毀損を τ とする。ここで，τ は十分に大きい値とする。また，$P(n)$ について，線形であり，$P_n>0$ を仮定する。つまり，不法行為 n の増加により，株価が回復しない確率が一定の割合で上昇すると仮定する。企業業績の毀損が発生した場合，我々のモデルでは，流通市場による株価の評価という形で，オーナーを含む株主は制裁を受けると考える。経営者は持株の価格の毀損という形で損失を受ける。一方，ストック・オプションとは，経営者に対して，予め定められた価格（権利行使価格）にて会社の株式を取得することのできる権利を付与するものである。そして，譲渡制限株式である。株価が毀損した場合においては，権利行使価格によって売却が可能であり，損失を避けることができる。このダウンサイド・リスクが存在しない点が持株を増やした時との最も異なる点である。

　ここでは，単純のために権利行使価格は 0 であるとし，経営者はストック・オプションを与えられたら，すぐにその権利を行使することとする。経営者は，合法的活動や不法行為を行って，自らの効用最大化を行うが，不法行為によって企業業績が回復不可能なダメージを負った場合，ストック・オプションにて取得した株は権利行使価格によりオーナーに譲渡するものとする。ここで，経営者がストック・オプションにて取得した株の価値は，権利行使価格より下落することがないと考えることができ，損失を蒙ることがないという点で，ダウンサイド・リスクが存在しないと言える。

　また，オーナーから経営者に支払われる役員報酬を ω とする。ω は企業業績によらぬ定数であるとする。このような役員報酬 ω には，退職金なども含まれるものとする[16]。

　経営者の期待効用を U とすると，下の式で表される[17]。

(1)式：$U = \alpha\{G(m+n) - \tau P(n)\} + \gamma(1-P(n))G(m+n) + E(n) - C(m, n)$
$\qquad + \omega$

なお，ここでは，不法行為 n によって，持株については $\alpha\tau P(n)$ の毀損が予想されるが，ストック・オプションの付与により取得した株については，

不法行為 n による毀損 τ を免れる（事後に権利行使価格で売却可能である）ことに注意が必要である。

　オーナーの期待利得を V とすると，下の式で表される。

⑵式：$V=(1-\alpha)\{G(m+n)-\tau P(n)\}-\gamma(1-P(n))G(m+n)-\omega$

　オーナーは経営者の期待効用関数を知っており，経営者が自らの期待効用を最大化する $m,\ n$ を取ることを分かっている。よって，経営者の留保効用を λ_a とすると，経営者の参加制約条件は $U \geq \lambda_a$ であるから，$\alpha\{G(m+n)-\tau P(n)\}+\gamma(1-P(n))G(m+n)+E(n)-C(m,n)+\omega=\lambda_a$ に注意すると ⑵ 式は以下のように書き換えられる。

⑵′式：$V=G(m+n)-\tau P(n)-C(m,n)+E(n)-\lambda_a$

　以上により，ここでは，オーナーと，オーナーから雇用契約を提示される経営者がいるという状況を考え，モデルを使って定式化することにする。

（a）自然が企業業績の回復不可能な不祥事を発生させるかどうかを決める。その確率は $P\,(n)\ (P_n>0)$ で表される。

（b）オーナーが経営者に雇用契約（経営者へ譲渡する持株比率 α，およびストック・オプション比率（γ））を打診し，（c）へ進む。経営者に経営を委託しない場合は（e）へ進む。

（c）経営者はオーナーから雇用契約の提示を受けて，引き受けるかどうかを決める。経営者が契約を受け入れる場合には，持株の譲渡を受け，ストック・オプションの権利を行使して，（d）へ進む。経営者が引き受けないなら，経営者は λ_a を得て，（e）へ進む[18]。

（d）経営者は最適な m,n の水準を決定して経営を行い，⑴式に基づいて持

106 第Ⅰ部 企業編

株によるキャピタルゲイン，ストック・オプションによる利益，そして役員報酬を得る。経営の結果，$P(n)$ の確率で企業業績の回復不可能な不祥事が発生する（$1-P(n)$ の確率で株価は回復）。回復不可能な不祥事が発生した場合，企業業績は τ の毀損を受ける。

(e) オーナーは経営者に経営を委託せず，留保効用は λ_p となる[19]。

　このモデルでは，オーナーは自身の利得が大きくなればよいと考え，自身の利得に負の影響を与えない限り，経営者が不法行為をとるのを止めさせようとは考えていない。ただし，不祥事によって株価が回復不可能となれば不利益を被る。

　以下で，このモデルにおける経営者とオーナーの最適行動を考える。段階 (d) から話を進めてゆく。経営者の利得 U は

(1)式：
$$U=\alpha\{G+(m+n)-\tau P(n)\}+\gamma(1-P(n))G(m+n)+E(n)-C(m,n)+\omega$$

で表されるので，U を最大化するような経営者の 1 階条件（first order condition）は，

(3)式：$U_m=\alpha G'+\gamma(1-P(n))G'-C_m=0$

(4)式：$U_n=\alpha\{G'-\tau P_n\}+\gamma(1-P(n))G'-\gamma P_n G(m+n)+E_n-C_n=0$

となる。

　また，2 階条件（second order condition）は，

$$U_{mm}=(\alpha+\gamma(1-P(n)))G''-C_{mm}<0$$

第3章　資金調達と資本構成が企業価値に及ぼす影響　　*107*

$$U_{nn} = \alpha G'' + \gamma(1 - P(n)) G'' - 2\gamma P_n G' - C_{nn} + E_{nn} < 0$$

$$U_{mn} = \alpha G'' + \gamma(1 - P(n)) G'' - \gamma P_n G' - C_{mn}$$

$$U_{mm} U_{nn} - U_{mn}^2 = \{(\alpha + \gamma(1 - P(n))) G'' - C_{mm}\}$$
$$\{(\alpha + \gamma(1 - P(n))) G'' - 2\gamma P_n G'$$
$$- C_{nn} + E_{nn}\} - \{(\alpha + \gamma(1 - P(n))) G'' - \gamma P_n G' - C_{mn}\}^2$$
$$= -C_{mn}^2 + C_{mm} C_{nn} - C_{mm} E_{nn} + 2\gamma C_{mm} P_n G' - 2\gamma C_{mn} P_n G' - \gamma^2 P_n^2 G'^2$$
$$- \alpha C_{mm} G'' - \gamma C_{mm} G'' + \gamma P(n) C_{mm} G'' + 2\alpha C_{mn} G'' + 2\gamma C_{mn} G''$$
$$- 2\gamma P(n) C_{mn} G'' - \alpha C_{nn} G'' - \gamma C_{nn} G''$$
$$+ \gamma P(n) C_{nn} G' + \alpha E_{nn} G'' + \gamma E_{nn} G'' - \gamma P(n) E_{nn} G'' > 0$$

となる[20]。これより,

(5)式 :

$$m_\alpha = \cfrac{\begin{aligned}&- C_{mn} G' + C_{nn} G' - E_{nn} G' + \gamma P_n G'^2 + \tau (C_{mn} P_n - \alpha P_n G'' - \gamma P_n G''\\ &+ \gamma P_n^2 G' + \gamma P(n) P_n G'')\end{aligned}}{\begin{aligned}&- C_{mn}^2 + C_{mm} C_{nn} - C_{mm} E_{nn} + 2\gamma C_{mm} P_n G' - 2\gamma C_{mn} P_n G' - \gamma^2 P_n^2 G'^2\\ &- \alpha C_{mm} G'' - \gamma C_{mm} G'' + \gamma P(n) C_{mm} G'' + 2\alpha C_{mn} G'' + 2\gamma C_{mn} G''\\ &- 2\gamma P(n) C_{mn} G'' - \alpha C_{nn} G'' - \gamma C_{nn} G'' + \gamma P(n) C_{nn} G' + \alpha E_{nn} G''\\ &+ \gamma E_{nn} G'' - \gamma P(n) E_{nn} G''\end{aligned}}$$

(6)式 :

$$n_\alpha = \cfrac{C_{mm} G' - C_{mn} G' - \gamma P_n G'^2 + \tau(- C_{mm} P_n + \alpha P_n G'' + \gamma P_n G'' - \gamma P(n) P_n G'')}{\begin{aligned}&- C_{mn}^2 + C_{mm} C_{nn} - C_{mm} E_{nn} + 2\gamma C_{mm} P_n G' - 2\gamma C_{mn} P_n G' - \gamma^2 P_n^2 G'^2\\ &- \alpha C_{mm} G'' - \gamma C_{mm} G'' + \gamma P(n) C_{mm} G'' + 2\alpha C_{mn} G'' + 2\gamma C_{mn} G''\\ &- 2\gamma P(n) C_{mn} G'' - \alpha C_{nn} G'' - \gamma C_{nn} G'' + \gamma P(n) C_{nn} G' + \alpha E_{nn} G''\\ &+ \gamma E_{nn} G'' - \gamma P(n) E_{nn} G''\end{aligned}}$$

となる。また,

108 第 I 部 企業編

⑺式：

$$m_\gamma = \frac{\begin{array}{l}(1-P(n))\,C_{mn}G' + (1-P(n))\,C_{nn}G' - (1-P(n))\,E_{nn}G' + \gamma P(n)\,G'^2 \\ + G(m+n)\,(C_{mn}P_n + \gamma P_n^2 G' - \alpha P_n G'' - \gamma(1-P(n))\,P_n G'')\end{array}}{\begin{array}{l}-C_{mn}^2 + C_{mm}C_{nn} - C_{mm}E_{nn} + 2\gamma C_{mm}P_n G' - 2\gamma C_{mn}P_n G' - \gamma^2 P_n^2 G'^2 \\ -\alpha C_{mm}G'' - \gamma C_{mm}G'' + \gamma P(n)\,C_{mm}G'' + 2\alpha C_{mn}G'' + 2\gamma C_{mn}G'' \\ -2\gamma P(n)\,C_{mn}G'' - \alpha C_{nn}G'' - \gamma C_{nn}G'' + \gamma P(n)\,C_{nn}G' + \alpha E_{nn}G' \\ + \gamma E_{nn}G'' - \gamma P(n)\,E_{nn}G''\end{array}}$$

⑻式：

$$n_\gamma = \frac{\begin{array}{l}G(m+n)\,(-C_{mm}P_n + \alpha P_n G'' + \gamma(1-P(n))\,P_n G'') + ((1-P(n))\,C_{mm} \\ - (1-P(n))\,C_{mn})\,G' + \gamma(1-P(n))\,P_n G'^2\end{array}}{\begin{array}{l}-C_{mn}^2 + C_{mm}C_{nn} - C_{mm}E_{nn} + 2\gamma C_{mm}P_n G' - 2\gamma C_{mn}P_n G' - \gamma^2 P_n^2 G'^2 \\ -\alpha C_{mm}G'' - \gamma C_{mm}G'' + \gamma P(n)\,C_{mm}G'' + 2\alpha C_{mn}G'' + 2\gamma C_{mn}G'' \\ -2\gamma P(n)\,C_{mn}G'' - \alpha C_{nn}G'' - \gamma C_{nn}G'' + \gamma P(n)\,C_{nn}G' + \alpha E_{nn}G' \\ + \gamma E_{nn}G'' - \gamma P(n)\,E_{nn}G''\end{array}}$$

となる。これより，τ が十分に大であれば，$m_\alpha > 0$，$n_\alpha < 0$ であることが分かる。

　つまり，経営者の持株比率を増やすほど，合法的活動 m を増加させ，不法行為 n を減らすことになる。次に，m_τ と n_τ については，正か負かは定まらない[21]。特に n_τ が正の場合には，経営者に付与するストック・オプション比率を増やすことにより，不法行為を増加させることとなる。経営者の持株比率を増やすことは，明らかに合法的な経営へ向かわせ，不法行為を減少させることになる一方で，ストック・オプション比率を増やすことは，場合によっては経営者を不法行為へ向かわせる可能性がある。

　なお，⑸，⑹式は，経営者の持株比率が経営者の合法的活動，そして不法行為に大きく影響を与えることを示す。ここでは，経営者は自らの私的便益 $E(n)$ のみを追求して経営を行うわけではない，通常の意味でのモラル・ハザードは発生しないことを意味している。

次に，段階(c)の経営者の参加制約について考えてみる。経営者が雇用契約を引き受けた時，経営者の利得 U が λ_a を上回ることが条件である（$U \geq \lambda_a$）。

　段階(2)のオーナーが経営者へ譲渡する持株比率 α，およびストック・オプション比率 γ を決める時の最適契約は，オーナーの参加制約条件である，$V = G(m+n) - \tau P(n) - C(m, n) + E(n) - \lambda_a \geq \lambda_b$ を満足した上で，段階(c)の経営者の参加条件である $U \geq \lambda_a$ と誘因両立制約（incentive compatibility constraint）条件を満たし，オーナーの期待利得を最大化する α，および γ である。なお，最大化の前に，経営者の効用最大化の1階条件

(3)式：$U_m = \alpha G' + \gamma(1 - P(n))G' - C_m = 0$

(4)式：$U_n = \alpha\{G' - \tau P_n\} + \gamma(1 - P(n))G' - \gamma P_n G(m+n) + E_n - C_n = 0$

を考慮すると，

$$\alpha = \frac{(1 - P(n))(C_m - C_n + E_n)G' - C_m P_n G(m+n)}{((1 - P(n))\tau - G(m+n))P_n G'}$$

$$\gamma = \frac{(C_n - C_m - E_n)G' + \tau P_n C_m}{(((1 - P(n))\tau - G(m+n))P_n G'}$$

である。

　オーナーの期待効用最大化を行うと，オーナーの利得 V は

$$V = G(m+n) - \tau P(n) - C(m, \ n) + E(n) - \lambda_a$$

で表されるので，V を最大化するようなオーナーの1階条件は，次のようになる。

110 第Ⅰ部 企業編

(9)式：$V_\alpha = V_m m_\alpha + V_n n_\alpha = 0$

(10)式：$V_\gamma = V_m m_\gamma + V_n n_\gamma = 0$

(11)式：$V_m = G' - C_m$

(12)式：$V_n = G' - \tau P_n - C_n + E_n$

　ここで，m_α，n_α，m_γ，n_γ は，それぞれ(5)，(6)，(7)，(8)式によって表される。よって，

(13)式：$(G' - C_m) m_\alpha + \{G' - \tau P_n - C_n + E_n\} n_\alpha = 0$

(14)式：$(G' - C_m) m_\gamma + \{G' - \tau P_n - C_n + E_n\} n_\gamma = 0$

を満足する α^*，γ^* が最適な持株比率とストック・オプション比率となる。

　以上のモデルより，以下のことが言える。

（A-1）経営者の持株比率が大になるほど，経営者は不法行為を減らし，回復不可能な企業業績の毀損が発生する可能性は小さくなる。逆に，持株比率が小になるほど，経営者は不法行為を増やし，企業業績の毀損が発生する可能性が高まる。

（A-2）経営者の持株比率が大になるほど，経営者は合法的活動に努力をする。逆に，持株比率が小になるほど，経営者は合法活動を減らす。

（A-3）経営者のストック・オプション比率を増やすからといって，企業業績の毀損が発生する可能性のある不法行為を抑え，合法的活動を増やすとは限らない。

これらより，命題1が導かれる。

命題1：大株主は，経営トップによる企業業績を最大化するための不法行
為については容認しており，経営トップの不法行為を抑えるイン
センティブが低い（不法行為繰り返し仮説）。また，経営トップ
の持株比率が高いほど不法行為は抑えられる。しかし，ストッ
ク・オプションの付与によるものでは，不法行為の抑制につなが
るとは言えず，逆に不法行為を助長することがある。

⑵　モデル2（経営者と取締役のモデル）

　モデル1では，企業不祥事の発生に関して，オーナーと経営者の2者によ
るエージェント問題として考察した。オーナーは持株比率とストック・オプ
ション比率を用いて経営者の合法的活動，および不法行為をコントロールす
る。しかし，その際，企業不祥事の発生の可能性についてはオーナーも承知
の上である。いわば，オーナーの管理のもとで経営者は不法行為を行ってい
る。ここでは，オーナーの利益という観点からではあるが，経営者の不法行
為について歯止めがなされている。

　しかし，経営者の持株比率を増減させて，その活動をコントロールするの
は現実的でないこともある（たとえば，経営者の持株比率を低下させるため
に株を取り上げる，ということはできない）。そこで，オーナーと経営者と
いうエージェント問題でなく，取締役会の中で，経営者のモニタリングが行
われている，という観点から考察してみる。企業の経営は経営者1人の独断
ではなく，取締役会での意思決定によって行われることも多い。その際に，
多くの持株を有する取締役は，企業業績の毀損をもたらす可能性のある不法
行為について歯止めをかけようとすることが考えられる。つまり，取締役が
経営者をモニタリングするというモデルである。

　ここでは，経営者Aと取締役Bの2者によるモデルを考える。モデル1
と同様に，経営者Aと取締役Bはいずれも危険中立的であるとする。経営
者Aの持株比率をα（$0 \leq \alpha \leq 1$），ストック・オプション比率を$\alpha\gamma$とし，取
締役Bの持株比率をβ（$0 \leq \beta \leq 1$），ストック・オプション比率を$\beta\gamma$とす

る。経営者 A，取締役 B ともに，ストック・オプションの権利を付与され
るとすぐにその権利を行使するとし，権利行使価格を 0 とする。モデル 1 と
同じように，私的便益 $E(n)$，費用 $C(m, n)$ の関数の性質は同一とし，企業
業績の毀損する確率 $P(n)$，企業業績の毀損 τ，役員報酬 ω も同一であると
する。そして，経営者 A と取締役 B の効用関数は，持株比率とストック・
オプション比率を除いて同様であるとする。つまり，経営者 A の効用関数
を U_A，取締役 B の効用関数を U_B とすると，

⒂式：

$$U_A = \alpha\{G(m+n) - \tau P(n)\} + \alpha\gamma(1 - P(n))G(m+n) + E(n) - C(m, n) + \omega$$

⒃式：

$$U_B = \beta\{G(m+n) - \tau P(n)\} + \beta\gamma(1 - P(n))G(m+n) + E(n) - C(m, n) + \omega$$

となる。

　次に，経営者 A と取締役 B のそれぞれの役割であるが，まず，合法的活
動 m や不法行為 n を決定するのは経営者 A である。取締役 B は不法行為 n
についてのみ拒否権を行使することができ，経営者の決定した不法行為 n
の水準を覆し，より低いものを提示できる，とする。以上のような想定のも
とで，ゲームを構成してみる。

（a′）自然が企業業績の回復不可能な不祥事を発生させるかどうかを決める。
その確率は $P(n)$ $(P_n > 0)$ で表される。

（b′）経営者 A が合法的活動 m と不法行為 n を取締役会に提示する。

（c′）取締役 B は経営者 A が提示した不法行為 n の水準について拒否権を行
使するか，しないかを決める。拒否権を行使しない場合，（d′）に進む。
拒否権を行使する場合，経営者 A の決定した n の水準より低い（n'）を提

第3章　資金調達と資本構成が企業価値に及ぼす影響　　*113*

示して（e'）に進む。

（d'）経営者 A は自らの提示した m, n の水準を決定して経営を行う。

（e'）経営者 A は自らの提示した m, そして取締役 B の提示した n' によって経営を行う。

　まず，（c'）の取締役 B の行動を考察する。（b'）で経営者 A は $(\hat{m}, \hat{n})$ を提示したとする。経営者 A が決定した $\hat{m}$ に関しては，取締役 B は容認するしかない。よって，$\hat{n}$ について考察する。取締役 B の効用関数は，

$$U_B = \beta\{G(m+n) - \tau P(n)\} + \beta\gamma(1 - P(n))G(m+n) + E(n) - C(m, n) + \omega$$

であるから，n について偏微分すると，

$$U_{Bn} = \beta\{(1 + \gamma(1 - P(n)))G' - \gamma P_n G(m+n) - \tau P_n\} + E_n - C_n$$

となる。$\beta\{(1 + \gamma(1 - P(\hat{n})))G'(\hat{m} + \hat{n})\} - \gamma P_n G(\hat{m} + \hat{n}) - \tau P_n(\hat{n})\} + E_n(\hat{n})$ $- C_n(\hat{m}, \hat{n})$ について，この値が正または 0 ならば，取締役 B は拒否権を行使しない。$\hat{n}$ の水準より引き下げることにより効用が減少するからである。一方，負ならば行使して $\hat{n}$ の水準より引き下げる。そして，その場合には，$\beta\{(1 + \gamma(1 - P(n')))G'(\hat{m} + n') - \gamma P_n G(\hat{m} + n') - \tau P_n(n')\} + E_n(n')$ $- C_n(\hat{m}, n') = 0$ となる $n' < \hat{n}$ を提示する。

　次に，（b'）の経営者 A の行動を考察する。経営者 A の効用関数は，

$$U_A = \alpha\{G(m+n) - \tau P(n)\} + \alpha\gamma(1 - P(n))G(m+n) + E(n) - C(m, n) + \omega$$

であるから，そのまま効用最大化を行えば，1 階条件から，

(17)式：$U_{Am} = \alpha(1+\gamma(1-P(n)))\,G'(\hat{m}+\hat{n}) - C_m(\hat{m},\,\hat{n}) = 0$

(18)式：$U_{An} = \alpha\{(1+\gamma(1-P(n)))\,G'(\hat{m}+\hat{n}) - \gamma P_n G(m+n) - \tau P_n(\hat{n})\}$
$\qquad\qquad + E_n(\hat{n}) - C_n(\hat{m},\,\hat{n}) = 0$

となる。

このような $(\hat{m},\,\hat{n})$ を提示すれば，取締役 B の効用について，$E_n(\hat{n}) >$ $C_n(\hat{m},\,\hat{n})$ という仮定，そして，$\alpha\{(1+\gamma(1-P(n)))\,G'(\hat{m}+\hat{n}) - \gamma P_n G(\hat{m}$ $+\hat{n}) - \tau P_n(\hat{n})\} + E_n(\hat{n}) - C_n(\hat{m},\,\hat{n}) = 0$ により，$\beta\{(1+\gamma(1-P(n)))\,G'(\hat{m}$ $+\hat{n}) - \gamma P_n G(\hat{m}+\hat{n}) - \tau P_n(\hat{n})\} + E_n(\hat{n}) - C_n(\hat{m},\,\hat{n}) > 0$ であることと，$\alpha >$ β であることは同値である。つまり，$\alpha > \beta$ ならば，$U_{Bn}(\hat{m},\,\hat{n}) > 0$ であり，取締役 B は拒否権を行使しない。また，このような $(\hat{m},\,\hat{n})$ に対して，$U_{Bn}(\hat{m},\,\hat{n}) > 0$ となるのは，$\alpha > \beta$ の場合に限られる。以上より，$\alpha > \beta$ の場合に限り，経営者 A はこの $(\hat{m},\,\hat{n})$ を提示するのが最適である。

また，明らかに，$\alpha = \beta$ の場合も取締役 B は拒否権を行使しないので，経営者 A はこの $(\hat{m},\,\hat{n})$ を提示するのが最適である。

次に，$\beta > \alpha$ の場合について，経営者 A が(17)式および(18)式を満たす $(\hat{m},\,\hat{n})$ を提示すれば，取締役 B が拒否権を行使する。拒否権を行使されないために，経営者 A は，

(17)′ 式：$\alpha(1+\gamma(1-P(n')))\,G'(\hat{m}'+n') - C_m(\hat{m}',\,n') = 0$

(18)′ 式：$\beta\{(1+\gamma(1-P(n')))\,G'(\hat{m}'+n') - \gamma P_n G(\hat{m}'+n') - \tau P_n(n')\}$
$\qquad\qquad + E_n(n') - C_n(\hat{m}',\,n') = 0$

表1　報道時点の超過株価収益率（株価下落幅（τ）％）

	標本数	平均値	標準偏差	最小値	最大値	$\mu-\sigma$	$\mu+\sigma$
不祥事1回の場合	205	-2.213	5.291	-31.300	20.088	-7.504	3.078
不祥事2回の場合	55	-1.405	3.082	-15.617	5.764	-4.487	1.677
不祥事3回以上の場合	37	-0.739	2.299	-6.426	3.189	-3.038	1.561

第3章　資金調達と資本構成が企業価値に及ぼす影響　　*115*

となる $(\hat{m}', n')$。ただし，$n' < \hat{n}$ を提示しなければならない。この $\hat{m}'$ については，$n' < \hat{n}$ より，(17)′ 式の左辺が n の減少関数であることを考慮すれば，$\hat{m}' > \hat{m}$ となっている。

　つまり，取締役 B の持株比率が経営者 A より高く，拒否権を使う場合，$\hat{m}' > \hat{m}$ かつ，$n' < \hat{n}$ となり，経営者 A の独自の判断による $(\hat{m}, \hat{n})$ より，合法的活動を増やし（$\hat{m}'$），不法行為を減らす（n'）ことがわかる。

　このように，取締役会内に持株比率の高い者がいる場合には，経営者の不法行為を抑制する効果が期待される。一方，取締役会に経営者の持株比率を上回る者がいなければ，経営者の不法行為を抑えられない。

　以上をまとめると，

（A-4）取締役 B の持株比率が経営者 A のそれを上回らないならば，経営者 A は自らの判断により m，n を決定する。経営者の不法行為を抑制することはできない。

（A-5）取締役 B の持株比率が経営者 A のそれを上回るならば，経営者 A は不法行為を抑制する。また，経営者 A はさらに多くの合法的活動をする。

　これらより，命題2が導かれる。

　命題2：取締役の持株比率の高い企業では，取締役会には経営トップを有
　　　　　効にモニタリングするインセンティブが働くので，不法行為をと
　　　　　るのを抑止する。さらに，合法的活動に努力する。

　最後に，τ は十分大なる定数としてきたが，τ の変化による m，n の変化を見てみると，

表2　不祥事企業の分類

	①：Patent 特許・特許侵害	②：Product_Liability 製品の瑕疵・リコール請求	③：Shareholder 株主代表訴訟・利益相反問題etc	④：Antitrust 独占禁止法・談合 etc	⑤：Contract 水増し請求・労基法違反
1990	0	1	0	0	0
1991	1	4	1	0	0
1992	2	2	4	0	2
1993	0	1	2	2	0
1994	0	1	2	2	0
1995	0	3	3	0	0
1996	0	0	0	2	0
1997	0	1	5	0	1
1998	1	1	6	0	0
1999	0	0	3	1	3
2000	1	2	1	0	0
2001	3	7	2	0	1
2002	4	5	3	6	2
2003	5	5	6	7	1
2004	3	19	1	4	9
2005	2	17	2	2	5
2006	0	8	0	25	1
合計	22	77	41	51	25

（出所）eol 社の DB Tower Service 各年と日経テレコン 21 を利用して著者が作成。

表3　不祥事を起こした企業の基本統計量の概略

	標本数	平均値	①	②	③	④	⑤
不祥事累積数	297	1.562	1.409	1.948	1.146	1.569	1.440
役員賞与（百万円）	297	73.202	72.773	125.870	51.902	45.137	63.640
役員報酬（百万円）	297	292.990	332.955	235.857	349.049	367.177	210.600
赤字ダミー	297	0.081	0.136	0.065	0.098	0.118	0.040
研究開発費	297	0.010	0.012	0.018	0.011	0.004	0.008
株価の下落率(%)	297	-1.879	-0.631	-0.827	-4.632	-1.610	-1.590
（その内株価が回復しない場合）	50	-3.768	-2.527	-3.435	-7.609	-2.529	-0.033
（その内株価が回復する場合）	219	-3.216	-2.733	-2.002	-5.853	-2.195	-2.328
社長在任期間	297	5.667	6.591	7.117	3.805	4.647	6.120
社長の年齢	297	61.835	63.818	61.377	61.854	62.529	59.440
社外取締役員の比率（%）	297	17.496	13.778	21.042	11.194	17.057	22.103
負債比率（%）	297	295.637	207.888	160.709	427.610	344.610	284.322
十大株主持株比率（%）	297	41.764	42.344	42.811	42.899	37.021	46.588
社内取締役員持株比率（%）	297	1.827	0.822	1.339	3.582	1.593	4.468
社外取締役員持株比率（%）	297	0.001	0.005	0.000	0.000	0.000	0.008
金融機関持株比率（%）	297	36.267	40.838	35.692	34.872	38.849	31.953
設立後の年数	297	60.212	66.545	59.039	57.366	68.961	47.200
フリー・キャッシュフロー比率	297	0.015	0.020	0.008	0.020	-0.011	0.020
ストック・オプションダミー	297	0.259	0.409	0.364	0.146	0.098	0.400
従業員の平均年齢	295	39.332	38.473	38.988	38.344	41.514	37.720

（注）不祥事の種類を以下のように分類して，平均値を表示。
① 特許・特許侵害　　　　　　　⑥ 工場・事業所の火災
② 製品の瑕疵・リコール請求　　⑦ 虚偽報告・偽装表示・詐欺
③ 株主代表訴訟・利益相反問題 etc　⑧ 環境問題
④ 独占禁止法・談合 etc　　　　⑨ その他
⑤ 水増し請求・労基法違反
網掛けは，統計的に有意水準のものであることを示している。

	⑥：Fire 工場・事業所の火災	⑦：Falsity 虚偽報告・偽装表示・詐欺	⑧：Enviroment 環境問題	⑨：other その他	Total 合計
1990	1	0	1	0	3
1991	1	0	0	1	8
1992	0	1	0	0	11
1993	0	0	0	0	5
1994	1	0	0	1	7
1995	3	0	0	0	9
1996	0	1	0	0	3
1997	0	1	0	1	9
1998	1	0	0	1	10
1999	0	0	4	1	12
2000	1	0	1	0	6
2001	2	1	1	0	17
2002	1	1	4	1	27
2003	3	7	0	0	34
2004	7	5	1	0	49
2005	5	4	2	0	39
2006	3	2	9	0	48
合計	29	23	23	6	297

⑥	⑦	⑧	⑨	標準偏差	最小値	最大値	$\mu-\sigma$	$\mu+\sigma$
1.552	1.826	1.174	1.000	1.105	1	8	0.458	2.667
53.759	52.304	52.739	75.333	112.568	0	648	-39.366	185.770
273.621	235.783	287.478	543.333	293.491	0	1747	-0.501	586.481
0.103	0.087	0.000	0.000	0.273	0	1	-0.192	0.354
0.003	0.009	0.005	0.013	0.016	0	0.177	-0.006	0.026
-1.035	-3.373	-0.745	-7.346	4.685	-31.3	20.088	-6.565	2.806
-3.327	-6.899	-0.923	0.000	5.048	-28.908	-0.033	-8.815	1.280
-2.406	-5.902	-2.009	-9.149	4.488	-31.3	-0.003	-7.705	1.272
4.448	4.522	6.652	9.667	5.954	1	42	-0.287	11.620
61.552	61.043	61.652	69.500	7.422	36	89	54.413	69.257
15.342	22.364	17.202	6.070	13.839	0	66.667	3.657	31.334
349.667	497.410	229.897	295.397	511.779	0	4955.6	-216.142	807.415
43.349	41.698	39.837	38.644	14.129	13.820	98.8	27.635	55.893
1.884	0.352	0.612	0.807	6.000	0	51.23	-4.172	7.827
0.000	0.003	0.001	0.000	0.014	0	0.204	-0.012	0.015
34.983	33.097	39.258	39.344	15.361	0.344	66.990	20.907	51.628
54.586	53.696	73.391	53.000	21.974	3	125	38.238	82.187
0.019	0.103	0.013	-0.098	0.209	-0.756	3.215	-0.194	0.224
0.345	0.174	0.217	0.000	0.439	0	1	-0.180	0.698
39.482	39.239	40.304	37.667	3.327	27.1	48.2	36.005	42.659

$$m_\tau = \frac{-\alpha^2 P_n G'' - \alpha\gamma P_n (1-P(n)) G'' + \alpha\gamma P_n^2 G' + \alpha P_n C_{mn}}{\substack{-C_{mn}^2 + C_{mn}C_{nn} - C_{mm}E_{nn} + 2\gamma C_{mn}P_n G' - 2\gamma C_{mn}P_n G' - \gamma^2 P_n^2 G'^2 \\ -\alpha C_{mm}G'' - \gamma C_{mm}G'' + \gamma P(n) C_{mm}G'' + 2\alpha C_{mn}G'' + 2\gamma C_{mn}G'' \\ -2\gamma P(n) C_{mn}G'' - \alpha C_{nn}G'' - \gamma C_{nn}G'' + \gamma P(n) C_{nn}G' + \alpha E_{nn}G'' \\ +\gamma E_{nn}G'' - \gamma P(n) E_{nn}G''}}$$

$$n_\tau = \frac{\alpha^2 P_n G'' + \alpha\gamma (1-P(n)) P_n G'' - \alpha P_n C_{mm}}{\substack{-C_{mn}^2 + C_{mm}C_{nn} - C_{mm}E_{nn} + 2\gamma C_{mm}P_n G' - 2\gamma C_{mn}P_n G' - \gamma^2 P_n^2 G'^2 \\ -\alpha C_{mm}G'' - \gamma C_{mm}G'' + \gamma P(n) C_{mm}G'' + 2\alpha C_{mn}G'' + 2\gamma C_{mn}G'' \\ -2\gamma P(n) C_{mn}G'' - \alpha C_{nn}G'' - \gamma C_{nn}G'' + \gamma P(n) C_{nn}G'' + \alpha E_{nn}G'' \\ +\gamma E_{nn}G'' - \gamma P(n) E_{nn}G''}}$$

であるから，n_τ は負，m_τ は正である。つまり，不祥事による企業業績の毀損の程度が大きいほど不法行為を行わないことがわかる。

　このことを踏まえて，表 1 を見ると，不祥事発覚時の超過株価収益率と累積不祥事の件数（n）に着目すると，平均値を見る限り，一度だけ不祥事をした企業の株価下落幅（τ）に比べ，過去に複数回不祥事を行っている企業の株価下落幅はそれほど大きくなく，超過株価収益率と累積不祥事の件数には，負の相関が見られる。株価の下落幅が大きいと想定される場合，経営者としては大きいリスクを抱えることになり，不法行為を抑えるような慎重な経営を行わざるを得ない。したがって，不祥事が発覚した時に株価下落幅（τ）が大きい場合，経営者は不法行為を抑えるインセンティブを持つことが伺える。

　以上より，モデルのまとめ（A-1）から（A-5）及びそれに基づいた命題が，実際のデータからも正当化されている可能性が高いと言える。

3.3　サンプルと分析方法

サンプルの抽出

ここでは，企業あるいはその社員が不祥事を起こしたケースをサンプルとし，1990 年度から 2005 年度までの企業の財務データおよび株価を用いて分

第 3 章　資金調達と資本構成が企業価値に及ぼす影響　　*119*

析を行う[22]。その際，新聞報道が行われた日時より以前の直近の財務データを用い，次のプロセスで不祥事企業を抽出した。

　具体的には，日経テレコン21の新聞記事を検索することで，東京証券取引所に上場しており，株主に関するデータを得ることができる企業の中から，企業不祥事に該当するサンプルを抽出した（370社）[23]。その際，不祥事を起こした時期に上場していない企業は除外している[24]。また，財務データの整合性を維持するため，本研究の独立変数として採用している株主構成を表す十大株主持株比率，役員持株比率が入手できない銀行，証券会社，保険会社は研究の対象から除くことにした。その結果，約300社を不祥事企業として抽出した。表2は，不祥事の件数を事件の種類ごとに年次ごとに表したものである。

　また，株価データについては東洋経済新報社の「株価CD-ROM」を，財務データとして東洋経済新報社の「財務CD-ROM」を用いた。なお，財務データについては，単独ベースの値を用いている。また，一部データの補足あるいは確認のためeol社のDB Tower Serviceを用いている。以下，不祥事の発生に関連する変数をまとめ，株主と従業員の影響，債権者の影響，経営者株式保有の影響，取締役会構造の影響，企業業績の影響に分け，本研究における説明変数の特徴とその位置付けを試みる。

　もっとも，不祥事企業だけを標本として扱うことについて，推計における問題点の一つに，標本選択のバイアスが生じる可能性がある。そこで，このバイアスを回避するため，本研究では，対象企業に含まれる個別サンプルのすべての変数，属性に近い対象企業を選ぶという方法によってマッチングを行う。これは，不祥事を起こした企業群（サンプル企業）とマッチングする不祥事を起こしていない企業群（比較対象企業）を選択する際，不祥事を起こした企業と同じ産業分類に属し，規模や業績が同じくらいの不祥事を起こしていない企業を選定するものである。具体的には，業種は日経NEEDSに記載された36業種分類を用いたが，同業種の企業が存在しない場合，Krishnaswami and Subramaniam（1999）を参考に，製造業，サービス業で大別し，総資産額が最も近い企業をサンプル企業と同数の企業を抽出した。そして，これらの企業と実際に不祥事を起こした企業との変数の差異を見る

表4 一度だけ不祥事を起こした企業と過去に複数回起こした企業の基本統計量の比較

	標本数	平均値	標準偏差	最小値	最大値	標本数	平均値	標準偏差	最小値	最大値	t値
(a) 不祥事の累積数＝1						(b) 不祥事の累積数≧2					
役員賞与 (百万円)	205	57.088	82.546	0	552	92	109.109	155.092	0	648	-3.764
役員報酬 (百万円)	205	301.473	285.550	0	1747	92	274.087	311.238	0	1409	0.743
赤字ダミー	205	0.073	0.261	0	1	92	0.098	0.299	0	1	-0.719
研究開発費	205	0.010	0.017	0	0.177	92	0.011	0.013	0	0.058	-0.599
株価の下落率 (%)	205	-2.213	5.291	-31.3	20.088	92	-1.137	2.799	-15.617	5.764	-1.837
社長在任期間	205	5.834	6.697	1	42	92	5.293	3.816	1	22	0.723
社長の年齢	205	61.693	8.140	36	89	92	62.152	5.525	40	78	-0.493
社外取締役員の比率 (%)	205	16.039	13.655	0	66.667	92	20.740	13.766	2.941	66.667	-2.736
負債比率 (%)	205	286.354	462.482	0	3690.88	92	316.321	609.783	25.85	4955.6	-0.466
十大株主持株比率 (%)	205	42.441	13.904	14.7091	88.570	92	40.255	14.583	13.820	98.8	1.234
社内取締役員持株比率 (%)	205	2.253	6.751	0	51.23	92	0.878	3.686	0	31.6466	1.833
社外取締役員持株比率 (%)	205	0.002	0.017	0	0.204	92	0.000	0.001	0	0.006	0.977
金融機関持株比率 (%)	205	35.742	15.716	0.34375	66.990	92	37.439	14.552	1.1	61.976	-0.880
設立後の年数	205	58.805	22.343	3	125	92	63.348	20.910	14	117	-1.652
フリー・キャッシュフロー比率	205	0.021	0.243	-0.7556	3.215	92	0.001	0.093	-0.470	0.190	0.786
ストック・オプションダミー	205	0.180	0.386	0	1	92	0.435	0.498	0	1	-4.784
従業員の平均年齢	203	39.011	3.686	27.1	48.2	92	40.039	2.205	34.8	48.2	-2.481

(注) 網掛けは、統計的に有意水準のものであることを示している。

表5 不祥事を起こしていない企業の基本統計量

	標本数	平均値	標準偏差	最小値	最大値	t値（不祥事企業全体と比較）	t値（不祥事一回（a）と比較）
(c) 不祥事をしていない企業							
役員賞与(百万円)	297	60.084	77.025	0	350	1.657	0.411
役員報酬(百万円)	297	316.549	310.524	0	2115	0.950	0.561
赤字ダミー	297	0.081	0.273	0	1	0.000	0.316
研究開発費	297	0.017	0.030	0	0.212	3.641***	3.579***
社長在任期間	297	5.640	6.308	2	48	-0.054	-0.327
社長の年齢	297	61.498	5.936	39	78	-0.611	-0.292
社外取締役員の比率 (%)	297	14.440	10.933	0	60	-2.986***	-1.396
負債比率 (%)	297	270.057	306.480	0.190	3581.850	-0.739	-0.442
十大株主持株比率 (%)	297	42.654	13.232	3.847	91.725	0.792	0.171
社内取締役員持株比率 (%)	297	2.790	7.228	0	66.119	1.766*	0.850
社外取締役員持株比率 (%)	297	0.019	0.102	0	1.089	2.866***	2.751***
金融機関持株比率 (%)	297	36.569	13.865	2.265	67.238	0.252	0.608
設立後の年数	297	59.226	19.336	1	110	-0.581	0.219
フリー・キャッシュフロー比率	297	0.027	0.062	-0.217	0.358	0.918	0.300
ストック・オプションダミー	297	0.182	0.386	0	1	-2.282***	0.038
従業員の平均年齢	297	38.959	3.251	28.7	46.5	-1.377	-0.161

（注）網掛けは、統計的に有意水準のものであることを示している。

122 　第Ⅰ部　企業編

ため，Rosenbaum and Rubin（1985）の平均値の差の検定を実施した。

　表5は，サンプル企業及び比較対象企業（297社）の各変数の値を示している。各変数の平均値について，サンプル企業及び比較対象企業間で差があるのか否かについて比較した場合，サンプル企業は，研究開発費，社内役員持株比率（％）が低く，ストック・オプションダミーと社外取締役員の比率（％）が高い傾向にあり，統計的にも有意に差があることがわかる。この結果より，理論モデルで説明しているように，不祥事を抑制するためには，取締役員の持株比率を高める政策をとることが有効であることが予想される。また，不祥事を1回限り行った企業（205社）と不祥事を起こしていない企業とを比較した場合，各変数について平均値の差の検定を行った結果，研究開発費，社外取締役員の比率以外の項目は，ほとんど有意な差が得られなかった（表5を参照）。このことから，不祥事を一度しか行っていない企業は，不祥事を行っていない企業と属性が似ており，不祥事を行った企業のみを対象とした実証分析を行っても，バイアスの問題がそれほど大きくないことが予想される。そこで以下では，不祥事を起こした企業に標本を限定し考察を進めてゆく。

　表3と表4は，本研究で扱った不祥事企業に関する記述統計量を表している。特に，表4は不祥事を起こした回数を基準に，（a）不祥事を起こした回数が一度の企業，（b）過去に複数回不祥事を起こしている企業を比較し，平均値の差の検定をした結果を記載し，その結果を交え，各変数の特徴について以下述べてゆく。

　まず，大株主と経営者の株式保有構造に着目すると，金融機関持株比率［金融機関持株数÷発行済株式総数］，十大株主持株比率［十大株主持株数÷発行済株式総数］はほとんど差がないことがわかる[25]。たとえば，（a）の平均値はそれぞれ35.74％，42.44％に対し，（b）の平均値は37.44％，40.25％となっている。負債比率［負債総額÷総資産］についても，両者の間には統計的に有意な差を得ることができなかった。

　一方，取締役会の構造に着目すると，取締役会に占める社外取締役員の比率［社外取締役員人数÷取締役会総人数］は，（a）の16％と比べ（b）は20.7％と大きく，不祥事を複数回起こしている企業ほど，取締役会に占める

図1　不祥事を起こした経験の累積値　　図2　不祥事以前の水準に戻るまでの回復日数

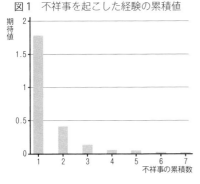
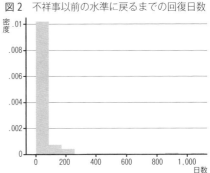

社内取締役員の割合が少ない傾向にある。過去に不祥事を数多く起こしている企業ほど，社外取締役員により経営トップの不正をチェックする機能が期待されているはずだが，不祥事が起こらないようにモニタリングする機能が働いていない。このことから，社外取締役員は企業内部の情報に疎いためか，取締役会に社内取締役員の数が少なくなるほど，経営トップは不法行為をとるインセンティブを十分に持つことが伺える。

また，経営者株式保有に着目すると，社内取締役員持株比率［(役員持株数－社外取締役員持株数)÷発行済み株式総数］について平均値の検定をした結果，(a) の 2.25% と比べ (b) は 0.88% と非常に小さく，両者には統計的に有意な差が見られる。特に注目すべきは，ストック・オプションダミー［ストック・オプション制度を導入している企業の場合は 1，そうでなければ 0］は，(a) の 0.18 と比べ (b) は 0.50 と非常に大きく，両者には統計的に有意な差が見られることである。ストック・オプションなどの業績連動型報酬を導入している企業ほど，不祥事を過去に何度も行っており，株価下落による企業業績の損失を経営者自身が負わなくて済むため，不法行為を慎まない行動をとるといった特徴が現れている可能性がある。

さらに，社長在任期間および社長の年齢の平均値は (a) はそれぞれ 5.83 年，61.69 歳，(b) は 5.29 年，62.15 歳である。Shleifer and Vishny (1989) が指摘したのと違う結果，つまり，社長在職期間が長期になることから派生するエントレンチメント・コストが原因で不祥事が起こっていないことを示

唆する。フリー・キャッシュフロー比率［（税引き前当期純利益＋減価償却費）÷総資産］，設立後の年数についても両者には統計的に有意な差が見られていない。

　次に，企業業績に着目すると，不祥事の報道が流れた直後，株価の下落率（超過株価収益）率については（a）は－2.21％，（b）は－1.14％と共に0から乖離した大きい値が得られており，不祥事を起こした企業に対する世間の反応は厳しく，社会的信用失墜というペナルティが大きく科せられていることを伺わせる[26]。また，両者には統計的に有意な差が見られ，一度不祥事を起こして以降，暫くは不祥事を起こしていない企業は，株価の下落幅が大きいことが原因となり，経営者に再度不法行為をするインセンティブを抑止させる効果を十分に持たせている。

　一方，役員賞与については平均値の検定をした結果，賞与が大きい企業ほど不祥事を複数回起こしている相関関係が見られる。しかし，定期給与に相当する役員報酬は，平均値だけを見る限り，不祥事の回数とはマイナスの関係が見られない。これは，社外取締役員はトップ経営者により選任されているため，不祥事を加味した役員報酬の支払いを行っておらず，給与委員会として期待されている役割を社外取締役員が果たしていないことを示唆する。

　それ以外の，企業の業績を表す2期連続赤字ダミー［当期純利益が少なくとも2期連続マイナスであれば1，そうでなければ0］，研究開発費［（広告宣伝費＋R＆D投資）÷売上高］などについては，両者の間には統計的に有意な差を得ることができなかった。

　以上の基本統計量から，不祥事を繰り返す企業は，業績が芳しくない体質という理由ゆえ，経営者は不法行為を何度も繰り返すわけではない。経営者が不法行為を取るかどうかの問題は，株式所有構造及び経営者がどれだけ私的便益を手にすることができるかに依存していることがわかる。

　表5より，不祥事を起こしていない企業は，研究開発に多く資金を投資していることがわかる。また，社外取締役員の持株比率も高いが，ストック・オプションは導入していない。このことから，無形資産に投資する企業は，短期的視野に立ち不祥事を起こすことで，企業価値を高めていないことを推測させる。

また，不祥事の事件の種類ごとに各変数の特徴について記載している表3を見ると，平均値からの乖離を調べた結果，その他に分類された企業の株価の下落率，社長の年齢以外の変数はすべて標準偏差内に収まっており，事件の種類を詳細に分類して吟味する必要性はない。さらに，株価が回復したか否かで不祥事発覚時の超過株価収益率を比較したところ，超過株価収益率がマイナスに大きく出ている企業ほど，株価回復具合が遅れていると見ることができる。図1は企業が不祥事を起こした回数を表したものである。ここで明らかなことは，約3分の1の企業は発覚後も不祥事を起こしていることである。分布を見ると，企業の不祥事累積数の平均値は1.56で，不祥事企業を起こしたことのある多くの企業は，「仏の顔も三度まで」という諺を守っているものの，不祥事が表面化した後に二度と不法行為をしていないわけではない。将来また不祥事を起こす可能性が高いとみなされると考えている企業にとって，不法行為だとわかっていても企業業績を上げたいのかを診断する上で格好の材料になっていることは特筆するべきことである。

特に，社長の在職期間が長い企業では，経営者側に不法行為を抑えようとするという行動が現れにくいかどうか，役員賞与を獲得することを目的とする経営者は，不法行為を繰り返す誘引を持つのか，そのことを確認する意味で，次節ではポアソン回帰モデルを用いて推定することにする。

3.4　分析方法

ここでは，上述の命題検証を行うため，1990年度から2005年度までに不祥事の報道が流れた企業を標本として分析を行う。先ほどの，不祥事を起こした経験の累積値を表した図1を見ると，標本の頻度は1周辺に集中し，右に裾を引いたような形状が見られる。そこで，カウントデータモデルとして適用する場合に代表的なポアソン回帰モデル及び負の2項分布モデルを用いる[27]。これは，理論モデルの中で紹介した n に相当する。これを説明するため，企業のパフォーマンスに影響を与えるであろうと考えられる前節で考察した独立変数で説明を試みる。その際，独立変数は従属変数が決算時点の直前であれば，決算時と同年の数値を用いるが，決算が行われた後に不祥事の

126   第Ⅰ部　企業編

表6　ポアソン回帰モデルによる回帰分析の結果

（被）累積不祥事件数	(a)			(b)		
	Coef.	Std. Err.	P > |z|	Coef.	Std. Err.	P > |z|
役員賞与（百万円）				0.001	0.000	0.001
役員報酬（百万円）				0.000	0.000	0.666
赤字ダミー	0.003	0.174	0.984	0.039	0.177	0.825
研究開発費				0.477	2.947	0.872
株価の下落率（%）				0.001	0.011	0.9
社長在任期間						
社長の年齢	0.008	0.007	0.265	0.005	0.007	0.534
社外取締役員の比率（%）	0.010	0.004	0.008	0.012	0.004	0.001
負債比率（%）	0.000	0.000	0.495	0.000	0.000	0.217
十大株主持株比率（%）	0.001	0.004	0.886	0.000	0.004	0.902
社内取締役員持株比率（%）	-0.020	0.010	0.050	-0.018	0.011	0.088
社外取締役員持株比率（%）				-3.268	4.315	0.449
金融機関持株比率（%）	0.003	0.004	0.391	0.001	0.004	0.75
設立後の年数				0.000	0.003	0.973
フリー・キャッシュフロー比率						
ストック・オプションダミー	0.472	0.106	0.000	0.359	0.116	0.002
従業員の平均年齢						
定数項	-0.504	0.528	0.340	-0.376	0.578	0.515
標本数	297			297		
F 値	40.11			51.52		
修正済決定係数	0.048			0.061		
LR test of α=0	chibar2(01)=0.00			chibar2(01)=0.00		
	Prob >=chibar2=1.000			Prob >=chibar2=1.000		
対数尤度	-400.32			-394.618		

（注）年次ダミー，産業ダミーの係数は掲載省略
　　　網掛けは，統計的に有意水準のものであることを示している。

表7　ポアソン回帰モデルによる限界効果の結果

（被）累積不祥事件数	(a)			(b)		
	dy/dx	Std. Err.	P > |z|	dy/dx	Std. Err.	P > |z|
役員賞与（百万円）				0.002	0.001	0.000
役員報酬（百万円）				0.000	0.000	0.611
赤字ダミー	0.005	0.261	0.984	0.067	0.272	0.804
研究開発費				0.477	4.317	0.912
株価の下落率（%）				0.005	0.016	0.780
社長在任期間						
社長の年齢	0.012	0.011	0.264	0.007	0.011	0.534
社外取締役員の比率（%）	0.015	0.006	0.008	0.018	0.006	0.001
負債比率（%）	0.000	0.000	0.495	0.000	0.000	0.217
十大株主持株比率（%）	0.001	0.006	0.886	0.001	0.006	0.896
社内取締役員持株比率（%）	-0.030	0.015	0.049	-0.027	0.015	0.086
社外取締役員持株比率（%）				-4.934	6.400	0.441
金融機関持株比率（%）	0.005	0.006	0.391	0.002	0.006	0.706
設立後の年数				0.000	0.004	0.960
フリー・キャッシュフロー比率						
ストック・オプションダミー	0.801	0.200	0.000	0.564	0.200	0.005
従業員の平均年齢						

（注）網掛けは，統計的に有意水準のものであることを示している。

(c)			(d)		
Coef.	Std. Err.	P > |z|	Coef.	Std. Err.	P > |z|
0.001	0.000	0.000			
0.000	0.000	0.611			
0.044	0.176	0.801	-0.034	0.180	0.849
0.321	2.905	0.912	0.836	2.928	0.775
0.003	0.011	0.780			
-0.004	0.009	0.624			
			0.008	0.007	0.264
0.012	0.004	0.002	0.010	0.004	0.007
0.000	0.000	0.218	0.000	0.000	0.537
0.001	0.004	0.896	0.000	0.004	0.956
-0.018	0.010	0.087	-0.018	0.011	0.095
-3.321	4.311	0.441			
0.002	0.004	0.706	0.004	0.004	0.296
0.000	0.003	0.960	-0.001	0.003	0.824
			-0.353	0.313	0.259
0.347	0.113	0.002	0.466	0.108	0.000
			0.005	0.018	0.762
-0.082	0.349	0.814	-0.718	0.867	0.408
297			295		
51.38			41.7		
0.061			0.050		
	chibar2(01)=0.00			chibar2(01)=0.00	
	Prob >=chibar2=1.000			Prob >=chibar2=1.000	
-394.689			-397.29		

(c)			(d)		
dy/dx	Std. Err.	P > |z|	dy/dx	Std. Err.	P > |z|
0.002	0.001	0.001			
0.000	0.000	0.666			
0.059	0.271	0.828	-0.051	0.262	0.846
0.708	4.377	0.872	1.254	4.393	0.775
0.002	0.017	0.900			
-0.007	0.013	0.624			
			0.012	0.011	0.263
0.018	0.006	0.001	0.016	0.006	0.007
0.000	0.000	0.217	0.000	0.000	0.537
0.001	0.006	0.902	0.000	0.006	0.956
-0.027	0.016	0.087	-0.028	0.016	0.093
-4.855	6.405	0.448			
0.002	0.006	0.750	0.006	0.006	0.296
0.000	0.004	0.973	-0.001	0.004	0.824
			-0.529	0.468	0.258
0.584	0.205	0.004	0.788	0.204	0.000
			0.008	0.026	0.762

128　第 I 部　企業編

報道が流れたのものについては，翌年の決算時の数値を用いている。

　「不祥事を起こした経験の累積値」を従属変数とし，企業の業績を表す 2 期連続赤字ダミー，役員賞与，役員報酬，社長在任期間，十大株主持株比率，社内取締役員持株比率などを独立変数とする分析を行う。以下はポアソン回帰モデルによる回帰分析の結果を示している[28]。表 6 の (a) 式は株主構成の持株比率，負債比率，社長の年齢，企業の業績，取締役会に占める社外取締役員の比率，ストック・オプションダミーが説明変数であるのに対し，(b) 式と (c) 式と (d) 式は，さらに役員賞与，役員報酬，社長在任期間，研究開発費，不祥事報道時点における株価の下落率，企業の設立後の年数，従業員の平均年齢，フリー・キャッシュフロー比率等を説明変数に加味した分析を行っている。この分析では，最尤法による推定を行っていることから，その推定量の有意性の検定には Wald 統計量を用いた。

　推定結果を見ると，ほとんどの分析において，大株主など他の株式所有割合構造を表す変数と異なり，社内取締役員持株比率はマイナスに有意な結果が得られている。たとえば，(b) 式について見てゆくと，社内取締役員持株比率の係数は負で有意であり，社内取締役員持株比率の大きい企業ほど不法行為発生確率は低いことが推定結果から言える。これは，不祥事の有無を被説明変数としてロジットモデルで推定した Alexander and Cohen（1999）の結果を裏付ける結果である。たとえば，表 7 の (c) 式を限界効果で評価すると，社内取締役員持株比率に関しては − 0.027（社内取締役員の持株比率 1%の上昇によって不法行為発生確率が約 3%減少すること）になり，持株比率が多い企業は，不法行為を抑止する効果があることがわかる。一方，社外取締役員持株比率は，係数は負の値が出ているが，統計的に有意な値は得られていない。

　ただし，社外取締役員が経営トップと結託しないように，善良な管理者としての注意を引き出すためには，自社株の保有をさせるといった報酬体系を提示し，社外取締役員持株比率が高まれば，経営トップの違法行為への差し止めが有効に機能するのかもしれない。このようにポアソン回帰モデルの推定結果から，取締役会の持株比率は不祥事の累積件数に対しマイナスの影響を及ぼしている。

また，社外取締役員の比率に着目すると，不祥事を複数回起こしている企業ほど，取締役会に占める社内取締役員の割合が少ない傾向にあることがわかる。つまり，不祥事を数多く起こしている企業ほど，社外取締役員により経営トップの不正をチェックする機能が期待されているにもかかわらず，不祥事が起こらないようにモニタリングする機能が働いていないことを示唆する。このことから，現状では株式を保有していない社外取締役員にはモニタリング機能を求めても困難であること，そして，持株比率の多い社内取締役員は経営トップが不法行為を抑止するようにモニタリングするインセンティブを十分に持てていることが言える。したがって，命題2は成立している可能性が十分に高いと言える。

一方，ストック・オプションの係数はすべてのモデルにおいて，プラスで統計的に有意な値が得られている。このことは，ストック・オプションが取締役に付与されることは，企業の業績を高めるようなインセンティブを与えるため，経営トップが不法行為を積極的に行っている可能性がある。また，役員賞与についても，同様にプラスで統計的に有意な値が得られている。十大株主持株比率，金融機関持株比率はともに不祥事の回数に対しプラスの値が得られているが，統計的に有意な結果は得られていない。

さらに，エージェンシー問題という観点から，「オーナーは，不祥事をして欲しくないのにもかかわらず，経営トップが不法行為をしている」と従来の先行研究のように説明するならば，不祥事を多く行っている企業の経営者は，社長在職期間が短くなっているはずである。しかし，社長在任期間は，社長の年齢と同様に統計的に有意な値は得られておらず，不祥事の回数とは関係が見られない。このことは，経営者トップの長期政権が維持されている企業ほど，企業に内在するトップへの牽制機能が低下するのにもかかわらず不法行為を慎んでいる。つまり，経営者トップが役員退職慰労金を失いたくないと考え，私的便益を追求するあまり不法行為を必要以上に行っておらず，エントレンチメント・コストが相殺された可能性がある[29]。

以上より，経営者の行動が不法行為であるかどうかに関心があるのではなく，企業が業績を上げ，株価が大幅に下落しない限り，経営トップが不法行為に手を染めることを大株主は黙認している可能性がある。したがって，命

題1が成立している可能性が十分に高い。

　こうした解釈を裏付けるものとして，たとえば，2003年の日本ハムの表示偽装などからも明らかなように，不祥事発覚後に生じる評判の失墜などにより受ける企業の受ける損失を会社ぐるみでの隠蔽工作をした経緯があった。したがって，大株主は内部者に近い存在であるため，経営者が合法的活動か不法行為のどちらで利益を上げているのかについて知っているものと捉えるほうが妥当であろう。その意味で，不祥事が起こるかどうかという問題を，株主と経営者の間のエージェンシー問題で捉えるべきではないのかもしれない。企業の業績を表す2期連続赤字ダミー，設立後の年数，従業員の平均年齢についてはプラス，マイナス，プラスの符号が得られているが，統計的には有意な値は得られていない。

　以上のことから，取締役会の構成員の中に持株比率の高い株主を選任する方針を採れば，経営トップの不法行為を抑止することができるかもしれない。ただし，経営者に対する報酬として企業の業績に連動するストック・オプションを付与した場合，企業業績を上げる経営方針を採らせることに成功するかもしれないが，経営トップは不法行為を抑止するインセンティブを持たない。したがって，経営者と株主間の情報の非対称性が原因となって生じるエージェンシー問題を解消しようと，経営トップに不法行為をさせないような業績連動型の報酬体系を提示しても，経営者が不法行為をとることを減らすことは難しい。

　もっとも，上記の結果が導かれる所以は，経営トップが不法行為を取るのを未然に防ごうとしない，あるいは不法行為を見て見ぬ振りをする理由は，モデルで説明している通り，不祥事が発覚することで一時的に株価が下落するが，株価が漸次回復することにある。なお本研究が対象とした不祥事の報道が流れた企業297社の株価が回復するか否かで分類した場合，その内訳は（a）株価が下がって，報道以前の水準に戻らない企業は50社，（b）株価は下落するが，しばらく経てから，報道以前の水準に戻る企業は219社，（c）株価は下がっていない，むしろ上昇した企業は28社となっている。つまり，8割弱の企業の株価は時間の経過と共に，あるいは業績の回復で株価は回復する傾向にあり，回復しない企業は2割弱に過ぎない。そして，回復するの

に要する期間は，そのほとんどが100日以内に属し（図2を参照），人の噂も七十五日という諺の言うように，「株価はしばらくすれば回復する」傾向にあることが伺える。

このように，不祥事をしたことが報道された企業の場合，3ヵ月以内に回復する可能性が十分高い。そのため，経営者が不法行為をしてそれがたとえ発覚したところで，大株主にとって長期的にはそれほど影響はないため，ペナルティを過小評価している可能性がある。もっとも，株価を回復させているのは時間が解決してくれたのか，それとも本人の努力の賜物なのか，それはわからない[30]。

3.5 まとめと課題

本章では，過去に不祥事をしたことのある企業を対象に，株主が経営者をどのように規律しているか，役員の持株比率が，不法行為を繰り返す経営トップのインセンティブ問題をうまく解決できているかについて，モデル分析及び実証分析を行った。具体的には，不法行為を引き起こす経営者のインセンティブが，役員持株比率，ストック・オプションの付与そして経営者の在職期間と大きく関わっているかどうかを把握するため，モデルにより導かれた命題を検証した。

分析結果より，企業が不祥事を起こすかどうかは，業績の良し悪しとは関係なく，取締役会の持株比率に求めることができる。取締役会の持株比率を高めることにより，経営トップの不法行為を減らすように監視することが期待できる。しかし，過去に不祥事をしたことのある企業は，株価下落幅が小さい傾向にあるため，経営トップは不法行為をとるインセンティブを十分持ち，企業の不祥事を減らすことを難しくしている。

また，取締役会の構成員に自社株を保有させる，あるいは持株比率の高い身内者を取締役会の構成員に任命するなど，取締役会に経営トップを有効にモニタリングするインセンティブが働くような工夫がないと，経営トップが不法行為を慎むことは困難であると言える。なお，現経営陣にストック・オプションを付与して，持株比率を高めようとする狙いは不法行為の抑制には

つながらない。

さらに，不祥事の累積数と経営者の在職期間には相関が見られないことから，経営者の在職期間が長い企業ほど，経営トップの私的便益を獲得するために不祥事を起こしているようには見えない。つまり，株主と経営者との利益相反が発生しているわけではない。たとえ不祥事を起こしても，ほとんどの企業の場合，しばらく時間が経てば不祥事以前の水準まで株価が回復する傾向にあるため，大株主，金融機関も経営トップが不法行為に手を染めることをそれほど問題視していない可能性がある。さらに，メインバンク関係が弱まる傾向にある最近の状況で，外部の株主が経営者を直接モニターするのは事実上困難であるため，不祥事を減少させることにならないので，現実的ではないのかもしれない。

また，株式を上場している企業に限らず，株式市場での評判を気にしない非上場企業についても上記の議論を正当化することはできる。たとえば，非上場企業の場合，株価下落による評価価値の損失を考慮しなくて済むので，経営者は不法行為を行うインセンティブを上場企業以上に持っている。そのため，取締役会に株式の保有を認めることで，経営トップを有効にモニタリングするインセンティブを持たせることが必要である。次節では，経営トップをモニタリングするシステムについて考察する。

3.6 経営トップをモニタリングする方法について

日本では，金融商品取引法や日本版 SOX 法によって内部統制の整備やチェック・システムの強化が進められ，2011 年にオリンパスで粉飾決算が発覚した際にも，上場企業に対する社外取締役の義務付けが議論された。そして，2015 年には，コンプライ・オア・エクスプレイン・ルールによって社外取締役の設置を強く推奨する会社法の改正が施行され，少なくとも 2 名以上の独立社外取締役の選任を求められるに至った。以上の経緯により，現在，東証一部上場企業のほとんどが社外取締役を選任している。ただし，2名以上との規定に従い，社外取締役の数が 2 名という企業が大半である。

社外取締役を設置するなどコーポレート・ガバナンスの仕組みが充実して

きているにもかかわらず，依然として企業不祥事は後を絶たない。たとえば、2015年には東芝で不正会計問題が発覚し，粉飾決算を防止できなかった。不正会計問題が発覚した東芝では，第三者委員会による調査報告書で，再発防止策として社外取締役の強化が提言されている。不祥事の種類が会計不正のため，会計の専門知識を有する社外取締役の増強が図られている。

　しかし，仮に社外取締役を補強しても，有効に機能するとは限らない。隠蔽や偽装など，企業が意図的に行っているような不正を内部者よりも情報劣位にある社外取締役が見つけ出すことに困難が伴うのは止むを得ないとしても，これらの事例では社外取締役が不祥事の防止についてほとんど機能しなかったのは明らかである。また，リコールなどの製品不具合の防止にも何ら有効な監視を行うことができなかった。これらの事例を見る限り，社外取締役による企業不祥事防止の効果に疑問を持たざるを得ない。

　そこで，本節では，企業不祥事の発生について，特にその後株価が回復せずに深刻なダージを受けるような場合（不祥事が発生した時，約2割の企業でこのような状況が起こる），コーポレート・ガバナンス強化の観点から近年本格的に導入された社外取締役について，どのようなインセンティブを与えることによって企業不祥事の発生を抑えることができるかについて，理論的に考察してゆく。Kato and Rockel（1992）に見られるように，日本では役員賞与の決定において会計利益を第1の指標とすることが多く，株価はその決定に影響を与えることが少ないが，ここではとりわけ社外取締役について，株価連動の報酬体系とすることがインセンティブ付与の観点から望ましいことを示す。

⑴　モデル3（社内取締役によるモニタリングの有効性）

　経営者Aによって提示された不法行為の水準に対して，社内取締役Bは拒否権を行使することができる。社内取締役Bは会社の株式を保有しており，株主の代表としての立場を有する。

ここでは，社内取締役Bの持株比率によって以下の場合分けを行う。

　1）$\alpha \geq \beta$（経営者Aの持株比率＞取締役Bの持株比率）の場合，取締役

Bは拒否権を行使するインセンティブを持たない。よって，拒否権を行使しない。

　2）$\alpha<\beta$（経営者Aの持株比率＜取締役Bの持株比率）の場合，取締役Bは拒否権を行使する。
拒否権を行使されないために，経営者Aは，

⒄′式：$\alpha(1+\gamma(1-P(n')))\,G'(\hat{m}'+n')-C_m(\hat{m}',\;n')=0$

⒅′式：$\beta\{(1+\gamma(1-P(n')))\,G'(\hat{m}'+n')-\gamma P_n G(\hat{m}'+n')-\tau P_n(n')\}+E_n(n')$
　　　$-C_n(\hat{m}',\;n')=0$

となる$(\hat{m}',\;n')$，$n'<\hat{n}$を提示する。また，⒄′式より$\hat{m}'>\hat{m}$となる。

　以上より，経営者は不法行為の水準を下げることとなり，持株比率の高い社内取締役は経営者が不祥事を引き起こすのを防止する役割を持つ。また，一方で経営者の合法的活動の水準を引き上げ，社会的に見てより好ましいと言える。

⑵　モデル４（社外取締役に対するインセンティブ付与）

　2015年５月１日からの会社法改正，および日本版コーポレート・ガバナンス・コードにより社外取締役制度が求めれるようになった。そして，少なくとも２名以上の独立社外取締役の選任を求められるに至った。このため，現在，東証一部上場企業の95％が社外取締役を選任している。

　社外取締役の役割について，コーポレート・ガバナンス・コード（CGコード）【原則４条８項（独立社外取締役の有効な活用)】では，「独立社外取締役は会社の持続的な成長と中長期的な企業価値の向上に寄与するように役割・責務を果たすべきであり，上場会社はそのような資質を十分に備えた独立社外取締役を少なくとも２名以上選任すべきである。」と規定されている。また，【原則４条７項（独立社外取締役の役割・責務)】では，「上場会社は，独立社外取締役には，特に以下の役割・責務を果たすことが期待され

ることに留意しつつ，その有効な活用を図るべきである。(i)経営の方針や経営改善について，自らの知見に基づき，会社の持続的な成長を促し中長期的な企業価値の向上を図る，との観点からの助言を行うこと，(ii)経営陣幹部の選解任その他の取締役会の重要な意思決定を通じ，経営の監督を行うこと，(iii)会社と経営陣・支配株主等との間の利益相反を監督すること，(iv)経営陣・支配株主から独立した立場で，少数株主をはじめとするステークホルダーの意見を取締役会に適切に反映させること」と規定されている。

社外取締役は，この要件にあるように，株主代表者でないことが望ましいとされている。つまり，社外取締役の企業からの独立性である。社外取締役は主要株主（持株比率10%以上）であってはならず，実態的にはほとんど持株なしの取締役ということになる。

3.5節でも述べたが，経営者の持株比率が取締役の持株比率より多い場合，取締役は不正行為の防止を行おうとしない。したがって，株式をほとんど保有しない社外取締役も不正行為の防止を行わず，企業不祥事を抑制する効果が全く効かないことになる。

命題3：株式を保有しない社外取締役には，現状では企業不祥事を抑制する役割は期待できない。

社外取締役は経営トップの不正をチェックする機能が期待されているにもかかわらず，不祥事が起こらないようにモニタリングする機能が働いていないことを示している。2015年の会社法改正によって本格的に導入された社外取締役であるが，経営に新たな視点を導入するというメリットは別にし，当初のコーポレート・ガバナンスを強化して，不正行為撲滅など不祥事をなくし経営を正常化するという会社法改正の本来の意図は全くの的外れであると言える。

東芝の不正会計問題，阪神阪急ホテルズから多くの主要ホテルに飛び火したレストランの食品偽装問題，タカタ社製のエアバッグのリコール問題，あるいは東洋ゴム工業の免震ゴム実験データ改竄問題，旭化成建材のマンション基礎杭データの改竄問題などさまざまな不祥事について，社外取締役を導

入していながら，その抑制効果は何ら効かなかった。悪い意味で本節のモデルを正当化した事例と言える。

　不祥事を起こしても株価が回復するような場合には，社外取締役の役割がこのように限定的であっても軽微な影響で済むが，業績が回復せず深刻なダメージを受ける場合にはそれでは済まされない。そこで，コーポレート・ガバナンス強化のために導入された社外取締役に対して，企業不祥事を抑制させるようなモニタリングを行うインセンティブを与えることが重要である。以後，社外取締役の企業不祥事抑制のために付与すべきインセンティブについて考察する。

　社外取締役が機能しない理由としてよく指摘されるのは，社外取締役が内部の事情にあまり通じていない，また，経営者と良好な関係を築いているため経営者に不利なことを言いにくい（むしろ，社外取締役は経営者によって任用されるため経営者に逆らわない），などがある。しかし，社外取締役の問題点について語られるとき欠けている視点として，社外取締役にとってのインセンティブがある。社外取締役は所詮は外部の人間であり，企業をモニタリングする十分なインセンティブを有しているか，ははなはだ疑問である。とりわけ，今回の主題である企業不祥事を防止するという観点では，業績向上の陰に隠れて十分なインセンティブを有していないのではないかとも考えられる。

　これまでの流れに沿って，社外取締役に対するインセンティブとして，株価に依存した報酬体系を考える。

　社外取締役 $\underline{B}$ の役員報酬を，株価に依存した報酬，すなわち，$\beta\{G(m+n)-\tau P(n)\}$，$0<\underline{\beta}<1$ を中心とするものとする。そして，付与されるストック・オプション比率は $\beta\gamma$ とし，経営者の不正行為による私的便益 $E(n)$ を受け，固定報酬を ω，コスト $C(m, n)$ がかかるものとする。社外取締役の効用を $U_{\underline{B}}$ とすると，

$$U_{\underline{B}}=\beta\{G(m+n)-\tau P(n)\}+\beta\gamma(1-P(n))G(m+n)+E(n)-C(m, n)$$

と表される。社外取締役$\underline{B}$が経営者Aの不法行為の水準について拒否権を行使することとができるとすると，$\beta > \alpha$であるならば，経営者Aの効用最大化による(17)式と(18)式を満たす不法行為$\hat{n}$の水準について，取締役$\underline{B}$は必ず拒否権を行使することになる。経営者Aは社外取締役$\underline{B}$の拒否権行使を避けるため，より低い水準の$n' < \hat{n}$を提示することになる。

これによって，社外取締役による不祥事抑制効果が機能したことになる。つまり，社外取締役の報酬体系を強い株価連動型とすることにより，社外取締役は不法行為を抑制するインセンティブを持つ。

言い換えると，社外取締役が多くの持株を保有したと仮定した時に得られるキャピタルゲインを直接の報酬とすることによって，実際には少数の持株比率の社外取締役に事実上主要株主として企業不祥事抑制の役割を担わせることが可能となる。以上をまとめると次のようになる。

　命題4：株価に比例して定まる株価連動報酬体系のもと，比例割合が経営者の持株比率より大であるならば，社外取締役は経営者の不法行為を抑制するインセンティブを持つ。

昨今，極めて深刻化している企業不祥事を起こさないために，社外取締役に株価連動型の十分な報酬を与えることで，蒙る可能性のある深刻なダメージを避けられるというのは重要な意義を持つことであり，今後の企業経営にとって非常に重要であると考えられる。

これまでの議論からも，経営者や社内取締役について，その持株比率に注目すれば，持株比率の高い経営者ほど不法行為をしないことが分かっており，また，持株比率の高い社内取締役ほど不法行為を抑制することが分かっている。

社外取締役については，独立性を前提に選任されているので，持株比率なしの取締役と考えられ，命題3で示したように，工夫をしなければ企業不祥事を抑制する効果は全く期待できない。企業不祥事を抑制するインセンティブを持たないためである。

先に触れたように，企業不祥事を起こしてもほとんどの企業では，その後

企業業績は回復し，大きなダメージとはならない。その場合には，とりわけ重視する必要はないかもしれないが，およそ2割の企業については深刻なダメージを受けることになり企業業績の回復はされない。この深刻な状況の発生を防ぐにはどうするかが重要である。この役割をどうして社外取締役に担わせるかということになる。

　本節では，社外取締役に不法行為を抑制するインセンティブを付与することについて考察した。独立性の強い社外取締役に不法行為を抑制させる役割をさせるためには，強いインセンティブを付与する必要がある。命題4に示したように，株価に強く連動した賞与体系によって社外取締役に経営者の不法行為を抑制させる役割を担わせることができることが明らかになった。これによって，社外取締役の当初より期待された役割が果たされることになり，社外取締役導入の意義が生まれることになる。

4. 第3章のまとめ

　「企業は誰のために経営されているのか」，「株主による規律付けと負債の役割はどちらが望ましいか」という課題に答えることが，財務管理が担ってきた長年の役割であった。現実の企業経営において，資金調達活動が企業のパフォーマンスに少なからず影響を与えているからである。これまで，資金運用の効率性の観点から，株主，債権者等といった利害関係者の間で利害調節を行い，資本構成や企業統治の諸問題を解決させるためには，インセンティブや情報の非対称性の問題と絡めて分析することが必要であると大筋のところでは専門家間で合意ができている。また，経営者へのコントロール・メカニズムと非常に関わってくるため，「株主による規律付け」と「負債の役割」といった企業統治という観点からの分析を抜きに，企業の経営戦略を読み解くことはできない。

　本章で紹介した研究成果は，過去に不祥事をしたことのある企業は，株価下落幅が小さい傾向にあるため，経営トップは不法行為をとるインセンティブを十分持ち，企業の不祥事を減らすことことを難しくしている。特に，非

上場企業の場合，株価下落による企業評価価値の損失を考慮しなくて済むため，経営者は不法行為を行う誘因を十分に持っていることを明らかにした。一方，不祥事を起こした企業のほとんどが EVA を採用していない（採用している企業は 293 社中 24 社）。これまで日本企業の多くで採用されてきた ROA や ROE といった指標は単年度で業績評価するのに対し，EVA は，負債の返済の目処が立たなくても，将来に渡り利益を生み出せる企業の場合は存続させたほうがよいという指標である。仮に EVA を業績指標として採用していたとすれば，不法行為をしてまで企業業績を上げる必然性はないため，経営者に不法行為を思い留まらせる可能性はあっただろう。

こうした定量的な実証研究を遂行する際に，データの性質をよく理解した上で，適切な理論選択をし，適切な推計方法を選ぶことが何よりも重要である[31]。経済理論で証明したいこととデータの間にギャップがあるため，適切な経済理論に基づかず，曖昧な直感によって，関係のありそうな変数をとにかくモデルに放り込むことは，慎まなければならない[32]。その意味で，ひとつひとつ経営指標が持つ経済学的意味を吟味することが大切になってくる。

[注]

1　法学者のなかでは株主主権は定説であり，長期的な株主価値を増大することが企業の目的であるという見解が学界においても有力である（Hansmann and Kraakman (2000)）。

2　総資本コストを下げようとする時，資本コストが高い株式に代えて，資本コストが低い負債を増やすと，株式の資本コストが上昇し，総資本コストは以前と変わらない水準に収まるように，価格メカニズムが働く。

3　有形資産，特に流動性の高い資産を多く保有する大規模企業は，小規模企業に比べ負債比率は高い。

4　Shleifer and Vishny（1992）によると，無形資産は R & D との支出とリンクしており，有益な投資機会を有する企業は負債比率が低いと報告している。

5　WACC は税金後の期待収益であるので，将来倒産性が高まることにより将来のキャッシュフローが低下する場合，企業価値を減少させる。そのため，キャッシュフローが一定の仮定が満たされていないと，企業価値の最大化 = WACC の最小化が必ず成立するとは限らない。

6　エントレンチメントとは，たとえ企業の業績が悪く将来もその向上が見込めないとしても，経営陣の刷新が起こらないと経営者が確信し，経営者の地位が温存されて

140　第Ⅰ部　企業編

いる状態のことを言う。

7 以前，多くの日本企業は，株主総会での議決権の採否に大きな影響を及ぼすことができる社長は，社外取締役の登用を抑制する傾向にあった。しかし，2003年度の商法の改正で，委員会等設置会社に移行するなど，取締役会の構成について社外取締役を中心とした仕組みに改めることが可能になった。社外取締役に株主の利益に適った行動を経営者に取らせるため，社外取締役の増員が行われる可能性が高くなっていることが考えられる。

8 ただし，転換社債が発行できる状況では，この順番になるとは限らない。

9 Lie, Lie and McConnell（2001）では，倒産の危機に陥った企業は負債を株式に代える点から支持する。

10 経営からの独立性が高いと言われてきた社外取締役を早期に導入してきたアメリカの企業の取締役会ですら，経営者の不祥事を止めることはできていない。取締役会のガバナンス機能について検証した Agrawal and Knoeber（1996）は，企業のパフォーマンスと取締役会内部の社外取締役の高さには正の相関が見られないことを指摘している。

11 ただし，不祥事直後に上場廃止予定の企業は，経営者や株主は投資家が自社の将来の企業価値をどの程度評価しているのか，不祥事の報道が流れた後に企業価値がどの程度毀損されたのか，市場参加者の評価に関心を持つことはないため，本研究の想定している設定に沿わない可能性がある。

12 現実の問題としては，オーナーは経営者の行動を完全には把握しきれず，企業業績を完全に予見することは困難であり，ノイズを含んだ値として考える必要がある。その際には，そのノイズを正規分布する確率変数 ε として，$G(m+n)+\varepsilon$ のような定式化が必要である。また，ここでは，ストックとしてではなく，フローの企業業績として $G(m+n)$ を想定している。

13 オーナーが経営者の持株比率を決めるとは，あらかじめそのような持株比率であるような経営者を選任すると考えることもできる。

14 γ は α のように正または0であるとは限らない。報酬の一部をストック・オプションにて払う，という契約では，負と解釈することができる。

15 不法行為を行うことによって，経営者は会社への罰金支払いや賞与カットなどを負う可能性がある。ここでは，このようなペナルティによる不効用を考慮に入れて，経営者の私的純便益を $E(n)$ としている。$E(n)$ は不法行為を行うことで，不効用を上回る便益を得ると考えられる。罰則による不効用を考慮に入れて，$E_{nn}<0$ と仮定している。

16 このモデルでは，情報の非対称性がオーナーと経営者にはない。そのため，モラルハザードが生じないため，役員報酬をもらって楽をするという行動を経営者はとらない。なお，役員報酬 ω については，ここでは単純のため定数としているが，実際には大きい不祥事が発生すれば，当然ながら株主総会等で経営者は報酬の一部返上などの責任を取る必要がある。これは，ω が減少することにほかならず，経営者の参加制約条件 $U \geq \lambda_a$ に影響を与えることになる。つまり，参加制約を厳しいものにし，経営者の辞任につながることになる。

第 3 章　資金調達と資本構成が企業価値に及ぼす影響　　*141*

17　ここでのモデル構成は，フローで考察可能なものとなっている。つまり，$G(m+n)$ は当期利益の前期に対する増加分を表すと解釈可能である。そのため，ストック・オプションの権利行使価格は 0 であるとする。つまり，経営者として活動する前に比べて株価が下落したとしても，企業業績の毀損の影響を受けない。

18　別の企業で働く時に得られる収入（代替的報酬）が λ_a である。

19　λ_p は相当大きい。また経営者 A の代替は数多くいることを仮定する。なぜなら，代替する数が少なければ，経営者 A が多く報酬を要求することがあるので，それを排除するため。

20　これらの 3 つの second order condition は，τ が大であることを前提とすれば，必ず成立する。したがって，経営者の最適な行動 m，n は内点解として定まる。

21　m_τ は $G(m+n)$ や G'^2 が十分に大であるならば，正となる。一方，n_τ については，$G(m+n)$ や G'^2 の大小により正負の符号は全く異なることとなる。

22　株価が回復するのに最大要した日数は 1,109 日であるため，本研究では 2008 年 12 月までの株価を利用し，2005 年 12 月 30 日から最低でも 3 年遡ることになる。

23　たとえば，2003 年の社団法人日本監査役協会の「企業不祥事防止と監査役の役割」は，企業不祥事を以下の 5 つの類型で分類している。⑴経営トップの関与するケース，⑵特定分野・特殊分野（聖域を含む）で起きるケース，⑶企業文化，風土に根ざすケース，⑷個人犯罪，⑸世の中で適法・社会的にも許されるとして行為をしたところが，その後不祥事化するケースである。本研究では，組織型不祥事を扱っているモデルとの整合性を考え，従業員が個人の利益のために法を犯した⑷のケースについては，分析の対象から外した。

24　たとえば，2002 年 11 月 21 日に不祥事（株主代表訴訟）報道が流れた三越は，2003 年 9 月 1 日から株式を公開しているため，分析の対象から外している。

25　90 年代は名義と実際持っている人は一致している可能性が高いが，2000 年以降は信託とかトラストという形で，複数の人が共同で保有しているため，名義と実際保有している人が異なるケースがある。そのため，大株主の中で信託とかトラストについては除くことにした。

26　Karpoff and Lott（1993）は，将来における不法行為からの収益が減少することを株価が織り込んでいることによって下落することを指摘しており，超過収益率の多くの部分は企業の信用の失墜効果によって説明されると述べている。

27　時間内に起こった回数を数え上げることでその発生頻度を調べ，分布関数を特定化し，それに基づいて回帰分析することをカウントデータ分析と呼んでいる。とりわけ，ポアソン分布が当てはまるような事象はポアソン分布で表すことが多い。

28　ポアソン回帰モデルと 2 項分布モデルの間の選択（分散過大テスト（over dispersion test））に関して表 6 に記載しているように尤度比検定の結果，$\alpha=0$ が棄却されず，ポアソン回帰モデルが採択されたため，紙面上ポアソン回帰モデルの結果のみ記載している。

29　不祥事が起こってから経営者になる場合，不祥事が起こっていない企業の社長になるよりも期待利得がそもそも低い。したがって，経営者になるための参加制約も厳しくなるため，たとえ経営者としての立場を追われることがあっても，その職位に

142 第 I 部 企業編

しがみつくインセンティブを持ち合わせていないのかもしれない。

30 小佐野・堀（2006）は，製造物責任，特許侵害は，株価回復が遅い傾向を示唆しているが，株価が回復していない事件株も対象とした本研究では，むしろ株主代表訴訟や利益相反問題，独占禁止法違反，談合について，株価回復が遅い傾向にある。そのため，不祥事の種類で株価の回復具合を論じることには注意が必要である。

31 ただし，単純な分析手法を使ってきれいな結果が出ている，あるいは，たった1つのグラフできれいな結果が見えるような実証分析は信用できるのに対し，あまりに複雑な手数をかけている分析は怪しい蓋然性が高くなるので，注意が必要である。

32 統計的な因果テストは物理的な因果関係を示しているわけではないため，理論なくして因果関係はわからないからである。

（三好祐輔）

第 II 部
政 策 編

第4章

金利規制が貸金市場に及ぼす影響

　これまで，「弱者保護」という観点から，多重債務問題を解決するため，上限金利引下政策が有効に機能しているか否かに関する法律学的議論が主に行われてきた。もっとも，被害者との関係でのみで問題解決を目指すなら，民事的な損害賠償の問題で足りる。しかし，貸金業者と多重債務者との特定の関係を超え，返済可能な消費者までもが高金利でしか消費者金融市場を利用できなくなるといった状況を回避する必要性がある場合，上限金利規制の存在は経済学的にも十分に正当化されることもある。しかし，利息制限法があることが原因で，借りたい人が融資を受けられない状況「信用割当」が生じているか，それとも貸倒れリスクの軽減により，社会全体の厚生が高まっているか，消費者金融市場における金利引下げの効果に関する研究の蓄積は未だ十分にされていないのが現状である。

　2000年の最高裁判所資料によると，人口1万人当たりに対する自己破産新受件数のワーストランキングは，大分県（178件），宮崎県（170件），福岡県（161件），熊本県（155件），長崎県（153件）の順に上位5位をすべて九州勢が占めている[1]。司法統計月報を1985年から直近までの自己破産者数の推移を見てゆくと，2003年までは金利規制の引下げがあったにもかかわらず増加傾向にあったが，その後，貸金業法の改正が2010年に行われ，緩やかに減少傾向にある。利息制限法の規制が強化された2000年以降，債務者にとって免責が減少しているにもかかわらず，2010年頃まではバブル以前よりも依然として件数は多い。

　利息制限法は民事上の法律，出資法は刑事上の法律である。消費者金融市場を規制していた利息制限法は，借入元本が10万円未満は年20％，10万円以上から100万円未満は年18％，100万円以上は年15％が各々決まってい

146　第 II 部　政策編

表 1　自己破産者数の推移

1985 年	1986 年	1987 年	1988 年	1989 年	1990 年	1991 年	1992 年	1993 年	1994 年	1995 年
14,625	11,432	9,774	9,415	9,190	11,273	23,288	43,144	43,545	40,385	43,414

1996 年	1997 年	1998 年	1999 年	2000 年	2001 年	2002 年	2003 年	2004 年	2005 年	2006 年
56,494	71,299	103,803	122,741	139,280	160,457	214,638	242,357	211,402	184,422	165,932

2007 年	2008 年	2009 年	2010 年	2011 年	2012 年	2013 年	2014 年	2015 年	2016 年	2017 年
148,159	129,508	126,265	120,930	100,509	82,667	72,049	65,189	63,805	64,637	68,791

（出所）司法統計から

る利子の上限であった。しかし，改正以前は罰則規定が存在しなかった。一方，出資法は，1 日当たり 0.08％，年 29.2％が利息の上限である（うるう年は 29.28％）。2000 年 6 月 1 日の法改正以前の契約は年40.004％で，1 日当たり 0.08％であった。この出資法 5 条 2 項を違反すると，3 年以下の懲役または 300 万円以下の罰金となる。たとえば，闇金などの高金利は出資法違反であり，刑事罰が適用される。さらに，1 日当たり 0.3％を超える割合による利息は，出資法 5 条 1 項で禁止されている。日賦及び電話担保金融の利息の上限は年 54.75％で罰則ありとなっている[2]。質屋業者の場合には特例があり，規制金利の上限は年 109.5％で罰則あり，1 日当たり 0.3％を超えてはならないことになっている[3]。

　諸外国と国際比較すると，独や仏では日本よりもはるかに厳格な金利規制がされている。日本より金利規制が緩い先進国は英米だけである[4]。しかし，韓国では，1997 年のアジア通貨危機以降，金利自由化を指導する IMF 管理下におかれて，1998 年 1 月に利子制限法が撤廃されたとたんに年利 200％の業者が大量に現れた。上限金利規制を撤廃あるいは緩和して消費者金融に高利を許可したことになったため，さらにヤミ金融の被害が拡大したと考えられる。利用者の金融被害が多発し，それによる自殺者が急増して社会不安が増大した。こうした社会情勢を受け，2002 年 10 月に「貸金業の登録及び金融利用者保護に関する法律」が施行され，貸出上限金利を年 66％に設定することで金利規制が復活した[5]。だが，依然として上限金利が日本よりも高い水準にあるため，日本の消費者金融会社は韓国市場に参入している。

第4章 金利規制が貸金市場に及ぼす影響　　*147*

　先行研究には上記の上限金利規制が望ましいとする立場，規制を撤廃するべきだとする立場，そして規制は望ましいが現在の金利水準は望ましくないとする立場とさまざまである。この章では，消費者金融業界の現状構造を踏まえ，金利規制が貸金市場に与える影響について，規制強化前後における社会的余剰の大小比較から政策の是非について考える。

1. 任意法規と強行法規の優劣

　民法91条では，「法律行為の当事者が法令中の公の秩序に関しない規定と異なる意思を表示したときは，その意思に従う」とあり，当事者の意思は，任意規定よりも優先される。また，同法92条では，「法令中の公の秩序に関しない規定と異なる慣習がある場合において，法律行為の当事者がその慣習による意思を有しているものと認められるときは，その慣習に従う」と定められている。「慣習による意思を有していない」という反対の意思を表示しない限りは，「慣習による意思を有している」ものと推定される（大審院判決大正3年10月27日，大審院判決大正10年6月2日）。さらに，強行規定とは，国家や社会などの一般的な秩序を守るための規定であるため，行為の当事者が強行規定と異なる意思表示を行ったとしても，強行規定が優先される。

　したがって，民法上のルールの優先順位としては，「強行規定＞当事者の意思表示＞慣習＞任意規定」ということになる。また，特別法は一般法に優先して適用され，商法に規定がない場合，商事慣習が適用され，商事慣習すらない場合に，初めて契約の一般法である，民法が適用される（商法第1条）。当事者の意思は，任意規定よりも優先されることを踏まえると，民法と商法上のルールの優先順位は，「商法の強行規定＞民法の強行規定＞当事者の意思表示＞商法の任意規定＞商慣習＞慣習＞民法の任意規定」となる。これを念頭に入れ，たとえば，約定金利がどの規定に沿って決まるかについて以下説明してゆく。

　法定利息とは法律上認められた利息のことを言う。金銭の貸借の利息，遅

延損害金などで特に利率を定めず契約した場合に適用される。法定利息には，民法で定められたものと商法で定められたものとの2種類がある。

　契約当事者の一方，または双方が商人の場合は商法514条の定める商事法定利率の年6%，契約当事者の両者が非商人の貸借で利息徴収を決め，その利率を決めなかった場合は民法404条の定める民事法定金利の年5%が適用されている。ただし，民法は私法の最高法規ゆえに，商法を含めそれ以外の法律はすべて民法の特別法に該当する。特別法は一般法より優先して適用されるため，たとえば，商売上の買掛金の支払いが遅れて利息を請求された場合，年6%の利息を付して返さないといけないことになる。

　しかし，約定利率が法定利率を超えるときは，約定利率によることになっている。たとえば，貸金業規制法，利息制限法は貸金業者や金融機関に適用される法律で，商法の特別法に該当するから，金融機関から年10%で借りた場合，10%の利息を付して返さなければならず，商法規定の6%に縮減されることはない。さらに，出資法（正式には出資取締法）は別に貸金業者だけの話ではなく，単に何かの事業に出資した場合の最高利息を規定しており，民法の特別法になる。このように，約定利率が利息制限法あるいは出資法で定められている金利水準以下である限り，貸金業者や金融機関は貸手責任を追及されることはなく，資金を提供してしまえば，債務者である借り手側から，融資者責任を問われて訴訟を起こされることは，ここ最近まであまり考えられなかった。このように，高い利息が適用されるのは，債権者がリスクを引き受けるためであるという説明がされてきた。

　ノンバンクが背負うことになるリスクとは，主に借り手の持つ「信用リスク」である。つまり，取引相手が契約を履行しないことから発生する損益の不確実性であり，一般的には，こうした金融取引上のリスクは，信用を与える業者が負担し，その見返りとしてそのリスクに見合うだけの利益に相当するリスク・プレミアムを要求する[6]。これは，借り手と貸し手の間には「情報の非対称性」という問題が存在することが原因で，貸し手は信用リスクの高い借り手が現れてもそれを識別する手段がないため，通常よりも高い金利を課さざるを得ないという逆選択（adverse selection）が起こる[7]。

　ただし，法外な利息を要求することは法律により禁止されており，これを

超えた貸付けを行うと刑事罰の対象となる。平成18年まで，貸金市場において規制される上限金利には2つの種類，出資法に基づく上限金利の29.2％，利息制限法に基づく上限金利の20％とがあった。これらの間に位置する金利がいわゆるグレーゾーン金利と呼ばれる。グレーゾーン金利を正当化する根拠は，一定の条件の下に認められる超過部分の支払いは利息の弁済とみなす（貸金業規制法43条みなし弁済規定）ものである[8]。しかし，みなし弁済が認められない場合，出資法でなく利息制限法によって上限金利が課せられる[9]。

さらに，利息返還請求など消費者保護を訴える機運が高まるなか，従来のようにみなし弁済が認められない可能性も出てきている。貸金業者はみなし弁済が可能であるものは43条の規定により出資法を適用し，不可能なものについては利息制限法を適用するといった形態をとっている。その結果，貸金市場全体で見る場合，出資法に基づく上限金利と利息制限法に基づく上限金利の中間（20％〜29.2％）のグレーゾーン金利水準で推移することになる[10]。不当利得返還請求訴訟で利子の過払いを返してもらいたい場合や債務不存在訴訟，債務額確定訴訟等では債権者がみなし弁済規定を抗弁（債務者の申立てと相いれない別の事項を主張）する理由とし，みなし弁済規定の是非が争われることがある[11]。しかしいったん，裁判や調停などで法の場に持ち出されると利息制限法が適用される。

このように，原則としては，特別法である利息制限法が適用されるが，「みなし弁済」という利息制限法の例外規定を満たすと，出資法の上限金利を適用することができる。ただし，貸金業法の改正，第5次施行により，平成22年6月18日を目処に，みなし弁済規定は撤廃されたため，利息制限法は出資法よりも常に優位な立場に立つ。

こうした法制度が整備されてゆくと同時に，経済学の知見を活かせば，情報の非対称性を緩和することにより，貸金市場における逆選択を解消する方向にもってゆくことは可能である。すなわち，借り手側は，積極的に自らの情報を発信し，情報の非対称性をなくそうとする行為，たとえば，自らの信用力が高いことを自発的に開示することを通し，返済能力が高いという情報を提供すること（シグナリング機能）[12]により，借り手の属性について品質

保証ができるという側面を有効に使うことができる。また，ノンバンク側も，スクリーニング（たとえば，担保なしで高い金利を提示するか，担保ありで低い金利を提示するのか）により，借り手の属性（信用リスク）をそこで判断することができる[13]。こうした議論が，立法案及び政策決定の場でもっと反映される必然性があるのではないだろうか。

2. 上限金利規制の引下げが貸金市場に与える影響

2.1 はじめに

　英米を除いて日本を含めた先進国の多くの国では，厳格な金利規制がなされており，日本の場合も例に漏れず，上限金利を超えた貸付けを行うことはできないように義務付けられている。日本では，バブル経済が崩壊した後，いわゆる平成不況が深刻さを増してゆく過程において，消費者金融会社などの貸金業者による金銭貸借媒介手数料をめぐる違反事件が相次いで摘発され，これら企業は社会的に大きな批判を浴びた[14]。貸金業者批判の流れは，平成不況が終わり，現在まで続いている好況期においても続き，2006年の貸金業法の改正による，いわゆるグレーゾーン金利の廃止などにつながっている。こうした背景には，従来から，消費者金融会社が利息制限法の上限金利を超えて出資法の上限金利までの範囲内の高い金利で貸付けを行うケースが多く見られ，とりわけ，近年，多重債務者が増加する状況において，このグレーゾーン金利がその主因と指摘されてきたためである。金融庁は自己破産と大きく関係する出資法を2000年6月に改定し，上限金利は見直された。その結果，40.004％から29.2％にまで引き下げられ，これにより貸金業者とその利用者に大きな影響を与えたと考えられる。

　一方で，経済学や法律的な観点から言うならば，高利で貸出しを行う貸金業者を，総じて貸金業違反の悪質な貸金業者とみなし，経済秩序違反行為と単純に論じることはできない[15]。たとえば，金銭貸付業務を営むものは出資法5条2項により29.2％を超える利息を要求してはならないが，それを遵

守する限り，必ずしも借り手の意思に反した財産的利益を侵害するものとは言えないからである。

　だが，貸金市場について経済学的な考察がなされる場合，具体的な貸出金利規制の内容あるいは特徴が考慮されていないまま議論が進められることが少なくない。特に規制の対象である金銭貸付業務は，しばしば漠然と通常の物品が売買される取引市場と同視されたまま議論される。そこで規制ルールの特徴（どのような金利水準および貸金業行為が規制の対象となっているか）も踏まえ，そのような規制の必要性を根拠付けるとすればどのような観点が考えられるか，また現行の貸金市場は一般に用いられる需要・供給のモデルに則しているかなどを今一度検討することは有為であるように思われる。さらに，貸出金利引下政策の効果が貸金市場にどのような影響を与えたのか，貸金市場の実態を経済学的にきちんと実証分析することが必要不可欠である。

　本章では，これまでの先行研究を踏まえた上で，現在の日本における貸金市場を説明するのに最も適当な理論モデルを提示し，他の財市場と異なる特徴を明らかにした上で，そのモデルの妥当性を実証分析により明らかにすることを目的とする。また，ここでの分析の特徴のひとつは，過去の上限金利規制変更の影響に着目し，貸出しへの影響を分析している点にある。

　先行研究の紹介と本研究の位置付けについて以下紹介してゆく。消費者金融会社など貸金業者の貸金市場を考える際に，必ず留意しなくてはならない重要な特徴がある。まず第1に，借り手が無担保で貸し手から資金を借りることである。この点が，経済学的観点から見て，担保なしでは貸出しを行わない銀行業の貸出しとは次の点で全く異なる。たとえば破産法によると，消費者金融から借入れをした場合，借り手の資産を貸し手に分配する破産手続きを経れば，借り手の残債の返済は免責される可能性がある。そのため，借り手が破産すれば，無担保で融資した消費者金融会社には，その債務の一部もしくは全部が返済されないことになる。しかし，担保を取った上で貸出しを行う銀行は，借り手の破産にあっても少なくとも担保分は確保できる[16]。両者のこのような相違点から，経済学やファイナンス分野に膨大にある銀行の貸出行動に関する文献を消費者金融会社の貸出行動に援用して用いること

152　第 II 部　政策編

は全く適当ではない。したがって，大きなリスクに直面する消費者金融会社の貸出行動については，リスクを承知した上で貸出しを行う独自のモデルの枠組みが必要である[17]。

　第 2 の特徴として，消費者金融会社は借り手の返済能力について完全な情報を有していないことが挙げられる。このため，消費者金融会社は借り手の返済能力についてある確率分布を想定し，貸出額を決定するはずである。すなわち，借り手の破産による貸倒れリスクを考慮した上で貸出額を決定する。他方，このことが原因で，十分な返済能力を持っている借り手に対しても十分な貸出しが行われないということが起こりうる。これも消費者金融会社の直面するリスクの問題である。

　このような消費者金融会社の特徴を踏まえ，貸金市場に関する主な先行研究について以下述べてゆく。まず，完全競争市場を想定した場合の一般論から述べると，金利が均衡水準より低い場合に上限金利を規制する，あるいはそれを引き下げることを行えば，均衡金利水準から乖離することになり，貸し手業者の数は減少する。そうすると借りたい人が借りられなくなるため，社会的に望ましくない結果になる。これは，完全競争市場を前提とした場合によく使われる経済学のロジックである。このロジックに基づく代表的論文が早稲田大学消費者金融サービス研究所（2006）である。しかし，この主張には次のような欠点がある。この貸金市場について，借り手と貸し手が存在するわけであるが，借り手と貸し手の有する情報の非対称性について考慮していない点である。一般に，貸し手は借り手の返済能力について不確実な情報しか持ち合わせていない。一方，借り手は自らの返済能力について知っているだろう。つまり，両者の有する情報には，著しい情報の非対称性が存在する。この点を考慮しなければ，貸金市場の分析は不十分なものとなる。

　次に，このような情報の非対称性を考慮して，貸金市場を考察したものに，Stiglitz and Weiss（1981）や Freixas and Rochet（1997）などがある。ここでは，有担保かつ有限責任制度の下で，貸し手である銀行と借り手であるリスク中立的な企業との間に情報の非対称性がある場合，逆選択及び信用割当の問題が発生することを明らかにした。貸し手は情報の非対称性を克服するため，借り手の返済能力や危険度を十分に審査するだけでなく，返済の

取立てを行う費用などが貸出しにともなって発生する。このような費用を
エージェンシー・コストという。たとえば，担保を持ち合わせている資産あ
るいは収入が大きい借り手の場合は，エージェンシー・コストが少なくて済
むため，貸出しが増加するが，担保を持ち合わせていない借り手に対して，
エージェンシー・コストが高くなり，借金を返済してくれない可能性を織り
込んで貸出行動を極めて慎重にする可能性がある。有限責任制度の下では，
貸し手がリスクの異なる借り手を識別できない場合，十分に高い貸出金利を
借り手に課すことになる。すると，リスクの低い借り手は借入れをしようと
しなくなり，リスクの高い借り手のみが借入れをすることになる。このよう
な状態を逆選択と呼ぶ。そして，借り手の需要があるにもかかわらず，借入
れできない状態が生じ，信用割当が発生することとなる。ここでは，情報の
非対称性という特徴を持つ貸金市場の特性が明らかとなっているが，借り手
はリスク中立的な企業であることを想定しており（リスク中立的な利潤関数
を用いている），消費者金融のような，借り手が一般にリスク回避的である
と想定される，あるいは，さらに詳細に言えば，同一の期待収益をもたらす
資産について，不確実性を有する資産を，リスクのない安全資産より回避す
る傾向にあるリスク回避的な効用関数を持つと想定される個人の場合に，論
文の結果を適用することはできない。

　次に，中村（2006）では，貸金市場で多重債務者が多発する傾向があるこ
とに注目し，多重債務の発生する仕組みについて理論的考察を行っている。
ここでは，厳しい取立てで債権回収をする違法業者が存在し，その業者が信
用の不足する借り手に融資することがある，という貸金市場の特性を考慮し
て，他の貸し手が連鎖的期待を形成して融資を行うのではないか，として多
重債務の発生する仕組みを考察している。すなわち，借り手は別の貸し手か
ら借入れを行って融資額を返済するだろう，と考えるわけである。このモデ
ルでは貸し手は，貸倒れリスクを重視せずに貸出しを行うことになる。した
がって，多重債務者が多発する特殊状況の説明のために考案されたものであ
り，一般的な貸倒れリスクに直面する貸し手が分析対象であるわけではな
い。また，モデルの妥当性についての実証分析は行われていない。

　最後に，最新の研究として，筒井・書間・大竹・池田（2007）がある。こ

こでは，貸金市場での借り手の一見非合理的と思える多重債務などの行動を，借り手の双曲割引を考慮に入れて分析するものである。通常の経済学のモデルでは，個人は時間の経過につれて保有する資産価値に対する評価を低下させると想定されている。そして，保有する資産価値に対する評価の低下率，即ち割引率は一定であると想定され，複数期間にわたる割引率は指数で表されるため，指数割引と言われる。一方，双曲割引とは，割引率が時間に関して逓減的である場合をいう。この論文では，双曲割引を導入することにより，借り手は現在の消費を優先することになり，このことが借り手の多重債務問題の原因になっている，と考える。上限金利規制は，信用割当が存在しない場合には有効ではなく，信用割当が存在する場合には高い双曲割引を持つ人の割合が高い場合において有効である可能性がある，という結論が得られている。また，実証分析により，貸し手が寡占であることを支持する結果は得られておらず，借り手と貸し手の間に情報の非対称性が存在することも示されている。いずれにしろ，ここでは，借り手が双曲割引を持つという特殊な場合についての分析である。なお，借り手のモデルについてさらに考察すべき余地があり，その結論を一般的な借り手のモデルに普遍して受け入れることはできない。

　以上の先行研究を踏まえた上での本研究の特徴を述べる。日本の貸金市場には以下の特徴がある。(1)借り手と貸し手の間に著しい情報の非対称性が存在する，(2)消費者金融会社の貸出約定金利が上限金利規制水準に留まっている（図9を参照），(3)消費者金融会社の貸出約定金利の水準は低下傾向にある（図8を参照）が，貸出額は減少していない（図10を参照），(4)発生している超過需要が金利の引下げにより解消されると考えられる（このことは後の理論分析により示される）。これらの現状について，これまでの先行研究におけるモデルでは，全く説明することができない。これらの状況を説明するために，新しいモデルを構築する必要がある。

　本研究では，リスクに直面した貸し手が，利潤最大化を行って，供給曲線が導かれることになるが，まずその供給曲線が後方屈折（backward bending）型になることを示し，現状の上限金利規制水準では，供給曲線が右下がり部分であり[18]，かつ超過需要が発生している。そして，金利が高く

なるにつれて貸金業者は貸出しを減らす傾向にあることが示される。また，貸金業者の内部資金の量が貸出しの制約になっていない。これらの結論より，貸金市場において，供給曲線が右下がりで，かつ超過需要が発生している状態では上限金利規制は必要であり，社会厚生の観点から見て，さらに引き下げることが望ましいと言える。次節では，借り手や貸し手の理論モデルについて構築する。

2.2　貸金市場の理論モデル

⑴　借り手のモデル

　次のような2期間モデルを考える。借り手は第1期（今期）で，当初の消費可能額に加えて，貸金業者から借入れを行って，消費活動を行う。第2期（来期）で，借り手は消費活動を行いつつ，貸金業者から借りた元金と貸出約定金利に基づく利息を払う。借り手の第i期での所得はY_i，負債はD_iとし，実質消費可能額，即ち純所得は$y_i = Y_i - D_i$であるとする。借り手は，第1期と第2期の自らの純所得を知っているものとする。すなわち，借り手は自らの第1期及び第2期の純所得について完全情報である。なお，各期において，消費者が生きていくためにこれ以上減らせない消費額を$c > 0$（最低消費額）とする。第1期において，借り手は貸金業者から資金を借りるが，第2期で，その借入額に利息を加えて返済しなければならない。もし，第2期において，所得から借り入れた元金と利息を支払った残額がcを下回る場合には，借り手は破産を行う。借り手が破産を行った場合には，貸し手は，所得からcを差し引いた額を回収する。あるいは，借り手の所得がcを下回る場合には，貸出額を全く回収できない。破産をした借り手は，社会保障制度等により最低水準の消費を行うことができるが，社会的信用の失墜などにより大きな不利益を被る。なお，第1期にて消費者は所得以下の消費を行っても貯蓄を行わないものとする。

　以上のような状況で，借り手の効用関数を次のように定める。C_1，C_2をそれぞれ第1期，第2期の消費額，Lを第1期での借入額，Rを借入れする

156　第 II 部　政策編

際の利子率とすれば，

$$u(C_1, \ C_2) = u(y_1 + L, \ y_2 - (1 + R)L)$$

$C_1, \ C_2 > c$ に対して，$u(C_1, \ C_2) > 0$

$C_1, \ C_2 > c$ に対して，$\dfrac{\partial u}{\partial C_1}, \ \dfrac{\partial u}{\partial C_2} > 0$

$C_1, \ C_2 > c$ に対して，$u(C_1, \ c) = u(c, \ C_2) = 0$

$C_1 < c,$ または $C_2 < c$ ならば，$u(C_1, \ C_2) < 0$

$u(C_1, \ C_2)$ の限界代替率は逓減し，$L \geq 0$ であるとする。

　借り手は第 1 期に，効用最大化をする借入額 L を決定し，借り入れる。すなわち，$L^* \in \underset{L}{\arg\max} \ \ u(y_1 + L, \ y_2 - (1 + R)L)$ となる L^* を決定する。このような L^* が複数存在する場合には，そのうちの最小値をとるものとする。

　このモデルにおいては，借り手は第 1 期と第 2 期の自分の純所得を知っているので，第 1 期に貸金業者からの借入れを行う時点で，その借入額が第 2 期に自分にとって返済可能であるかどうかがわかっている。

　合理的な借り手は，第 2 期に破産をすれば効用は 0 となるため，第 1 期には，なるべく返済不可能な過大な借入れを避けようとする。ただし，第 1 期の純所得 y_1 が最低消費額 c を下回る場合にはこの限りではない。借り手の第 1 期の消費額 C_1，第 2 期の消費額 C_2 に対する消費支出予算線を $C_2 - y_2 = -(1 + R)(C_1 - y_1)$ とすると，第 1 期の純所得 y_1，第 2 期の純所得 y_2，最低消費額 c，及びこの消費支出予算線によって，借り手の行動は異なるものとなる。以下で，①2 期目に大きい純所得が得られ，かつ 1 期目に借入れを行う場合，②2 期目に大きい純所得 y_2 が得られ，かつ 1 期目に借入れを行わない場合，③2 期目の純所得が少ないため，破産することを想定する場合，に分けて分析する。

　①　2 期目に大きい純所得が得られ，かつ 1 期目に借入れを行う場合

　このケースでは，消費支出予算線が $(\max \{y_1, \ c\}, \ c)$ の右上方にある。

第 4 章　金利規制が貸金市場に及ぼす影響　　*157*

　すなわち，$c-y_2<-(1+R)(\max\{y_1,\ c\}-y_1)$ の場合について，借り手は，第 1 期の消費額 C_1，第 2 期の消費額 C_2 について，$C_2-y_2=-(1+R)(C_1-y_1)$，かつ，$C_1>\max\{y_1,\ c\}$，$C_2>c$ の領域で，効用最大となる消費の組合せ $(C_1^*,\ C_2^*)$ を選択し，借入額 $(L=(C_1^*-y_1)$ を決定する。第 2 期の純所得額 y_2 から借入金と利子を加えたもの $(1+R)L$ を差し引いたものが最低消費額 c を上回るため $(y_2-(1+R)L>c)$，第 2 期に借入金の全額を返済する。

　この場合の効用最大化条件は，

$$\frac{\partial u}{\partial L}=\frac{\partial u}{\partial C_1}\frac{\partial C_1}{\partial L}+\frac{\partial u}{\partial C_2}\frac{\partial C_2}{\partial L}=\frac{\partial u}{\partial C_1}-(1+R)\frac{\partial u}{\partial C_2}=0$$

よって，

(2-1) 式：
$$\frac{\dfrac{\partial u}{\partial C_1}}{\dfrac{\partial u}{\partial C_2}}-(1+R)=0$$

　上式の左辺第 1 項は限界代替率であり，これが L の減少関数となることを以下に示す。

　左辺を L で偏微分すれば，

(2-2) 式：$\dfrac{\partial}{\partial L}\left[\dfrac{\dfrac{\partial u}{\partial C_1}}{\dfrac{\partial u}{\partial C_2}}\right]$

$$=\frac{\dfrac{\partial C_1}{\partial L}\left(\dfrac{\partial^2 u}{\partial C_1^2}\dfrac{\partial u}{\partial C_2}-\dfrac{\partial^2 u}{\partial C_2\partial C_1}\dfrac{\partial u}{\partial C_1}\right)+\dfrac{\partial C_2}{\partial L}\left(\dfrac{\partial^2 u}{\partial C_1\partial C_2}\dfrac{\partial u}{\partial C_2}-\dfrac{\partial^2 u}{\partial C_2^2}\dfrac{\partial u}{\partial C_1}\right)}{\left(\dfrac{\partial u}{\partial C_2}\right)^2}$$

図1 内点解のケース

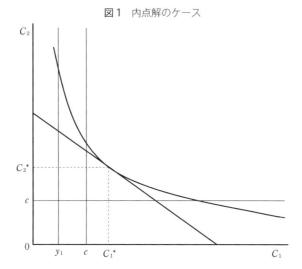

一方,uについての限界代替率逓減の仮定より,$\dfrac{\partial}{\partial C_1}\left[\dfrac{\dfrac{\partial u}{\partial C_1}}{\dfrac{\partial u}{\partial C_2}}\right]<0$ であるから,

$$\dfrac{\partial^2 u}{\partial C_1{}^2}\dfrac{\partial u}{\partial C_2}-\dfrac{\partial^2 u}{\partial C_2 \partial C_1}\dfrac{\partial u}{\partial C_1}<0$$

同様に,$\dfrac{\partial}{\partial C_2}\left[\dfrac{\dfrac{\partial u}{\partial C_1}}{\dfrac{\partial u}{\partial C_2}}\right]>0$ より,$\dfrac{\partial^2 u}{\partial C_1 \partial C_2}\dfrac{\partial u}{\partial C_2}-\dfrac{\partial^2 u}{\partial C_2{}^2}\dfrac{\partial u}{\partial C_1}>0$

また,$\dfrac{\partial C_1}{\partial L}=1$, $\dfrac{\partial C_2}{\partial L}=-(1+R)$ であるから,(2-2) 式は負であることがわかる。よって,限界代替率は L の減少関数である。つまり,(2-1) 式の左辺は L の減少関数である。

図2 端点解のケース

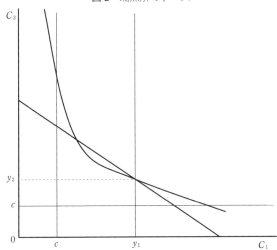

また，同様に，(2-1) 式の左辺について，貸出約定金利 R についての減少関数であることを示すことができる。

以上より，(2-1) 式で表される需要関数は，貸出約定金利に対する減少関数となる。すなわち，貸出約定金利が上昇すれば，借入金に対する需要は減少する。図1は，効用関数 $u(C_1, C_2)$ の無差別曲線と消費支出予算線の関係を示す。

② 2期目に大きい純所得 y_2 が得られ，かつ1期目に借入れを行わない場合

このケースは消費支出予算線が $(\max\{y_1, c\}, c)$ の右上方にある。この場合，$y_1 > c$ であり，第1期の消費額 C_1，第2期の消費額 C_2 について，$C_1^* = y_1$，$C_2^* = y_2$ が効用最大となる場合がある。ここでは (2-1) 式を満足するとは限らない。すなわち，図2のように，内点解でなく，端点解となることがある。図2は，$C_1^* = y_1$，$C_2^* = y_2$，即ち，$L = 0$ の場合である。

160　第II部　政策編

③　2期目の純所得が少ないため，破産することを想定する場合

このケースでは，消費支出予算線が (max $\{y_1, c\}$, c) を通る，または，その左下にある場合となる。以下で，$y_1 < c$ の場合と $y_1 > c$ の場合に分けて分析する。

(i)　$y_1 < 0$ の場合

この場合，第1期に借入れを行っても，第1期，第2期ともに c より大の消費を行うことはできない。一方で，第1期において最低消費額 c を消費しなければならず，借入額は貸出約定金利に無関係に $c - y_1$ であり，第2期には，$(1+R)(c - y_1)$ を返済することはできず，破産する（消費額は c）。

(ii)　$y_1 > c$ の場合

この場合，$y_2 < c$ であるので，第2期には破産することになる。第1期には借入れをしない。

以上のすべての場合を考慮して，借り手の需要関数は，貸出約定金利に対する減少関数となる。つまり，貸金市場での市場需要曲線は，貸出約定金利に対する減少関数となる。

(2)　貸し手のモデル

貸金市場の貸し手のモデルについては，Stiglitz and Weiss (1981) などによって，銀行がこれから事業を行おうとするリスク中立的な企業に無担保で融資する基本的なモデルが提示されている。ここでは，特に日本の貸金業者とその借り手に関する貸金市場の特性を考慮し，これらのモデル化をさらに精緻化する。借り手の場合と同様に，次のような2期間モデルを考える。

貸し手（貸金業者）は第1期（今期）に借り手に $L \geq 0$ を貸出約定金利 $R(R > 0)$ で貸し出す。貸出約定金利 R は貸金市場で決定され，貸し手はそれに従うしかないが，政府の上限金利規制により，R は無制限に大きな値をとることはない。ここでは，$0 < R < 1$ とする。貸し手は，借り手の第2期の純所得について確実にはわからず，借り手の破産による貸倒れリスクを負っている。借り手の第2期の純所得が最低消費額 c を下回るとき，借り手

は破産し，貸し出した元本と利息は全く返済されない。また，借り手の第2
期の純所得が最低消費額と貸し出した元本と利息の合計を下回れば，純所得
から最低消費額を除いた額しか返済されない。一方，借り手は自らの第2期
の純所得について知っている。したがって，借り手と貸し手の間には，著し
い情報の非対称性が存在する。このような貸倒れリスクを十分に考慮して，
貸し手は，借り手の第2期の所得についての確率分布を想定した上で貸出額
を決定する。

　貸し手は，借り手の第2期の純所得に対する確率分布を平均 μ，分散 σ^2，
密度関数 $f(y^2)$ の正規分布で想定しているとする。貸し手は借り手の第2期
の純所得について個別の情報を持っていないため，一般的な人々の純所得の
分布によって借り手の第2期の純所得を想定することとする。また，借り手
に貸出しを行うときの費用について，外部資金市場からの調達金利を r とす
る。負債による借入れ先としては，社債発行及び銀行からの借入れによって
行われる。また，貸出額を L としたときの資金調達費用以外のエージェン
シー・コスト等の諸費用を $C(L)$ とする。$C'(L)$ と $C''(L)$ は十分小なる正
の値で，$0 < C'(L)$，$C''(L) < 1$ と仮定する。

　このときの貸し手（貸金業者）の利潤 Π は，次のように表される。

(2-3)式：

$$\Pi = \int_{-\infty}^{c} 0 \cdot f(y_2)\,dy_2 + \int_{c}^{c+(1+R)L} (y_2-c)f(y_2)\,dy_2 + \int_{c+(1+R)L}^{\infty} (1+R)Lf(y_2)\,dy_2$$

$$- (1+r)L - C(L)$$

$$= \int_{c}^{c+(1+R)L} (y_2-c)f(y_2)\,dy_2 + \int_{c+(1+R)L}^{\infty} (1+R)Lf(y_2)\,dy_2 - (1+r)L - C(L)$$

利潤最大化する貸出額を決定するため，Π を L で偏微分して0とおくと，

$$\frac{\partial \Pi}{\partial L} = (1+R)^2 Lf(c+(1+R)L) + (1+R)\int_{c+(1+R)L}^{\infty} f(y_2)\,dy_2$$

$$- (1+R)^2 Lf(c+(1+R)L) - (1+r) - C'(L) = 0$$

162 第II部 政策編

これにより，次の式を得る。

$$(2\text{-}4)\text{式}: (1+R)\int_{\infty}^{c+(1+R)L} f(y_2)\,dy_2 + (1+r) + C'(L) = 0$$

貸し手は(2-4)式を満足するような L を貸し出す。

　このように定まる最適貸出額 L と貸出約定金利 R の関係を見るために(2-4)式を微分すると，次の(2-5)式となる。

$$(2\text{-}5)\text{式}: -\frac{dL}{dR} = \frac{\int_{\infty}^{c+(1+R)L} f(y_2)\,dy_2 + (1+R)Lf(c+(1+R)L)}{(1+R)^2 f(c+(1+R)L) + C''(L)}$$

　分母については，仮定より第2項が正となるため正の値をとる。
　一方，分子については，正負を特定することはできない。分子を N とおくと，

$$(2\text{-}6)\text{式}: \frac{\partial N}{\partial R} = 2Lf(c+(1+R)L) + (1+R)L^2 f'(c+(1+R)L)$$

ここで，f は平均 μ の正規分布の密度関数であることを考慮に入れると，(2-6)式は常に正の値をとる。
よって，(2-5)式の分子の符号について次のようなことが言える。

$$(2\text{-}7)\text{式}: \int_{\infty}^{c+(1+R)L} f(y_2)\,dy_2 + (1+R)Lf(c+(1+R)L) = 0$$

を満たす R' に対して，

⑴　$R<R'$ となる R に対して，N は負

第4章　金利規制が貸金市場に及ぼす影響　　163

図3　後方屈折型の貸出供給曲線

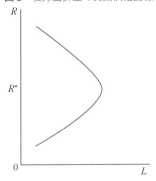

(2)　$R>R'$ となる R に対して，N は正
(3)　$R=R'$ となる R に対して，N は 0

となる。

　以上より，(2-4)式と(2-7)式を満たす貸出約定金利を R^* とすれば，貸し手の貸出額は $R<R^*$ ならば増加し，$R=R^*$ で反転し，$R>R^*$ ならば減少に転じる。したがって，貸し手の供給曲線は，貸出約定金利の低い水準では右上がりで，その後反転し，貸出約定金利の高い水準で右下がりとなる。すなわち，後方屈折（backward bending）型の曲線となる（図3）。
　ここで，利潤最大化後の利潤，すなわち利潤関数 Π^* と貸出約定金利 R の関係を見ることにする。利潤関数 Π^* は下式で表される。利潤最大化条件(2-4)式を満たす $L=L^*(R)$ とすると，

(2-8)式：$$\Pi^* = \int_c^{c+(1+R)L^*} (y_2-c)f(y_2)dy_2 + \int_{c+(1+R)L^*(R)}^{\infty} (1+R)L^*(R)f(y_2)dy_2 \\ -(1-r)L^*(R)-C(L^*(R))$$

利潤関数 Π^* を R で微分することにより，次式を得る。

164 第 II 部　政策編

$$\frac{d\prod^*}{dR} = ((1+R)L^*(R))f(c+(1+R)L^*(R))\left\{L^*(R)+(1+R)\frac{dL^*}{dR}\right\}$$

$$+\left\{(L^*(R)+(1+R)\frac{dL^*}{dR}\right\}+\int_{c+(1+R)L^*(R)}^{\infty}f(y_2)\,dy_2$$

$$-((1+R)L^*(R))f(c+(1+R)L^*(R))\left\{(L^*(R)+(1+R)\frac{dL^*}{dR}\right\}$$

$$-(1+r)\frac{dL^*}{dR}-\frac{dC}{dL^*}\frac{dL^*}{dR}$$

$$=\frac{dL^*}{dR}\left\{(1+R)+\int_{c+(1+R)L^*(R)}^{\infty}f(y_2)\,dy_2-(1+r)-\frac{dC}{dL^*}\right\}$$

$$+L^*(R)\int_{c+(1+R)L^*(R)}^{\infty}f(y_2)\,dy_2$$

(2-4) 式より，上式の第 1 項は 0 となることから，

$$\frac{d\prod^*}{dR}=L^*(R)\int_{c+(1+R)L^*(R)}^{\infty}f(y_2)\,dy_2$$

この式の右辺の値は，$L^*(R)>0$ であれば，正となる。したがって，貸出しを行っている貸し手の利潤最大化後の利潤は，貸出約定金利が上昇すれば利潤を増加させることになる。逆に，下落すれば利潤を低下させることになる。

　ここで，一般に，貸出約定金利が R_1 から R_2 $(R_1>R_2)$ に下落したとする。その場合，貸出しを行っている貸し手の利潤は，以下の分だけ減少する。

(2-9) 式 :
$$\int_{R_2}^{R_1}L^*(R)+\int_{c+(1+R)L^*(R)}^{\infty}f(y_2)\,dy_2dR$$

$$=\int_{R_2}^{R_1}L^*(R)\,(1-F(c+(1+R)L^*(R))\,dR$$

$$=\int_{R_2}^{R_1}L^*(R)\,dR-\int_{R_2}^{R_1}L^*(R)\,F(c+(1+R)L^*(R))\,dR$$

第4章　金利規制が貸金市場に及ぼす影響　　165

図4　貸金市場の需要曲線と供給曲線

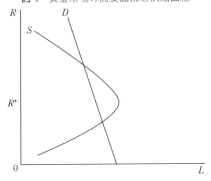

図5　上限金利規制とワルラス調整メカニズム

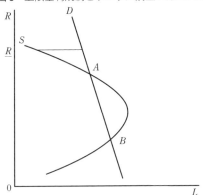

貸し手が貸出しを行っているなら，この値は正である。よって，貸し手は貸出しを行うことによって必ず正の利潤を得る。

(3) **貸金市場の均衡と仮説の紹介**

　借り手の市場需要曲線と貸し手の市場供給曲線がわかったところで，貸金市場の均衡を考えてみる。貸金市場は図4のようになっていると考えられる。D は貸金市場の市場需要曲線，S は市場供給曲線である。

ここで，本研究のモデルの特徴で指摘した，⑴著しい情報の非対称性が存在する，⑵貸金業者の貸出約定金利が上限金利規制水準に留まっている，⑶貸金業者の貸出約定金利の水準は低下傾向にあるが，貸出額は減少していない，⑷発生している超過需要が金利の引下げにより解消されると考えられる，という現在の貸金市場の状況を考えてみる。

ここでは，2つの市場均衡が生じる（図5）。高金利での市場均衡をA，低金利での市場均衡をBとすると，市場均衡Aは，ワルラス不安定な状態である。ワルラス安定な状態ならば，金利の上昇や下落によって市場均衡に収束するが，このようなワルラス不安定状態であるAの近傍では，金利の上昇と下落によってAに向かって調整されることはなく，むしろAから発散し，均衡金利から離れていくことになる。貸金市場の需要曲線と供給曲線がこのような形状をしていることを前提とすると，政府の設ける上限金利規制水準（$\underline{R}$）がどの水準にあるかによって，状況は大きく異なってくる。場合分けすると，以下のようになる。

⑴ 上限金利規制水準（$\underline{R}$）が均衡Aの金利水準を上回る場合

市場で実現する金利水準は上限金利規制水準に一致し，需要量が供給量より多い超過需要が発生する。供給曲線は金利に対して減少関数の状態にある。上限金利規制水準が引き下げられると，社会的余剰は増加する。

⑵ 上限金利規制水準（$\underline{R}$）が均衡Aの金利水準とBのそれの中間にある場合

市場で実現する金利水準は，市場の金利の上昇や下落によって市場均衡に収束するワルラス調整により，均衡Bの金利水準まで低下する。この場合には均衡Bが達成され，需要量と供給量が一致し，上限金利規制の意義はない。

⑶ 上限金利規制水準（$\underline{R}$）が均衡Bの金利水準を下回る場合

市場で実現する金利水準は上限金利規制水準に一致し，需要量が供給

図6 上限金利引下げによる消費者余剰の変化（増加分）

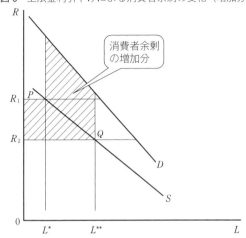

量より多い超過需要が発生する。供給曲線は金利に対して増加関数の状態にある。上限金利規制水準が引き下げられると、社会的余剰は減少する。

(4) 上限金利規制水準（$\underline{R}$）が均衡 A の金利水準に一致する場合、または B の金利水準に一致する場合

先に述べたように、貸金市場の現状では、貸金業者の貸出約定金利が上限金利規制水準に留まっており、貸出約定金利の水準は低下傾向にあるが、貸出額は減少しているわけではなく、そのような現状で超過需要が発生している、と考えられる。実際の貸金業者の貸出金利と貸出額の関係を示している図7を考慮に入れれば、貸金市場で実現している現状は、均衡状態にはなく、金利低下によって供給は増加し（すなわち、供給曲線が減少関数）、金利水準が上限金利規制水準に留まっている状態である。この現状を最も適当に説明していると考えられるのは、先のケースのうち、(1) 上限金利規制水準が A の均衡金利水準を上回る場合である。

168　第 II 部　政策編

図7　平均貸出金利と平均貸出額の関係

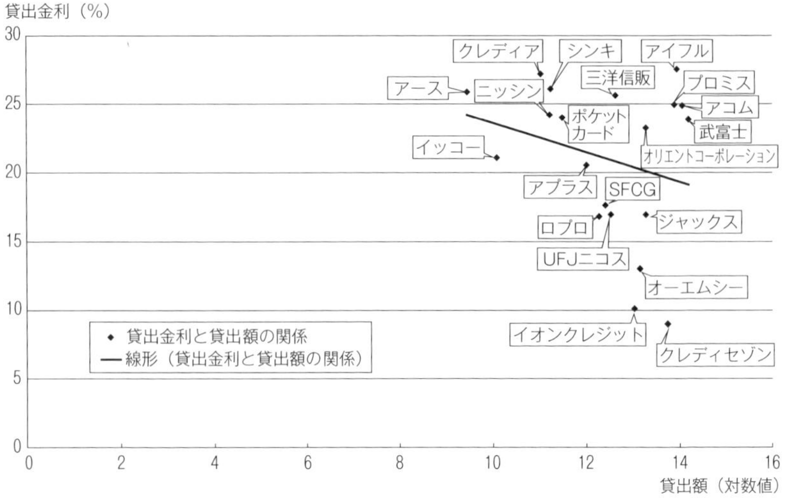

貸出金利（%）

（縦軸目盛：30, 25, 20, 15, 10, 5, 0）

凡例：
- ◆ 貸出金利と貸出額の関係
- ── 線形（貸出金利と貸出額の関係）

プロット点ラベル：クレディア、シンキ、アイフル、三洋信販、プロミス、アース、ニッシン、ポケットカード、アコム、武富士、イッコー、オリエントコーポレーション、アプラス、SFCG、ロプロ、ジャックス、UFJニコス、オーエムシー、イオンクレジット、クレディセゾン

貸出額（対数値）（横軸目盛：0, 2, 4, 6, 8, 10, 12, 14, 16）

（出所）eol 社の DB Tower Service の各年より著者が作成。

　この場合，現状が上限金利規制水準の状態にあれば，市場での金利変動に
よって市場均衡への収束はなされない。すなわち，ワルラス調整メカニズム
は機能せず，発散上限である上限金利水準で留まることになる。また，この
状態における供給曲線は右下がりであるため，貸金業者に対する上限金利規
制によって，規制を受けない代替的産業であるクレジットカード会社などの
ノンバンクで貸出約定金利低下が起これば，ノンバンク業界全体で見ると貸
出額の増加が起きることになる。そして，上限金利規制の下でも超過需要が
発生している。

　また，図5からわかるように，供給曲線が右下がりかつ超過需要が発生し
ている状況では，上限金利規制の水準が引き下げられ，均衡の金利水準に近
づくほど，社会的余剰は増加することになる。これを確かめるため，上限金
利規制の水準が R_1 から $R_2(R_1>R_2)$ に引き下げられたとする。その場合，
貸金市場の生産者余剰は，(2-9)式で示された個別企業の生産者余剰減少分
に市場に存在する企業の数を加えただけ減少する。

　一方，消費者余剰は上限金利規制の水準が引き下げられると，図6で表さ

れるように，斜線部分が増加する。そして，この増加分は，$\int_{R_2}^{R_1} L^*(R)\,dR$ を企業の数だけ加えたものとして表される $R_1 P Q R_2$ の面積分を含んでいる。したがって，消費者余剰の増加分が生産者余剰の減少分を上回り，社会的余剰は増加する。

　以上より，上限金利規制水準が均衡金利水準を上回る場合には，上限金利規制水準を引き下げる政策が望ましいということになる。以上のようなモデルによって，これまで十分に解明されてこなかった，無担保融資を行う貸金業者の貸金市場をうまく説明することができ，上記の理論モデルから以下の仮説を提示することができる。

仮説１：情報の非対称性が大きく，貸し手側にとって極めて貸倒れリスクが大きいため，現在の金利水準では貸出供給曲線は右下がりである（換言すれば，貸出額と貸出約定金利の間には負の関係が存在しており，貸金市場はワルラス不安定な状態にあるため，均衡金利に近づく調整メカニズムは働かない）。

仮説２：現在の貸金市場においては，上限金利規制のため，横並びに貸出金利が設定されており，超過需要が発生している（換言すれば，貸出供給曲線が需要曲線に比べて傾きが急であり，上限金利規制の引下げにより，超過需要が減少傾向につながる）。

　市場均衡金利水準より金利の高い上限金利水準に留まっているこの状態では，社会的余剰は最大化されていない。上限金利水準を引き下げることにより，消費者余剰と生産者余剰の和である社会的余剰の増加が見込まれる。したがって，この状態では，現在の上限金利規制をさらに引き下げることが望ましい政策である，ということになる。

　なお，以上のモデルにおいて導かれる貸出供給曲線は，貸し手である貸金業者が借り手の第２期の所得についてどのような信念を持っているかについて大きく依存する。借り手の第２期の所得について非常に悲観的で，貸し倒

170　第 II 部　政策編

れる可能性が極めて高い，という信念を持っている場合には，市場に十分な供給が行われず，需要曲線との交点が存在しないという場合もありうる。この場合においても，現在の金利水準で供給曲線が右下がりの状態にあるならば，先の結論は不変である。

　それでは以上の理論的な背景に基づき，次に貸金業者の貸出環境の分析を行っていく。本研究の推計では，貸出しに対する Tobin's q やエージェンシー・コストを表す変数の影響を加味した分析を行うことで，正の貸出機会に対して貸出しが行われているか，資本構造の影響が存在するかについても観察していく。情報の非対称性がある場合，資金調達構造によって企業価値や資金調達コストが影響を受けることが知られており，資金調達構造は貸出額に大きな影響を及ぼすと考えられ，資金調達構造が，情報の非対称性の程度を表す代理変数として考えることが可能である。資金調達構造を表す代表的な変数としては内部資金（キャッシュフロー）と負債比率が挙げられ，これらの変数の融資への影響についても考慮している。

　次節以降では，具体的手順としてまず，市場が不均衡であるかどうか，さらに貸出しの需要・供給という概念を明示的に表現して分析することにしよう。その上で上限金利規制に影響を受けた貸出しがされているのかについても触れ，仮説と目的，推計モデル，データセットを示した上で，推計結果について順次説明を行う。

2.3　実証分析

⑴　サンプルの抽出

　貸金業者とは，証券会社，保険会社を除いた預金等を受け入れないで与信業務を行う金融業である。具体的には，その他の金融業に該当する企業の中の，消費者向無担保貸金業者[19]，消費者向有担保貸金業者，消費者向住宅向貸金業者，事業向貸金業者，手形割引業者，リース会社，クレジット会社，信販会社，流通・メーカー系会社，建設・不動産業，質屋がその主たるものと挙げられる。

第4章　金利規制が貸金市場に及ぼす影響　　*171*

表2　貸金業者の分類

年度	消費者金融 の企業数	消費者金融と 事業者金融の企業数	貸金業者全体 の企業数
1996	5	8	15
1997	8	10	18
1998	8	10	18
1999	9	12	20
2000	9	12	20
2001	9	12	20
2002	9	12	20
2003	9	12	20
2004	9	12	20
2005	9	12	20
2006	9	11	19
合計	93	123	210

（出所）eol 社の DB Tower Service の各年より著者が作成。

　本研究では，貸金業者の財務情報をもとに貸金市場の需給バランスを判断するため，出資法の上限金利規制の引下げ対象となった消費者金融と事業者金融のみならず，クレジット会社，信販会社，流通・メーカー系会社の販売信用をその対象企業とし，サンプルとして選択する[20]。ただし，質屋は担保（質草）を取って金銭を貸し付ける業態であるが，貸金業法ではなく「質屋営業法」に基づく業態のため，貸金業には該当しない。また，建設・不動産業，リース会社は，担保融資を専門に行っている貸金業者で，本研究のモデルで考察している無担保で融資している貸金業者とは性格を異にするため，標本から外した。その結果，上記の期間に上場している貸金業者は最大20社（そのうち消費者金融会社は9社）で，また対象期間は1996年以後2006年までの11年間であり，このサンプル数は表2に示している[21]。

　データの出所は東洋経済新報社の「財務CD-ROM」を用いた。なお，自社グループ（自社と自社の支配・影響が及ぶ会社）の全体像を把握する必要があるため，財務データについては単独ではなく，連結ベース値を用いている[22]。また，一部データの補足あるいは確認のため eol 社の DB Tower

図8 消費者向け貸金業者の貸出金利の
 ヒストグラム

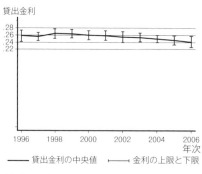

（出所）eol 社の DB Tower Service の各年より著者が作成。

図9 消費者向け貸金業者の貸出金利の
 推移

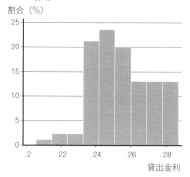

（出所）eol 社の DB Tower Service の各年より著者が作成。

Service を用いた。こうした作業を通して，当時上場していない，あるいは営業貸付金，営業貸付金利息等の情報が有価証券報告書で公表されていないなどの理由で情報を入手できなかったものについては，標本から除外した。また，企業が上場廃止になるとその企業のデータは得られなくなるので，ある経済主体 i について一部の時点 t のデータが欠如しているアンバランスなパネル・データ（unbalanced panel data）が作成された[23]。

その結果，上限金利引下げの対象となった事業者・消費者向け貸金業者のサンプル企業数が最大 12 社残った[24]。そして，直接的規制の引下げの影響を受けない企業をも含めたサンプルは合計最大 20 社抽出された。全体として，標本の内訳では，消費者向け貸金業者が過半数を占めていることがわかる。

また，図8の消費者向けの貸金業者の平均貸出金利を見る限り，出資法の上限金利が 29.2% に引き下げられた時期（本研究だと 2000 年 6 月が該当）に，業者は一斉に金利の引下げを行っておらず，引下げの決定を見越してそれよりも先に引下げを行っている。したがって，金利引下政策の効果は金利の引下げの時期に直結しているわけではないことが金利の推移を見ればわかる[25]。しかも，2004 年までは出資法の上限金利を少し下回る水準で推移しているが，標準偏差は 0.017 と極めて小さく，ほとんどの金融会社の貸付金利

は上限金利に張り付いているように見える（表4及び図9を参照）。もっとも，みなし弁済に関して消費者団体のグレーゾーン撤廃を求める動きやさらに業界の再編成を受けてようやく，2005年以降徐々に下降を辿っているが，それでも依然として利息制限法の定める上限金利20%より遥か上を推移している[26]。貸出高についても同様に金利の引下げの前後で顕著に相違が見られるようには思えない[27]。しかし，出資法の上限金利規制の引下げは，必然的に規制の対象となっていないクレジットカードや信販会社を含めたノンバンク全体の貸出金利について影響を与え，金利の改定をしない企業は相対的に割高と判断され顧客層離れが起こりうるため，顧客を繋ぎ止めるためにも金利の引下げに踏み切る企業が出てくることを予想させる[28]。つまり，上限金利規制の引下げは，その対象が消費者金融だけでなく，クレジットカードや信販会社を含めたノンバンク全体へ貸出金利引下げの影響を与えることになる[29]。

　表3から表5は，ノンバンク全体と上限金利引下げの対象となった金融会社と消費者向けの消費者金融会社の記述統計量をそれぞれ表している[30]。たとえば，表5の規制の引下げの対象となった企業とそうでない企業とを比較すると，貸出金利の平均値は，引下げの対象となった貸金業者は約24%である。それに対し，それ以外の貸金業者と比較するため，データの分布形態を問わず，対応のある2群の検定ができる中央値の差の検定（Wilcoxon rank-sum test）を行ってみたところ，統計的にプラスに有意な差が得られており，貸出金利が他のグループに比べ高いことがわかる。一方，貸出高については統計的にマイナスに有意な差が得られており，規制の対象となった企業の貸出高は市場の中でも多くないことがわかる。

　さらに，規制の引下げの対象となった企業のうち消費者向けの貸金業者については貸出金利の平均値は約25.5%であり，またWilcoxon rank-sum testの結果，統計的にプラスに有意な差が得られており，事業者向けの貸金業者のに比べ，貸出金利は高いことがわかる。また，貸出高についても両者には差があり，消費者向けの貸出高は比較的大きいことがわかる。これより，出資法の定める29.2%水準から利息制限法の定める上限金利20%にまで金利を下げる2006年の法改正の対象が，利息制限法の定める上限に近い

174 第II部 政策編

表3 貸金業者全体の基本統計の概略

	Obs	Mean	Std. Dev.	Min	Max	vif 検定
貸出額	210	12.479	1.306	9.236	14.385	
貸出金利	210	0.209	0.061	0.075	0.304	1.75
ROA	210	1.379	3.616	-26.534	7.219	8.87
キャッシュフロー	210	0.080	0.352	-3.320	0.526	6.84
Tobin's q	142	1.157	0.308	0.617	2.274	1.76
負債比率	208	51.886	16.506	18.144	90.157	1.8
不良債権比率	200	0.039	0.037	0.002	0.394	1.52
短期借入金利	210	0.011	0.012	0	0.053	
1年以内借入金利	210	0.014	0.014	0	0.054	
長期借入金利	210	0.013	0.012	0	0.054	2.64
社債利回り	207	0.010	0.012	0	0.04665	2.27
CP 利回り	206	0.003	0.007	0	0.0463	1.55
上限金利	210	0.567	0.497	0	1	6.55
GDP	210	13.142	0.036	13.100	13.215	2.29

表4 消費者金融の基本統計の概略

	Obs	Mean	Std. Dev.	Min	Max	Wilcoxon
貸出額	93	12.446	1.616	9.236	14.385	3.25
貸出金利	93	0.255	0.017	0.206	0.287	5.62
ROA	93	2.895	1.926	-9.370	7.219	3.277
キャッシュフロー	93	0.163	0.083	-0.371	0.331	2.91
Tobin's q	65	1.148	0.292	0.617	1.958	-0.271
負債比率	91	53.016	12.962	31.084	90.157	1.675
不良債権比率	93	0.045	0.022	0.009	0.098	2.223
短期借入金利	93	0.009	0.010	0	0.041	-3.389
1年以内借入金利	93	0.011	0.012	0	0.038	-3.548
長期借入金利	93	0.011	0.011	0	0.038	-2.438
社債利回り	93	0.012	0.013	0	0.047	-0.586
CP 利回り	90	0.003	0.006	0	0.039	0.057

表5 消費者金融と事業者金融の基本統計の概略

	Obs	Mean	Std. Dev.	Min	Max	Wilcoxon
貸出額	123	12.242	1.552	9.236	14.385	-8.9
貸出金利	123	0.240	0.042	0.099	0.304	2.247
ROA	123	2.078	4.033	-26.534	7.219	7.353
キャッシュフロー	123	0.102	0.359	-3.320	0.350	3.913
Tobin's q	82	1.168	0.356	0.617	2.274	0.124
負債比率	121	54.736	14.130	30.658	90.157	3.042
不良債権比率	123	0.042	0.026	0.002	0.140	1.239
短期借入金利	123	0.013	0.013	0	0.053	2.168
1年以内借入金利	123	0.016	0.015	0	0.054	1.729
長期借入金利	123	0.014	0.013	0	0.054	1.775
社債利回り	121	0.013	0.013	0	0.047	5.16
CP 利回り	120	0.003	0.006	0	0.039	-0.403

（表3～表5の注）
貸出額：貸出額の対数値
貸出金利：営業貸付金利利息÷営業貸付金残高
ROA（％）：当期利益÷総資産×100
キャッシュフロー：（当期利益＋減価償却費）÷売上高
Tobin's q：（株式時価総額＋負債簿価総額）÷簿価上の総資産額
負債比率（％）：負債総額÷総資産額×100
不良債権比率：貸倒損失金額÷貸出額
金利，利回りについては社債明細書，借入金明細書に記載している平均利率（最終利回り）を指す。
上限金利：2000年までは0，それ以降は1というダミー変数
GDP：log（GDP）
Wilcoxon rank-sum testは上記の標本とそれ以外の標本に有意に差があるか否かを検定したものである。
表4と表5の網掛けは，統計的に有意水準のものであることを示している。

金利水準で貸し出している事業者向けではなく，消費者向けの貸金業者にあることが容易に予想できる。

　そこで，以下では規制の引下げの対象となった企業，とりわけ消費者向け貸金業者について説明変数の平均値と標準偏差を確認することにより，消費者向け貸金業者の財務状態を述べておく（表4）。先ほど触れた貸出金利以外の変数の説明をしてゆくと，消費者向けの貸金業者の内部留保（キャッシュフロー）と現在の収益性を表す総資産利益率（ROA）のそれぞれの平均値はそれ以外の標本に比べ著しく高い傾向にある。また，負債比率，外部からの借入金利，社債発行利回りも有意に低いことがわかる。もっとも，将来の成長機会の大きさを示すTobin's qは貸金業者全体の中でも大きい値をとっておらず，その差は見当たらないものの，全般的に見て消費者向けの貸出額が伸びる条件をほぼ満たしている。こうした点からも，この上限金利規制の引下げの狙いは，同業種の他の企業に比べ業績が好調である貸金業者の貸出金利を引き下げさせても，貸出しが落ち込み，企業の業績がことさら悪化することはないであろうことを予想した政策の一環であったと考えられる。

　次に，消費者向け貸金業者だけでなく，同様に出資法の上限金利規制の引下げの対象となった事業者向け貸金業者を含めて標本を広げてみたところ，上記の特徴が見られなくなった（表5）。負債比率，借入金利，社債発行利回りも有意に高く資金調達コストが増加するため，外部からの資金調達面での制約の影響を強く受けることになり，規制の対象外の企業と同様，貸出しを

176　　第 II 部　政策編

減少させる可能性が高い。それにもかかわらず，金利規制引下げの対象外の企業に比べ貸出額が依然として多いのは，資金調達コストが下がった影響が挙げられるかもしれない。たとえば，社債利回りが 0.01 であり，従来からの銀行借入れに比べ資本コストがかなり低くなっている。また，1999 年にノンバンク社債法の制定があったことで，銀行借入れよりも低い利率で資金調達ができるようになったことで，過少貸出しの問題が緩和されたのではないかということが伺える[31]。これらの各変数間の相関については，vif 検定より一部の変数を除いて主要な説明変数との多重共線性の可能性は非常に低いため，見せかけの相関の心配はほとんどない。よってこれらの年次データをパネル・データにして用いて分析する[32]。

⑵　用いる推計式と検定方法

不均衡分析の特徴は，貸出しの需要・供給関数の推定を通じて市場の不均衡状態を定量的に把握し，かつ貸出均衡金利を導出できる点にある。ここではまず，Fair and Jaffee（1972）と Maddala and Nelson（1974）に倣い，不均衡市場の需要関数と供給関数の定式化とその推計方法について順次説明する。(3-1-1) 式と (3-1-2) 式はそれぞれ，貸金市場における供給関数と需要関数を定義している。

$$(3\text{-}1\text{-}1)\ \text{式}：L_{i,t}^{S}=\alpha_1 R_{i,t}+\sum_{j=2}^{N}\alpha_j X_{i,t}+\varepsilon_{i,t,1}$$

$$(3\text{-}1\text{-}2)\ \text{式}：L_{i,t}^{D}=\beta_1 R_{i,t}+\sum_{j=2}^{N}\beta_j X_{i,t}+\varepsilon_{i,t,2}$$

$L_{i,t}^{S}$ は貸出額，$L_{i,t}^{D}$ は借入額，$R_{i,t}$ は貸出約定金利（利子率），$X_{i,t}$ と $Z_{i,t}$ は，金利以外の貸出額を説明するコントロール変数であり，成長機会，エージェンシー・コスト，金利規制（2000 年までは 0，それ以降は 1 というダミー変数），資金調達コスト，景気動向（GDP の対数値），1 期前の貸出額等を指す[33]。また，誤差項 $\varepsilon_{i,t,1}$，$\varepsilon_{i,t,2}$ はそれぞれ個別効果と時間効果と真の

ショック，すなわち，$\alpha_{i,1}$ と $\alpha_{i,2}$，$d_{i,1}$ と $d_{i,2}$，$u_{i,t1}$ と $u_{i,t2}$ に分解できるが，以下の式展開では，簡略化のため $\varepsilon_{i,t,1}$ と $\varepsilon_{i,t,2}$ で表記してゆく。

　需要と供給を均衡させる利子水準は (3-1-1) 式と (3-1-2) 式から次のように求めることができる。

$$(3\text{-}2)\ 式：R_{i,t}^* = \frac{1}{\alpha_1 - \beta_1}\left[\sum_{j=2}^{N}\beta_j Z_{i,t} - \sum_{j=2}^{N}\alpha_j X_{i,t} + \varepsilon_{i,t,2} - \varepsilon_{i,t,1}\right]$$

　次に，現実の利子率決定式を以下の部分調整モデルに従っていると仮定する。たとえば，Jaffee and Modigliani（1969）のいう不均衡信用割当は，利子率が即座に均衡水準まで動かないことから生じる現象として扱っている。このような現象が起きているかどうかは，不均衡分析を適用することによって知ることができる。

$$(3\text{-}3)\ 式：R_{i,t} = \mu_i R_{i,t-1} + (1-\mu_i)R_{i,t}^* \qquad ただし，\ 0 < \mu_i < 1$$

　ここで，μ_1 は利子調整速度，$R_{i,t}^*$ は今期の均衡利子率である。すなわち，(3-3) 式は今期の利子率が，前期の実績水準と今期の均衡水準の加重平均であると仮定している。もし $\mu_i = 0$ であれば，利子率が十分に伸縮的で市場の需給は常に均衡していることになる。他方，$\mu_i = 1$ の場合は利子が完全に硬直的で，ある一定の水準から動かないことを意味している。金利が完全に伸縮的でないとするなら，需要と供給が一致する保証はなく，市場は少なくとも一時的不均衡下にあると言える。すなわち，市場が超過需要あるいは超過供給であるかの判断を助ける利子率の変化の情報とその調整速度が，以下で示す関数型の推定と均衡仮説の検定の上で重要となる。

　次に，誘導型による均衡仮説の検定方法と構造型による推定方法について見てゆく。誘導型とは，内生変数である利子率，貸出高を先決変数である外生変数と先決内変数（内生変数の前期の項）と誤差項で説明しようとするデータ主導の方法である。ただし，連立方程式の解が一意的に定まるかどうか，あるいは複数の解があるか，または解を求めることができないという識

178　第 II 部　政策編

別性の問題が付随してくる。一方，構造型とは，効用関数や利潤関数に基づいて消費者や企業の意思決定の最適化行動を導出したもので，(3-1-1) 式及び (3-1-2) 式のように，供給関数，需要関数についてそれぞれ説明したものである。

　需給モデルから解かれた均衡利子率 (3-2) 式を利子調整式 (3-3) 式に代入すると，利子率が先決変数のみで記述される誘導型が導かれる。

$$(3\text{-}4)\ 式：R_{i,t}=\mu_i R_{i,t-1}+\frac{1-\mu_i}{\alpha_1-\beta_1}=\left[\sum_{j=2}^{N}\beta_j Z_{i,t}-\sum_{j=2}^{N}\alpha_j X_{i,t}+\varepsilon_{i,t,2}-\varepsilon_{i,t,1}\right]$$

　この誘導型においては，最小 2 乗法によって μ_i の推定値を得て，通常の t 検定により均衡仮説（$\mu_i=0$）の統計的検定が可能になる。ただし，この誘導型の (3-4) 式を推定しただけでは，需要関数や供給関数の係数がわからないという問題が残る。そこで以下ではこの問題点を解決するため，構造型における推定方法について説明する。

　一方，構造型の係数推定をする際，まず均衡利子率 (3-2) 式と利子調整式 (3-3) 式を使って，需要関数と供給関数を観察可能な変数のみで貸出額を書き表すことにする。利子率を説明した誘導型では，貸出高が表面に出てこなかったので，ショートサイド原則を明示的に扱わなくてよかったが，構造型で貸出額を説明する場合，貸金市場において超過需要あるいは超過供給が起こっているのかを説明するには，ショートサイド原則 $L_{i,t}=\min\left[L_{i,t}^{S}, L_{i,t}^{D}\right]$ が必要となり，これを用いると次のように表される。

　たとえば，実際の貸出額 $L_{i,t}$ が貸出供給関数 $L_{i,t}^{S}$ と等しい超過需要が起こっている場合（$L_{i,t}=L_{i,t}^{S}$）を考えてみる[34]。右辺に $L_{i,t}^{D}-L_{i,t}^{D}(=0)$ を加え，$L_{i,t}=L_{i,t}^{D}-(L_{i,t}^{D}-L_{i,t}^{S})$ であることを考え，まず右辺の第 2 項についてのみ需給の説明変数を明示して表せば，$L_{i,t}=L_{i,t}^{D}-\left[\sum_{j=2}^{N}\beta_j Z_{i,t}-\sum_{j=2}^{N}\alpha_j X_{i,t}+\varepsilon_{i,t,2}-\varepsilon_{i,t,1}\right]+(\alpha_1-\beta_1)R_{i,t}$ と書くことができる。次に (3-2) 式を用いると超過需要時の貸出供給関数は以下のように表される。

(3-5) 式：$L_{i,t}=L_{i,t}^D-(\alpha_1-\beta_1)R_{i,t}^*+(\alpha_1-\beta_1)R_{i,t}$

$\qquad\qquad =L_{i,t}^D-(\alpha_1-\beta_1)(R_{i,t}^*-R_{i,t})$

さらに，(3-3) 式を $R_{i,t}^*-R_{i,t}=\dfrac{\mu_i}{1-\mu_i}(R_{i,t}-R_{i,t-1})$ と変形して (3-5) 式に代入すると

(3-6) 式：$L_{i,t}=L_{i,t}^D-\dfrac{\mu_i}{1-\mu_i}(\alpha_1-\beta_1)(R_{i,t}-R_{i,t-1})$

$\qquad\qquad =\beta_1 R_{i,t}+\sum_{j=2}^N \beta_j Z_{i,t}-\dfrac{\mu_i}{1-\mu_i}(\alpha_1-\beta_1)(R_{i,t}-R_{i,t-1})+\varepsilon_{i,t,2}$

を得ることができる。この場合，貸金市場においては超過需要が発生しているため，(3-6) 式には $R_{i,t}-R_{i,t-1}\geq 0$ の場合は $L_{i,t}$ が減少するという条件が付随し，また，μ_1 が正であることに注意すると，第 3 項はマイナスの符号が予想される。したがって，貸出金利の変化分の係数値がプラスに出ていれば，推定した α_1 は β_1 より大であり，これより (3-1-1) 式の貸出供給関数の係数値が (3-1-2) 式の貸出需要関数より大きいということがわかる。

　しかし，(3-4) 式を参照するとわかるが，$R_{i,t}$ は誤差項 $\varepsilon_{i,t,2}$ で説明される形をとっているため，$R_{i,t}$ と $\varepsilon_{i,t,2}$ の間には相関がある恐れがある $(\mathrm{cov}(R_{i,t},\ \varepsilon_{i,t,2})\neq 0)$。したがって，構造型で推定する場合において $R_{i,t}$ のような内生変数にかかる係数は同時方程式バイアスの存在の問題が残るため，そのバイアスを避けるため，通常は操作変数を用いて推定しなければならない[35]。さらに，供給関数を説明する際，(3-1-1) 式の右辺に自己ラグ項 $L_{i,t-1}$ が含まれている場合は $\alpha_{i,1}$ に依存する（誤差項 $\varepsilon_{i,t,1}$ の個別効果を表す $\alpha_{i,1}$ と右辺の変数との間に相関がある）ため，必ず個別効果 $\alpha_{i,1}$ と相関を持つ $(\mathrm{cov}(L_{i,t-1},\ \alpha_{i,1})\neq 0)$。したがって，構造型で推定する場合において，自己ラグ項と個別効果から生じる問題を解決するため，ダイナミック GMM の 1 つである Arellano-Bond の GMM 推計を用いて推定する（Hayashi (2000) の第 3 章を参照）[36]。その際，1 期前の $R_{i,t}$ と $X_{i,t}$ の一部の変数

（ROA，負債比率）についても先決性を仮定し，（3-1-2）式の需要関数にある変数（不良債権比率，GDP）ともども操作変数として用いた[37]。これは，供給関数に含まれない需要関数を説明していた $Z_{i,t}$ を加えることで，貸出高の変化が供給側と需要側のどちらに起因するのかを識別するためである。

　供給関数の推計にあたり本研究では，多くの先行研究と同様に Tobin's q を主要な説明変数とし，それに信用制約を表す変数として，内部資金，負債比率を追加した推計式を用いる。また，貸出機会を Tobin's q でコントロールした上で，内部資金や負債などのエージェンシー・コストに関連する変数に，貸出しが影響を受けるかを識別する。また，供給関数を求める際に，通常，金利は資金調達金利と貸出金利の利ざやが代理変数として用いられているが，本研究ではそれを別々に分けて推定を行っている。貸出額，貸出金利，これらを説明する $X_{i,t}$，$Z_{i,t}$ の各変数の意味及びその定義は次のようにまとめてある。

　貸出金利：営業貸付金利利息/営業貸付金残高とする。ただし，営業貸付金利利息と営業貸付金残高が有価証券報告書に記載されていないクレジットカード会社については，営業利益のうち総合あっせん，個人あっせんなど手数料収入を主な収益とする部門を含んでいるため，貸金業ともっとも代替性が強い融資部門に限り，ここでは採用する。その際，貸出金利は融資収益を融資取引高で割ったものとして求めている。一方，貸出額については，営業貸付金残高と融資取引高を対数表示して求めている。

　Tobin's q：［（負債合計＋株式時価総額）/資産合計］と ROA：［当期利益/総資産］は，成長性や貸出機会の代理変数である。貸出機会に対して貸出資金が供給されていれば，共に係数は正が期待される。（＋）

　キャッシュフロー：［（税引前当期純利益＋減価償却費)/売上高］は，内部資金の代理変数である。負債と株式の資金調達の両方に強く信用制約が加わっていれば，正の係数が期待される。貸出しが内部資金に大きく依存する場合，企業は外部資金の調達による貸出しが困難であると考えることができ

る[38]。(＋)

　負債比率：[(短期借入金＋長期借入金)/総資産]は，エージェンシー・コストの代理変数である。高い負債比率が企業の資金調達を制約する場合，係数は負が期待される。資本市場が非効率的であり株式市場から貸出資金を調達できない場合は，企業は良い貸出機会があっても積極的に貸出しが行えない[39]。(－)

　資金調達コスト：資金調達方法には，銀行借入れ以外にも社債発行等の方法があるが，いずれの資金調達方法においても利子率が上昇すれば，企業にとって調達コストが高まるため，貸出額に対してマイナスの影響を及ぼす可能性が高い[40]。(－)

　また，前期の貸出残高を含めた推定を行うことにより，いわば短期的な需要曲線や供給曲線が過去のいきがかりから「歩み寄る」現象を考慮することができる。(＋)

　不良債権比率：[(貸倒れ損失金額＋破産更生債権等振替金額)÷貸出額(期末貸出残高金額)]は借り手(需要側)の状態を直接に反映する指標である。同比率が上昇することは，同時に借り手の経済状態の悪化を意味するため，このことが借入需要を減退させている可能性が高い。(－)

　さらに，GDPは景気動向を示す指標であり，年次データであるため，すべての企業に共通の影響が及ぼされていると考えられる。たとえば，マクロ経済環境が好転している場合においては，すべての企業にとって，資金需要が高まるものと考えられる。(＋)

　以上紹介してきた実証分析のモデルに関する貸出供給関数の推計式は，全サンプルをプールした供給関数の推計式である。また均衡仮説を検定するため，全サンプルを用いた重回帰モデルの検証結果は，誘導型の推定式(3-4)

182　第II部　政策編

表6　誘導型による推定結果——Fixed Effect Modelによる最小2乗法の推定——

被説明変数：貸出金利	Coef.	Std. Err.	P > |t|	Coef.	Std. Err.	P > |t|
貸出金利（1期前）	0.778	0.056	0	0.764	0.059	0
ROA	0.005	0.002	0.014	0.005	0.002	0.013
キャッシュフロー	−0.029	0.018	0.113	−0.032	0.019	0.099
Tobin's q	−0.023	0.010	0.026	−0.024	0.012	0.043
負債比率	0.002	0.001	0.184	0.002	0.001	0.226
負債比率の2乗				0.000	0.000	0.201
長期借入金利				−0.001	0.004	0.683
不良債権比率	0.165	0.069	0.019	0.165	0.069	0.019
社債利回り				−0.001	0.003	0.68
CP利回り				0.010	0.005	0.04
定数項	0.034	0.030	0.256	0.041	0.033	0.212
標本数	123			120		
修正済み決定係数	0.786			0.803		

（注1）時間ダミーの係数は掲載省略
（注2）網掛けは，統計的に有意水準のものであることを示している。

式については表6に，構造型の供給関数の各推計式（3-6）式については表7でそれぞれ表してある。また誘導型の推定においては，ハウスマン検定で調べた結果，すべての定式化でFixed Effect Model（固定効果モデル）が採択され，誤差項と説明変数に相関がないことが判明した。ここでは，紙面の都合上，Fixed Effect Modelの推定結果のみを載せている。

　まず，表6を見てみよう。すべての変数の係数は理論的に予想された符号を持つものの，なかには統計的に見て有意でないものもある。たとえば，左端の欄の推定結果を見てゆくと，1期前の貸出金利の推定値は0.778で，標準偏差から見ても $\mu_i = 0$ である仮説は有意水準1％のレベルでも十分棄却される。これは，1期前の貸出金利を見れば，今期の貸出金利を77.8％予測できることを示している。換言すると，貸出金利は前期の実現値より，今期の均衡水準に向けて約22％しか調整されていないことを示しており，誘導型で見る限り，市場が均衡状態に向かっているという仮説は強く支持されない[41]。ただし，金融市場における利子率の調整は，市場メカニズム以外の要因にも大きく左右される可能性があるため，この影響が大きいかどうかには

表7 構造型による推定結果──貸出供給曲線を Arellano-Bond の GMM で推計と Fixed effect モデルで IV 推計──[注1]

被説明変数：貸出供給関数	Coef.	Std. Err.	P > |t|	Coef.	Std. Err.	P > |t|	Coef.	Std. Err.	P > |t|
貸出額（1期前）	0.901	0.075	0.000	0.846	0.092	0	0.940	0.059	0
貸出金利[注2]	-2.352	0.672	0.000	-2.044	0.699	0.003	-1.113	0.652	0.088
貸出金利変化	0.820	0.426	0.054	0.561	0.427	0.188	0.200	0.520	0.701
ROA	0.019	0.008	0.016	0.006	0.009	0.518	0.020	0.010	0.052
キャッシュフロー	-0.133	0.084	0.113	-0.027	0.087	0.759	-0.162	0.103	0.114
Tobin's q	0.046	0.064	0.472	0.108	0.068	0.111	0.105	0.060	0.079
負債比率	-0.006	0.009	0.551	0.001	0.009	0.901	0.020	0.009	0.028
負債比率の2乗				0.000	0.000	0.591			
不良債権比率	0.114	0.437	0.793	0.354	0.475	0.456	-0.390	0.340	0.251
長期借入金利				0.036	0.020	0.067			
社債利回り				0.004	0.022	0.869			
CP利回り				0.010	0.021	0.639			
定数項	-0.009	0.007	0.199	-0.006	0.008	0.454	0.288	0.831	0.729
標本数	80			80			123		
Sargan テスト[注3]	63.22 [0.07]			29.95 [0.32]					
1次の自己相関のテスト	-2.1 [0.04]			-1.67 [0.11]					
2次の自己相関のテスト[注4]	-0.12 [0.90]			0.31 [0.76]					
Wu-Hausman の定式化検定							3.59 [0.05]		
修正済み決定係数							0.772		

（注1）右端の結果は IV 推計。左・中央の結果は Arellano-Bond の GMM で推計。
（注2）貸出金利の操作変数には，1期，2期前の貸出金利，ROA，負債比率それぞれの1期前を用いた。
（注3）Sargan テストは過剰識別制に関する検定（帰無仮説は過剰識別性が満たされる）。[ ]内は p 値
（注4）Arellano-Bond の2次の自己相関のテスト結果は z 値で，[ ]内は自己相関がないという帰無仮説を棄却する水準で p 値である。
（注5）網掛けは，統計的に有意水準のものであることを示している。

この段階では触れないでおく。

　次に，同時方程式バイアスの存在の問題[42]と自己ラグ項と個別効果から生じるラグ付き内生変数の問題が存在する連立方程式で，一致性を満たすように（3-6）式の構造式の推定をするため，以下では Arellano-Bond の GMM 推定を用いる[43]。この結果は表7にまとめられている[44]。推定された係数の符号は予想どおりであり，ほとんどの係数が理論どおりに出ているが，なかには統計的に有意な値が出ていないものもある。たとえば，貸出供給関数に

対するキャッシュフローの影響については有意な値ではないが，予想される
符号とは逆にマイナスに出ている。このことは，内部留保が大きくても企業
の貸出しを増加させるものではない。さらに，資金調達コストがマイナスに
有意な値が得られておらず，借り手のモラル・ハザードの可能性を考慮した
ため，たとえ調達コストが安価であったとしても，貸出しには結びつかず，
むしろ貸出しを抑えていることを裏付けている[45]。また，1期前の貸出残高
の係数は大きく，しかも1に近いことは，消費者金融の貸出しに対する望ま
しい需要量の変化が緩慢であることを示唆している。特に注目するべきとこ
ろは，金利を横軸に取った場合の供給曲線の傾きは－2.35で統計的に1%
の水準でも有意な値が得られている。

　一方，$R_{i,t}-R_{i,t-1}$ の傾きは0.82とプラスに有意な値が出ているものもあ
り，(3-6)式には $R_{i,t}-R_{i,t-1}\geq0$ の場合は貸出供給額 $L_{i,t}$ が減少するという
条件に留意すると，推定した α_1 は β_1 より大であり，これより(3-1-1)式の
貸出供給関数の係数値が(3-1-2)式の貸出需要関数より大きいということが
わかる。標準的な経済学の教科書では，説明変数を横軸に，被説明変数を縦
軸で表した形式をとっているため，横軸が貸出額，縦軸が金利で表されてい
る。しかし，本研究の実証分析では，被説明変数が貸出額，金利を説明変数
としているので，表7の推定結果は標準的な経済学の教科書で表されている
需要曲線・供給曲線の傾きの逆数として表されていることになる。したがっ
て，需要曲線に比べ供給曲線の傾きはなだらかであることを示す。これによ
り，市場均衡点よりも高い水準に金利が設定されている場合，貸金市場では
超過需要が起きていることを示唆する。

　さらに，貸出金利の推移を見ると，図8，図9により，消費者金融会社の
貸出金利は，出資法の上限金利の水準でほぼ留まっていることから鑑みれ
ば，現在の消費者金融市場においては超過需要が起こっていることを意味す
る。すなわち，「情報の非対称性が大きく，貸し手側にとって極めて貸倒れ
リスクが大きいため，現在の金利水準では貸出供給曲線は右下がりである」
とする仮説1が採択されている。したがって，上記の金利規制の変更の影響
を考慮していない推定結果によると，仮に市場均衡よりも高い水準からの金
利1%の減少は，約82%の望ましい供給量の増加を引き起こすこともわかる。

また，これらの推定方法の評価は，Sarganの過剰識別制約テストの結果から，5%有意水準で満たしておらず，Arellano-BondのGMM推定で用いた操作変数の過剰識別制約が満たされていることがわかる。さらにArellano-Bondの2次の自己相関テストによると，自己相関がないという帰無仮説を受容している。つまり，GMM推定量は一致推定を満たしていると言えるため，信頼性の高い推定結果であることが，これらの検定より裏付けることができる。

⑶　上限金利規制への追随率

以上では，貸出金利が市場の需給要因のみに反応しているという仮定の下で分析を行ってきた。これに対し，消費者金融市場の貸出金利は金利規制になんらかの形で連動して決定されるという見方もできる。そのような場合，貸出金利が超過需要のみではなく，上限金利規制の変化に対しても直接反応するような状況を考えているということもできるであろう。

そこで以下では，前節の結果を踏まえ，貸出金利が規制に連動する部分と，均衡への部分調整メカニズムによる部分に要因分解し，体系を推定しなおすことにしてみる。上限金利規制のため，横並びに貸出金利が設定されているとする仮説2を検証するため，需給圧力によって均衡への調整される今期の金利の決定は，(3-7)式の右辺のように前期の金利と上限金利規制の変化への連動部分を反映しているとして追随率を定式化する。

(3-7) 式：$\hat{R}_{i,t-1} = R_{i,t-1} + \lambda\, regulation_t$

すなわち，t期首に$t-1$期までの金利水準および上限金利規制に関する情報のみで，上記の水準へ事前調整された後，t期内で部分的に均衡に向けて調整されると仮定する。したがって，観察される金利水準は

$$
\begin{aligned}
(3\text{-}3') \ \text{式}：R_{i,t} &= (1-\mu_i)\,R_{i,t}^* + \mu_i\,\hat{R}_{i,t-1} \\
&= (1-\mu_i)\,R_{i,t}^* + \mu_i R_{i,t-1} + \mu_i\,\lambda\, regulation_t
\end{aligned}
$$

186　第 II 部　政策編

表 8　誘導型による推定結果——Fixed Effect Model による最小二乗法の推定——

被説明変数：貸出金利	Coef.	Std. Err.	P > |t|	Coef.	Std. Err.	P > |t|
貸出金利（1 期前）	0.777	0.056	0	0.764	0.059	0
ROA	0.005	0.002	0.014	0.005	0.002	0.013
キャッシュフロー	-0.029	0.018	0.112	-0.032	0.019	0.099
Tobin's q	-0.023	0.010	0.026	-0.024	0.012	0.043
負債比率	0.002	0.001	0.186	0.002	0.001	0.226
負債比率の 2 乗				0.000	0.000	0.201
長期借入金利				-0.001	0.004	0.683
不良債権比率	0.165	0.069	0.019	0.165	0.069	0.019
社債利回り				-0.001	0.003	0.68
CP 利回り				0.010	0.005	0.04
上限金利	-0.002	0.006	0.771	0.002	0.012	0.87
定数項	0.036	0.031	0.243	0.039	0.033	0.236
標本数	123			120		
修正済み決定係数	0.786			0.803		

（注 1）　時間ダミーの係数は掲載省略
（注 2）　網掛けは，統計的に有意水準のものであることを示している。

と書き表される。

　このように，上限金利規制の連動部分を含む貸出金利の部分調整式を包含するモデルの一致性を備えた推定方法を考える。ここで，貸出金利の変化のうち，均衡への調整部分を需要関数 (3-1-2) 式および供給関数 (3-1-1) 式に表される変数に関して解いて，(3-3′) 式に代入し，次式を得る。

$$(3\text{-}4') 式：R_{i,t} = \mu_1 R_{i,t-1} + \frac{1-\mu_1}{\alpha_1 - \beta_1} \left[\sum_{j=2}^{N} \beta_j Z_{i,t} - \sum_{j=2}^{N} \alpha_j X_{i,t} \right] + \mu_i \lambda\, regulation_t$$

$$+ \frac{1-\mu_1}{\alpha_1 - \beta_1} [\varepsilon_{i,t,2} - \varepsilon_{i,t,1}]$$

　誘導型である (3-4′) 式は，検定の結果，すべての定式化で Fixed Effect Model が採択され，誤差項と説明変数に相関がないことが判明した。前節と同様，紙面の都合上，Fixed Effect Model の推定結果のみを表 8 に載せている。

表9 構造型による推定結果——貸出供給曲線を Arellano-Bond の GMM で推計と Fixed effect モデルで IV 推計——[注1]

被説明変数：貸出供給関数	Coef.	Std. Err.	P > |t|	Coef.	Std. Err.	P > |t|	Coef.	Std. Err.	P > |t|
貸出額（1期前）	0.897	0.075	0	0.849	0.091	0	0.947	0.064	0
貸出金利[注2]	-2.245	0.667	0.001	-2.087	0.672	0.002	-1.097	0.658	0.095
貸出金利変化	0.786	0.424	0.064	0.581	0.414	0.161	0.189	0.524	0.718
ROA	0.018	0.008	0.024	0.006	0.008	0.482	0.020	0.010	0.053
キャッシュフロー	-0.128	0.085	0.135	-0.035	0.084	0.681	-0.164	0.103	0.113
Tobin's q	0.051	0.066	0.442	0.121	0.068	0.074	0.104	0.060	0.084
負債比率	-0.004	0.009	0.67	0.000	0.009	0.995	0.019	0.009	0.042
負債比率の2乗				0.000	0.000	0.506			
不良債権比率	0.103	0.436	0.813	0.156	0.475	0.742	-0.404	0.345	0.242
長期借入金利				0.052	0.021	0.011			
社債利回り				-0.005	0.022	0.801			
CP 利回り				0.009	0.021	0.655			
上限金利	0.033	0.039	0.397	0.008	0.041	0.852	-0.009	0.031	0.771
定数項	-0.013	0.009	0.147	-0.009	0.010	0.37	0.230	0.859	0.789
標本数	78			127			123		
Sargan テスト[注3]	60.15 [0.11]			27.48 [0.44]					
1次の自己相関のテスト	-2.32 [0.02]			-1.68 [0.10]					
2次の自己相関のテスト[注4]	0.12 [0.91]			0.35 [0.73]					
Wu-Hausman の定式化検定							3.48 [0.06]		
修正済み決定係数							0.772		

（注1）右端の結果は IV 推計。左・中央の結果は Arellano-Bond の GMM で推計。
（注2）貸出金利の操作変数には，1期，2期前の貸出金利，ROA，負債比率それぞれの1期前を用いた。
（注3）Sargan テストは過剰識別制に関する検定（帰無仮説は過剰識別性が満たされる）。[ ] 内は p 値。
（注4）Arellano-Bond の2次の自己相関のテスト結果は z 値で，[ ] 内は自己相関がないという帰無仮説を棄却する水準で p 値である。
（注5）網掛けは，統計的に有意水準のものであることを示している。

　表8の右端の推定結果を見ると，上限金利規制に対する貸出金利の追随率は，約0.2％と推定される。この値は，$R_{i,t-1}$ の係数推定値よりも低めで統計的に有意な値は得られていないが，上限金利規制の引下げが，供給関数を通じても貸出金利へ影響を与え，市場における需給要因で説明できない部分が上記の推定値に表されていると考えられる。ただし，追随率は小さく，標本が規制対象となっている企業だけでなく，対象外の企業を含めた推定結果であることを考慮するならば，規制引下げの対象になっていないカード会社

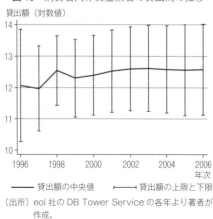

図 10　消費者向け貸金業者の貸出高の推移

―― 貸出額の中央値　├──┤ 貸出額の上限と下限

（出所）eol 社の DB Tower Service の各年より著者が作成。

などは，顧客離れを懸念し，規制の対象となった企業のように金利の引下げに一斉に応じたわけではないことを推測させる。

しかも，金利の調整速度を表す μ_i の推定値は 0.764 と 1 に近く，t 値も有意なので，上限金利規制の直接的影響を考慮しても，金利の調整速度を表す μ_i の値が依然として大きいため，均衡仮説は支持されない。したがって，貸出金利の需給要因に対する反応は非常に緩慢であるという結果に変わりない。

次に，この誘導型の推定から得られた追随率の推定値を使って，金利の超過反応部分を算出し，(3-6) 式に代入することによって超過需要と超過供給の判定をする。

すなわち，(3-3′) 式は $R_{i,t} - R_{i,t-1} - \lambda\, regulation_t = \dfrac{(1-\mu_i)}{\mu_i}(R_{i,t}^* - R_{i,t})$ より，

(3-6′) 式：
$$\begin{aligned}
L_{i,t} &= L_{i,t}^D - (\alpha_1 - \beta_1)(R_{i,t}^* - R_{i,t} - \lambda\, regulation_t) \\
&= \beta_1 R_{i,t} + \sum_{j=2}^{N} \beta_j Z_{i,t} - \frac{\mu_i}{1-\mu_i}(\alpha_1 - \beta_1)(R_{i,t} - R_{i,t-1} \\
&\quad - \lambda\, regulation_t) + \varepsilon_{i,t,2}
\end{aligned}$$

を得ることができる。

　これらについて，前節と同様 Arellano-Bond の GMM 推定を用いる。構造型の推定結果は，表9に示している。上限金利規制の変数を入れていない場合（表7）と比較するとわかるように，上限金利規制の直接的影響を考慮に入れても，両関数の推定値は大きく変化しない。特に，金利の調整速度を表す μ_i の値は，依然として均衡仮説を支持しない。つまり，上限金利規制が，貸出金利に若干の直接的影響を与えることが確認されるとともに，金利の需給要因に対する反応は非常に緩慢であるということが，この分析によっても明らかになったと言える。

　金利について推定した結果を再度確認すると，$R_{i,t}-R_{i,t-1}$ の傾きは 0.786 と有意水準 10% でプラスに値が出ている。また，金利規制の引下げにより望ましい需要量以上に貸出しが伸びる（表9の左端の推定結果に着目すると，金利を 1% 下げると供給量は約 80% の増加）という事実も確認できる。$R_{i,t}-R_{i,t-1}\leqq 0$ の条件に注意すると，$\alpha_1>\beta_1$ と（3-1-1）式の供給関数のほうが金利の係数値は大きい。貸出額を横軸に金利を縦軸で表した場合，前節と同様，需要曲線・供給曲線の傾きはそれぞれの傾きの逆数になるので，需要曲線に比べ供給曲線の傾きは緩やかになっていることがわかる。

　この分析結果からも，2.2(3)の貸金市場の均衡と仮説の紹介で考察した(1)の上限金利規制水準（$\underline{R}$）が均衡 A の金利水準を上回るケースである。このような場合には，均衡水準よりも高い水準に上限金利規制があれば，超過需要が起こっていると言えるだろう。したがって，上限金利規制水準が引き下げられると，金利水準が市場均衡の金利水準に近づくこととなり，社会的余剰は増加するため望ましい政策である。

2.4　ま　と　め

　以上の分析により，貸金市場は借り手に関する情報の非対称性が著しく，貸倒れリスクが高いため，こうした背景を反映した貸出しを業者は行っている。したがって，金利が高くなるにつれて貸金業者は貸出しを減らす傾向にあるため，情報の非対称性が大きい場合は，まず貸出金利の上昇により貸出

190　第 II 部　政策編

機会が削減される。本章で明らかになった点は，次の3点である。

　第一に，貸出供給曲線は右下がりとなっており，貸金市場はワルラス不安定の状態にあると言える。第二に，現行の貸金市場においては，上限金利規制の水準で貸出しが行われており，供給曲線が右下がりで，かつ超過需要が発生している。第三として，上限金利規制の引下げに対する他の貸金業者の追随率は低く，金利引下げ規制の対象となっていないクレジット・カード会社や信販会社などは必ずしも貸出金利を引き下げているようには見えない。

　したがって，2000年6月に施行された上限金利の引下げの効果は，貸金市場にはそれほど影響を与えていないように思われる。だが，供給曲線が右下がりかつ超過需要が発生している状況では，上限金利規制の水準が引き下げられ，市場均衡の金利水準に近づくほど，社会的余剰は増加することになる。よって，上限金利規制引下げ政策は，社会的に見て望ましいものである，ということができる。

　ただし，政府が貸金市場についてどれだけ詳細な情報を有しているかは判断できないため，規制強化による規制の失敗が発生して社会的利益が失われる可能性はある。この時期の金利水準では不均衡状態で超過需要が発生していると考えられる。需要曲線の形状が完全にわからないかぎり複数均衡の可能性などがあるため，望ましい上限金利を導き出すことは困難であり，安易に上限金利を引き下げる政策は危険性が伴うことにも配慮すべきである。

　また，貸金業者が貸出しを行う際に，内部資金の量が制約になっていない。すなわち，貸出量が内部資金に依存しておらず，業者は外部資金を調達する際，エージェンシー・コストが高くなく，負債による規律は働いていない。このことは，ノンバンク社債法の制定があったことで，社債資本市場へのアクセスが緩和された影響も追い風となっており，資金調達に関する制約の可能性はほとんど見られないと言えるだろう。

　もっとも，上記の分析結果については，上場している大手の貸金業者20社を研究の対象としたものであるため，サンプルがかなり限定されている可能性があるという問題を内包している。その結果，上場している大手の貸金業者のみを対象とした本研究の結果と中小の企業，あるいは個人業者を含めた分析結果とは異なる可能性も予想される[46]。だが，本研究においては上限

金利引下げの対象となっている消費者金融と事業者金融だけでなく，その対象となっていない販売信用を含めた貸金を分析の対象とすることにより，政府の貸出金利規制の強化が，貸金市場全体にどのような影響を及ぼすのか，どのように効果が浸透してゆくのかが見えてくる．

3. 九州地区の貸出供給曲線に関するシミュレーション結果について

　ここでは，実際の貸金業者の貸出供給関数が，貸出約定金利の低い水準では右上がりで，その後反転し，貸出約定金利の高い水準で右下がりとなるか，すなわち，後方屈折（backward bending）型の曲線となるのかについて，熊本県及び大分県の弁護士の協力により得られた，貸金業者を利用した人を対象にアンケートしたデータ（2006年）を用いて検証してみる．回収できた有効な回答数は熊本県の86人，大分県の場合は54人であった．熊本県アンケートの集計結果によると，熊本県は借り手の所得の分散（σ^2）が21.3，平均（μ）が35.1（万円）であった．大分県は借り手の所得の分散（σ^2）が30.2，平均（μ）が39（万円）であったため，熊本の貸金業者は借り手の所得の分散は21.3，平均は35.1，一方，大分の貸金業者は借り手の所得の分散は30.2，平均は39の正規分布であると想定しているとする．さらに，借り手の最低消費額 c を 8 万円であるとする．また，借入調達金利（r），貸出しにかかる限界費用 $C'(L)$ は貸出額や貸出約定金利に比して十分

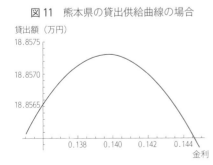

図 11　熊本県の貸出供給曲線の場合

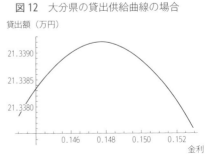

図 12　大分県の貸出供給曲線の場合

小であり，$(1+r)C'(L)=1.01+\dfrac{L}{10000}$ とする（ただし，$C(L)=\dfrac{1}{2}\left(\dfrac{L}{100}\right)^2$ を想定）。横軸を貸出約定金利（比率），縦軸を貸出額（万円）とすると，シミュレーションした結果の供給曲線は図11，図12のように表されている。

　たとえば，図12を見ると，大分県の貸金業者は貸出約定金利が14.8％の水準になるまでは貸出額を増加させる傾向にあるが，それを超える水準になると，貸倒れリスクを考慮して徐々に貸出額を減らすことがわかる。つまり，貸出金利が高いと貸出額を増加させると考える従来の右上がり一辺倒の供給曲線の想定が，現実の貸金市場においては当てはまらない。さきほどの理論モデルにおいて，供給曲線が後方屈折（backward bending）型であることが示されているが，上記の結果からも，こうした考えの裏付けが，実際のデータによって補強されたと考えられる。それゆえ，著者が序章（5頁の中央部分）でも言及したように，上限金利が引き下がれば，自転車操業と言われるような企業が，利子の支払いだけを視野に入れて事業を継続することができるようになる。また，金利が低くなれば，借り手のモラル・ハザードが発生しにくくなり，返済可能性の高い借り手の割合が以前よりも貸金市場で増加する。貸倒れリスクが減少するという意味で，貸金業者にとっても望ましい結果となる。そのため，自己破産新受件数の多い九州地域では，特に望ましい政策だったという見解が支持されるだろう。

4. 市場構造に関する考察

　ノンバンクは，預金を取り扱う金融機関と違い，無担保で高金利の与信を行う。これまでの論調からもわかるように，情報の非対称性に伴う逆選択の問題が発生している可能性が高い。以下，消費者金融市場において，情報の非対称性が存在し，逆選択の問題があるという想定の下で，貸し渋り問題と自己破算件数の関係について最後に考察する。

　まず，利息制限法の強化の前後で，自己破産件数がどのように変化したのかを見てみよう。実際の自己破産件数ではなく，自己破産新受件数を用いる

のは，それが実際の自己破産件数より正確に表していると考えられるからである[47]。実際には，免責決定まで1年ほどの審議の経過が必要になること，また，破産申立てをしたからといって必ずしも免責になるとはいえないことなどから，自己破産件数をデータとして用いると，自己破産する可能性が過少に計算される可能性がある。

第4章の初めに掲載している表1は，全体の自己破産新受件数と貸金業が原因で自己破産に陥った数の推移を見たものである。利息制限法の規制が強化された2000年以降，債務者にとって免責が減少しているにもかかわらず，自己破産件数はむしろ増加傾向にある。この事実からは，利息制限法の規制が強化されたことで，自己破産者件数を低下させるようには見えない。ただし，当然のことながら自己破産に影響を与えるさまざまな要因を考慮する必要がある。

自己破産件数が増加している理由について，需要サイドの要因として，弁護士人口の増加が考えられる。弁護士の存在は自己破産という制度を認知する機会の増加になっている可能性がある[48]。一方，供給サイドの要因は，貸金業者が融資先の属性等についてきちんと調べがついた返済能力のある消費者・企業にだけ対象を絞り，返済能力の疑わしい，高いリスクの顧客に対する貸出しを控えた結果，信用割当が生じた。すなわち，業者が貸出しを控えたため，自己破産者が増加している可能性がある[49]。

ここで用いたリスクとは，借り手は自身の期待所得や属性について知っているが，貸金業者は新規の借り手に関する情報を事前には持ち合わせていない状況を指し，情報の非対称性に由来すると考えられる。銀行などの預金を取り扱う金融機関は担保権を設定することにより，こうした情報の非対称性の問題に対処しているが，従来の銀行取引と違い，ノンバンクは無担保で与信業務を行わなければならない。その結果，審査期間も一般の金融機関に比べて短く，借り手である消費者・企業の質や行動を観察できないため，逆選択の問題が生じやすい。

他方，消費者金融市場から貸借しようとする利用者は，自分のタイプについてはよく知っているため，返済する可能性が低い人は，高い金利を支払う契約を結んでも借入れしようとする。しかし，返済する可能性が高い利用者

194　第 II 部　政策編

表10　貸金業者の登録数の推移

	財務局登録業者数	都道府県登録業者数	合　　計
1996	1,281	31,521	32,802
1997	1,268	30,400	31,668
1998	1,228	30,186	31,414
1999	1,195	29,095	30,290
2000	1,168	28,543	29,711
2001	1,090	27,896	28,986
2002	1,000	26,551	27,551
2003	929	25,352	26,281
2004	839	22,869	23,708
2005	762	17,243	18,005
2006	702	13,534	14,236
2007	664	11,168	11,832
2008	580	8,535	9,115
2009	473	5,705	6,178
2010	409	3,648	4,057
2011	349	2,240	2,589
2012	330	2,020	2,350
2013	315	1,902	2,217
2014	302	1,811	2,113
2015	299	1,712	2,011
2016	292	1,634	1,926
2017	285	1,580	1,865

（出所）貸金業関係資料集（金融庁）

は，高い金利を支払ってまで借入れしようとはしない。その結果，消費者金融市場に資金を供給する業者がいなくなるか，もしくは貸出金利が引き上げられ，貸倒れリスクの高い利用者を対象とした業者のみが残るというのが，逆選択という現象である。無担保の貸出市場は情報の非対称性が非常に深刻になると考えられている市場の1つで，消費者金融市場においては逆選択の問題が発生し，信用割当が起こっていると考えられる[50]。

　また，コマーシャル費用，個人情報の蓄積等の固定費用が大きく，参入障壁がとても大きい。そのため，なかなか消費者金融市場に参入する業者がいないことも理由の1つとして考えられる。たとえば，貸金業者の推移を示し

た表 10 をみると，知事の登録を受けている業者の数が年々減少している。消費者金融の利用者側にとっても，他の貸し手を捜すのが困難で，借りたい人が借りられないで自己破産の選択をせざるを得ないのかもしれない。こうした，業者が市場から退出する割合が高まっている理由として，市場構造が競争市場から，独占（寡占）市場に移行している可能性がある。

　そこで，消費者金融市場において果たして逆選択の問題が起こっているのかの疑問を答えるため，前節のように借り手に関する情報の偏在性が原因で市場の失敗が実際に起きているのかを検証するだけでなく，さらに消費者金融市場が競争的状態に近いのかそれとも寡占的であるのかについても考察することが必要である。特に，消費者金融市場は，情報の非対称性があるため，業者は貸出しを控え，市場が競争的なのか，それとも貸し手独占に近い状況なのかで貸渋りの深刻度が変わるであろう。

　仮に市場が独占（寡占）であれば，業者はより多く貸出しをしようとすれば，借り手は低い金利でないと借りてくれないことを想定し，高い金利で少ない貸出しをする。さらに，情報の非対称性があれば，ますます貸出しは少なくなる[51]。したがって，独占状況にある場合は，貸倒れリスクを考慮するため市場均衡水準よりも貸出額が少なく，さらに競争状況に比べ高い金利で貸出しをしている可能性がある。

　特に，情報の非対称性がある場合，独占的貸出額よりもさらに過少貸出しが発生する可能性も予想できる。だが，市場が競争的であれば，業者の数が多いため，貸倒れリスクを考慮に入れた貸出しをしても，独占状況に比べ低い金利でより多く貸出しをしており，それほど貸渋りが深刻でない。そのため，自己破産率のアップにそれほど寄与していない可能性がある。

　実際，表 10 を見る限り，統計の公表以来減少傾向にあるものの，知事登録業者の数は依然として 1,000 を超えており，現状では独占状況にあるとはいえない。また，貸金業登録に必要な純資産額が，法人の場合は 500 万以上，個人の場合は 300 万以上の資金で開業が可能であること，登録申請手数料が安価であることを考慮すると，比較的参入障壁の低い市場であるという見方もできる[52]。しかし，大竹（2006）によると消費者金融業者が多い場合であっても，独占状況に近い場合がある。借り手が容易に他の貸し手を見つ

けることができない場合，業者がより多く貸そうとすれば，借り手は低い金利でないと借りてくれないことを考え，業者は高い金利でしかも少ない貸出しをすると指摘する[53]。

しかし，これまでは当事者間で，高い金利でしかも少ない貸出額という契約に合意して締結しているのであれば，それが他人の法益を侵すわけでもないのにもかかわらず，これに反する特約を設けることは，資源配分の効率性の損失を発生することになると経済学者は指摘してきた。たとえば，契約交渉が対等に行われないといった優越的地位の濫用の問題については，経済学ではhold up問題として下請法，独占禁止法に関する議論を行ってきた。

hold up問題とは，不完備契約における関係特殊投資がもたらす非効率な投資の問題で，しかも交渉の相手の強さを増してしまうようなことを問題視したものである。ただし，多くの経済学者は，「一度，機会主義的行動をとるならば，潜在的な取引相手は取引を敬遠し，あるいは契約締結時に厳しい条件を要求することになるため，将来の利益を考慮するとこのような行動を差し控える。」「市場メカニズムが働いている以上，優越的地位を有する取引相手はそれほど勝手なことはできず，濫用行為により公権力が介入する必要はない。経済力の格差の問題は，取引そのものへの規制ではなく，経済力のある者の利益の一部を課税等によって徴集し，経済力のない者に分配することにより解決するべきである」と，優越的地位の濫用規制の存在そのものに疑問を投げかける。

さらに，取引先企業との関係で優越的地位にある金融機関であるメインバンクは，契約に明記しているわけではないが，取引企業の再建のため，メインバンクは自らの社会的評判を悪くなるのをおそれ，金利の減免や債権放棄を率先して救済に乗り出す，いわば，逆境時におけるある種の保険的機能を持っていた（暗黙の契約理論）と説明がされてきた。

もっとも，メインバンク等の金融機関は評判のメカニズムが機能するから，融資に際して優越的地位の濫用が行われにくいという上記の説明が，貸金業者と借り手の関係に該当するかどうかについては慎重に扱う必要がある。確かに，バブルが崩壊する以前の日本経済においては，銀行などの金融機関の場合，借り手に対して不利益な条件を要求しても，借り手はその条件

が気に入らなければ，その他の金融機関，たとえば貸金業者に取引をシフトすることは容易であった。そのため，融資取引を継続する上で種々の要請に従わざるを得ない立場にあるという，hold up 状態に置かれているとは考えにくい。

しかし，平成不況後，不良債権の急増，銀行の自己資本比率規制による制約が厳しくなり，金融機関が企業への貸出が少なくなったことでいわゆる「貸し渋り」が発生したことは記憶に新しい。特に，貸し渋りの対象となったのは，銀行などの金融機関から資金を調達できない，担保権の設定が不可能な信用力の低い借り手である。中小企業は融資の継続を断られ，金融機関からの資金供給が十分に受けられなくなった結果，経済活動が停滞し，企業が連鎖的に倒産を引き起こす可能性が高まる。

また，表10のように貸金業者の絶対数が最近は減少する傾向にあるため，担保なしで利用できる貸金業者の数に限りがある。そして，取引先を変更する選択肢が限定されているため，取引先変更によるコスト負担は貸金業者よりも借り手には大きく，hold up 状態に置かれる可能性が高い。ただし，相手方に不利益を課す行為から当事者を保護することは，もともと，民事法の課題であり，公序良俗違反，利息制限法違反等を駆使し，不公正な取引によって不利益を被った一方の当事者を保護する規制があれば十分であるのかもしれない。また，多くの経済学者の研究を見る限り，市場メカニズムが働くことが可能であれば，優越的地位の濫用規制が特別に必要であることの根拠を挙げることは現時点では困難であると考えられる。

ただし，融資契約における取引当事者間の交渉力の格差が存在することは珍しいことではない。たとえば，交渉力の点で「立場の弱者」の側が代替的選択肢を持てないというという視点が必要であること，それが原因で貸し渋り問題に代表されるような，市場メカニズムが機能していない可能性があるなど，市場機能が有効に働く取引環境にあるか再検証する余地が残されている。もっとも，貸金業者の貸し出しは，きわめて多くの要因から影響を受け，そのうち，市場の失敗による影響がどの程度だったかについて定量的に計ることが難しい側面がある。

5. 第4章のまとめ

　契約の当事者間で合意して締結し，それが他人の法益を侵すわけでもないのにもかかわらず，これに反する特約を設けることはできないとする強行規定は，資源配分の効率性を損ない，現実に社会的損失を発生させることになると経済学者は警鐘を鳴らしてきた。また，政府は貸金市場についてどれだけ詳細な情報を有しているかは判断できないため，規制の運用の失敗が発生し，社会的利益が失われる可能性があるからである。

　そこで，規制による副作用が日本の貸金市場においても実際見られるのかの検証を行った。分析の結果，明らかになったのは以下のとおりである。まず，貸金市場は借り手に関する情報の非対称性が著しく，貸倒れリスクが高いため，こうした背景を反映した貸出しを業者は行っている。したがって，金利が高くなるにつれて貸金業者は貸出しを減らす傾向にある。特に，情報の非対称性が大きい場合，まず貸出金利の上昇により貸出機会が削減される。貸出供給曲線は右下がりとなっており，貸金市場はワルラス不安定の状態にあると言える。

　ただし，貸金業者が貸出しを行う際に，内部資金の量が制約になっていない。すなわち，貸出量が内部資金に依存しておらず，業者は外部資金を調達する際，エージェンシー・コストが高くなく，負債による規律は働いていない。このことは，ノンバンク社債法の制定があったことで，社債資本市場へのアクセスが緩和された影響も追い風となっており，資金調達に関する制約の可能性はほとんど見られない。

　しかし，現在の上限金利水準では不均衡状態で超過需要が発生しており，貸金業者が資金調達に苦慮していないのだが，貸渋りが起こっている可能性は高い。上限金利を引き下げる政策により，借り手のモラル・ハザードが発生しにくくなり，返済可能性の高い借り手の割合が以前よりも貸金市場で増加する。貸倒れリスクが減少するという意味で，貸金業者にとっても好ましい結果となる。特に，アンケート調査から九州の大分県，熊本県の貸金業者の貸出供給曲線は，14.8%，14%の水準でそれぞれ反転していることから，

その水準までの引下げが望ましい。企業に比べ立場上弱い社会的弱者である消費者に対する処方箋として，政府は規制を設けるべきである。

[注]

1 次いで北海道が145件，佐賀県が141件，鹿児島県が134件，沖縄県が131件と続く。

2 日掛ローンは事業主などが対象で，一般のサラリーマン個人や主婦，アルバイトへの融資は禁止されている。さらに，返済期間が100日以上であること，返済金を返済期間の100分の50以上の日数にわたり，かつ，貸付けの相手方の営業所に貸金業者が自ら集金する方法により取り立てること（支払いが銀行振込などは違法）が義務付けられている。

3 質屋の利息については，質屋営業法に規定があり，質屋営業法36条では年利109.5%（上限金利），月9%（30日）と定めているが，預り金及び金利等の取締りに関する法律（出資法）5条2項の適用が排除されている。

4 もっともこの点については，ドイツの金利規制は保険料・審査費・会費・明細書発行費・通信費を別途請求可としており，フランスも保証料を認め，また両国とも規制金利を超える違約金を認めるなどの点で厳格とは言い切れないとの指摘がある。

5 その後，2007年6月に「利子制限法」が再施行され，貸出上限金利は年49%に引き下げられた。しかし，その後も高利貸付や違法な債権回収行為による金融被害者が後を絶たないことから，韓国政府の金融委員会は，消費者金融に対する規制強化のため，2010年7月から貸出上限金利を年44%に引き下げられた。

6 投資家の要求利回りは，利子率とその投資に含まれる危険を補塡するだけのリスク・プレミアムの合計として決まる。

7 情報の非対称とは，一方の経済主体は情報を持つが，相手の経済主体はその情報を持たない状況を指す。情報の非対称が原因で逆選択がなぜ起こるかについては，一般的に次のような説明がされる。2つの経済主体の間には，一方が他方よりも質・量ともに優れた，多くの正確な情報を有しているという関係がある場合，たとえば，信用リスクの高い借り手か否かを識別する手段がない場合，信用リスクの低い良質の借り手が市場から撤退してしまう可能性が高い。委託人が代理人と契約する前に，代理人が提供する商品やサービスの質を偽り，あるいは自身の能力水準や選好タイプを歪曲し，自分にとって最も有利な条件を付けて，契約を成立させようとする。その結果，市場には品質の悪いものだけがはびこり，良質のものは駆逐される（グレシャムの法則）という逆選択の問題が起きてしまう。

8 みなし弁済規定とは「一定の条件の元で利息制限法を超えた利息を取ってもよい」という法律である。43条に定める一定の条件とは，(1)登録認定を受けた貸金業者との貸借契約に基づいた返済である。(2)債務者が利息を「任意」で支払う。(3)貸金業規制法17条の所定の書面を交付しており，18条の受取証書を交付している場合

をそれぞれ指す。

9　現金自動貸付機 ATM による貸付を受けた人が ATM による返済をした場合，利息や損害金を詳しく知らないで支払いを完了し，機械から出てくる書面により，後で利息の充当を知るから，貸金業法 43 条に定める利息等としての任意の支払いとは言えない。たとえば，消費者金融の ATM により借入れした場合，ATM による返済は「みなし弁済規定」が適用されない判例がある（平成 9 年 2 月 21 日東京地裁判決—判例時報—1624 号 116 頁）。

10　みなし弁済が認められるかどうかについては厳しい条件が課されており，すべての貸出し案件について認められるものではない。特に，「債務者が約定金利による利息を任意に支払ったこと」がみなし弁済の要件とされており，借り手の意思に寄らない貸金業者による借り手の資産の差押えなどによる強制執行はみなし弁済とは認められない。

11　銀行振込みによる返済では受領書の発行請求がされた場合，直ちに送達されない場合，みなし弁済規定の適用に問題がある。特定調停や債務額確定後訴訟，不当利得返還訴訟，などでは引直し計算し，みなし弁済規定は適用されないこととなりうる。引直し計算とは，任意整理や特定調停などでは過去に支払った過剰利息を元金に充当し元金の減額をすることをいう。

12　シグナリングは，エージェントがプリンシパルに対して，自らの価値を認識させることを目途に自らに関する情報の一部を自発的に発信する行動である。

13　スクリーニングとは，プリンシパル（情報を持たない側）がエージェント（情報を持っている側）に関する情報を能動的に集めようとする行動である。

14　2006 年 1 月 13 日付けの最高裁の判決において，グレーゾーン内での金利の受取りについても実質的には制限されたことにより，こうした規制強化の動きが一気に高まったとされる（日本経済新聞 2006 年 9 月 20 日）。

15　標準的なミクロ経済学に基づけば，「異時点間消費の 2 期間モデル」によって人々の消費行動を説明することができる。たとえば，現在の所得が不足している場合でも，借入れを行うことによって得られた資金を現在の消費にあてることができる。こうした流動性制約の緩和を可能にしているのが消費者金融であるのであれば，消費者金融が担っている経済的機能は極めて基本的かつ重要な機能なのであるということになる。

16　消費者金融会社は極めて大きな貸倒れリスクに直面しているのに対し，銀行はこうしたリスクには直面していないと言える。

17　一般に銀行は借り手の所得等をしっかり調べ，リスクが低いことを確かめた上で低金利でリスクの低い借り手に貸している。それに対し，消費者金融はリスクが低いことを調べるにはコストがかかるため，借り手の所得を調べることをせず，代わりに貸倒れリスクを金利に反映させた貸出しを行っている。

18　このような想定は図 7 で示される貸出金利と貸出額の関係に基づいている。

19　消費者信用のうち，個人への金銭の貸付（小口融資）のことを消費者金融と呼ぶ。その特徴は，一般の個人に対する無担保での融資事業を中心とする貸金業の業態である。

20 貸与資産の所有権を保有しているため，無担保融資を行う企業に該当しないという
理由で，建設・不動産業，リース会社，ベンチャーキャピタルを対象から除外し
た。

21 消費者金融大手アコム，プロミス，三洋信販が東証に上場した年は1994年で，武
富士に至っては1998年である。そのため，本研究の分析する対象は比較的規模の
大きい企業に偏ってサンプルが選択されており，対象期間も90年代後半以降とな
る。

22 ただし，Tobin's q を求めるときに用いる時価総額については単独ベース値しか公
表されていないため，この変数については単独値を用いている。

23 すべての経済主体 i についてすべての時点 t のデータが揃っているとき，これをバ
ランスしたパネルデータ（balanced paneldata）という。

24 事業者金融であるロプロ，SFCG，イッコーを除き，消費者金融会社は，消費者向
けのみならず，事業者向けの貸出しも行っている企業が多い。だが，そのほとんど
が消費者向けの貸出しで，営業内訳をみると貸付高の8割以上を消費者向けで占め
るため，本研究では消費金融として扱う。ただ例外として，シンキは事業者向けの
割合の方が大きいため，事業者金融として定義した。

25 1996年9月3日の日経流通新聞によると，8月30日に株式を店頭公開したばかり
の消費者金融最大手の武富士の社長は98年度末までに，現在27.375%の貸出上限
金利を，23%台まで引き下げると公約している。

26 上限金利については，高い水準にある出資法によるもの（29.2%）と低い水準にあ
る利息制限法によるもの（20%）の2つがある。その差がグレーゾーン金利と言わ
れるものである。このグレーゾーン金利を正当化する根拠は，一定の条件の下に認
められるみなし弁済と言われるものである。貸金業者はみなし弁済が可能であるも
のについては出資法を適用し，不可能であるものについては利息制限法に振り分け
ているため，20%〜29.2%のグレーゾーンで貸出金利が推移しているように見え
る。

27 1997年〜1998年にかけて山一證券，三洋証券，北海道拓殖銀行，日本長期信用銀
行，日本債券信用銀行が経営破綻するなどの金融ショックの影響があったため，個
人及び企業は資金繰りが苦しくなり，一時的に資金の提供を貸金業者に求める傾向
が強い背景があった。それが原因で，この時期だけ貸出額が他の時期に比べ増加し
ていることが読み取れる。

28 信販会社などのショッピングクレジット（個品割賦）の長期回数支払で利息制限法
を超える金利であっても，割賦販売法が適用されるため，貸金業法・利息制限法な
どの規制は一切受けない。しかし，金融庁の公表している「貸金業者各実態の貸付
金残高の推移」を見ると，消費者金融に加え事業者金融及びクレジット会社を含め
た貸金業者全体での貸付残高は，上限金利規制改正の2001年移行は増加傾向にあ
る。

29 さらに，規制の引下げの対象となった企業のうち，不祥事を起こしたことのある貸
金業者とそうでない貸金会社という比較を行い，貸出しとその貸出金利に違いがあ
るのかに注目してみた。だが，貸出金利の平均値が不祥事を起こした貸金業者は約

24.2%であるのに対し，それ以外の貸金業者は約23.7%であり，χ^2検定を行ってみたところ，貸出金利に統計的に有意な差を導くことができなかった。不祥事を起こしたからといって貸出金利が必ずしも高いとはいえない。むしろ，不祥事が起こることで社会的非難を受け止めて貸出金利の引下げに踏み切ったように見える。このように両者に差があることが確かめられなかったため，本研究においては不祥事を起こしたか否かで分類するのをやめて同様に取り扱うことにした。

30 基本統計量を見る限り，貸出高がノンバンク全体の中で事業者・消費者向けの消費者金融会社が極めて大きいとは言い切れないため，規制の引下げの対象となった企業だけを対象とするのでは貸金市場全体の動向を語ることは困難である。

31 たとえば，1995年にアコムが消費者金融としてはじめてCPの許可が下りている。

32 負債比率についても本来は負債比率の2乗項を加味したいところだが，負債比率と相関が高いため，本研究では説明変数の候補から外すことにした。また，短期借入金，1年以内借入金，長期借入金については相関係数を見ると0.9と高いので，これらの変数については取り扱いに注意した。具体的には，3つの変数の中からひとつずつ選択して3通り推定しているが，推定結果はほとんど変わらなかったため，紙面上の都合，銀行からの借入利回りは，長期借入れを説明変数に加えた結果しか記載していない。

33 内部資金と金利の情報から，資産の長期的資本構成が計算できるはずであるが，本研究で注目する短期的な調整過程においては，前期の実際の資産構成がどのようなものであったかということも重要な決定要因となるであろう。そこで，1期前の貸出額をも説明変数に含めることにする。

34 この場合は，図5で説明した市場均衡Aを上回る水準$R_{l,t} \geq R_{l,t}^*$を想定した定式化である。

35 内生性バイアスを取り除くという点については，両辺を1階の階差をとれば，固別効果は消去されてしまう。そこで，有効ではないが一致推定を満たすAnderson and Hsiao（1981）が主張する操作変数法を利用する。

36 Baltagi（2001），Wooldridge（2001）にも示されているが，ラグつき従属変数が説明変数に含まれる場合，ラグつき従属変数が強外性（t期の誤差項がすべての期の説明変数と観察されない個体効果から独立である）の仮定を満たさないため，固定効果モデルによる推定量は一致性を持たない。ただし，ラグつき従属変数が説明変数に含まれていても，弱外性（t期の誤差項がt期以前の期の説明変数と観察されない個別効果から独立であるということであり，$t + 1$期以後の説明変数とは相関していても構わない）の仮定さえ満たされていれば，操作変数を用いることによって，この問題を回避して推定する方法がAnderson and Hsiao（1982），Arellano and Bond（1991）等により示されている。

37 過剰操作変数の問題を避けるために説明変数は原則ラグを1期に限定している（被説明変数である貸出金利のみ2期）。これは，サンプルの大きさに対して操作変数の数が多すぎると内生変数が過適応し，結果がOLSに近づくことがあるからである。注意すべき点は，操作変数が多すぎる場合にはHansen J統計量のp値が1に近づくことである。なお，本研究におけるArellano and BondのGMMは頑健な標

準誤差を用いたワンステップ推計を用いている。

38 情報の非対称性が大きく資金調達源に明確な優劣がある場合は，内部資金が多い企業のほうが，貸出しが活発になる。逆に，資本市場が法的に整備されており，経営者・外部投資家・債権者の間で，情報の非対称性の影響が存在しない場合は，内部資金の大きさは企業の貸出しに影響を与えない。

39 Myers（1977）や Hart and Moore（1995）においては，負債比率の増加が節税によって企業価値を増加させる一方で，債権者と経営者間の情報の非対称性によるエージェンシー・コストの増加により，過少貸出問題を発生させ，企業価値を低下させることを指摘している。負債が大きい企業は倒産確率が高くなり，経営危機に陥りやすい。経営危機に陥った企業は，正の収益が予想される貸出機会を実行しても，その収益は債権者が優先して得るため，経営者は利益を得ることができず，経営者は貸出しへの意欲を失いうる。

40 金利，利回りについては社債明細書，借入金明細書に記載している平均利率（最終利回り）をそれぞれ用いた。

41 もっとも構造型においても，3段階最小2乗法などで需要曲線を推定する場合は，需要関数についての金利パラメータについても直接知ることができるため，均衡仮説の検証は可能である。ただし，本研究では，自己ラグ項と個別効果から生じる問題を避けるため，GMM 推定しているため，明示的に需要曲線に対する金利パラメータを知ることができないので，不均衡分析の際に用いる検定は誘導型でとどめざるを得なかった。

42 これは，Wu-Hausman 検定より，帰無仮説が有意水準5％で棄却されるため，$R_{i,t}$ は内生性があると判断され，OLS 推定では一致性を満たさない。GMM 推定との比較のため，自己ラグ項と個別効果の問題はあるが，Fixed model を操作変数法で推定した結果も表7の右端に載せている。

43 他にも本研究では採用していないが，GMM 推定とほぼ同一の結果を示すと言われる最尤法でも可能である。最尤法とは，需要関数と供給関数が定式化され，消費者金融への需要と供給の小さい方が実現するという仮定の下で，初期値と誤差項の分布を特定し，尤度を最大にするように需要関数・供給関数のパラメータを推定する方法である。具体的な尤度関数の定式化は Kiefer（1980）によって与えられている（Maddala（1983）を参照）。ただし，この方法は金利の変化という情報によって超過需要か超過供給かを行わないため，本研究のように金利が貸出額に与える影響に着目した研究には沿わない可能性がある。

44 誤差項が操作変数と直交しているかどうかを示す Hansen J 統計量の p 値と誤差項 $u_{i,t}$ が2階以上の系列自己相関しているかどうかを示す Arellano-Bond 統計量を表示してある。ほとんどの GMM 推計でこれらの条件が満たされているため，ここでは最小2乗法の結果より GMM の結果を重視することにする。

45 負債による資金調達を用いた場合，外部投資家と経営者の間のエージェンシー・コストも高くなるため，負債には過剰貸出しの抑制効果もある。

46 たとえば，上限金利が引き下げられたことで，経営難に陥っている貸金業者の営業利益をさらに圧迫し大きな打撃を与えるとして危惧する意見もある。貸金業者の間

204　第 II 部　政策編

では，低い金利で優良な借り手を獲得すべく激しい競争が起こり，そうした優良な顧客の獲得に成功した体力ある企業と，そうではない特に中小の貸金業者との格差が拡大し，二極化が進むと考えられるのであれば，中小の貸金業者についても考察する必要性がある。

47　破産申立てをしてから 1〜2ヵ月後くらいに裁判所で免責申立てをして破産宣告を宣言し，それから 5〜6ヵ月後に裁判所に免責申立てをし，さらに免責審尋から 1ヵ月半〜2ヵ月くらい後に免責決定がされる。

48　2003 年度の弁護士登録数は全国で約 2 万人だが，その 6 割が東京都と大阪府に集中している。したがって，弁護士人口の偏在があるため，地方（人口過疎地域）においては弁護士に相談するアクセスコストは相対的に高くなるため，自己破産が起こりにくいことが予想される。

49　もちろん，消費者金融から借金をする者の多くは，他の消費者金融から借金をしていて，それを返済するために別の消費者金融業者から借り入れを繰り返すことがあることは言うまでもない。

50　資金の貸借の契約を結ぶときに情報偏在を利用した機会主義的行動は，「逆選択（adverse selection）」として捉えることができる。逆に貸借の契約後において，情報偏在を利用した機会主義的行動は，モラル・ハザード（moral hazard）とそれぞれ呼ばれる。

51　情報の非対称性がある場合，貸倒れ損失が発生する可能性が大きいので，貸出しはさらに少なくなっているはずである。逆に情報の非対称性がない場合，貸倒れ損失が発生しにくいから，情報の非対称性がある場合に比べ，貸出しは多い。

52　もっとも，平成 18 年 12 月 13 日成立の貸金業法の改正により，貸金業新規登録には純資産が 5,000 万円以上であることが求められている。（施行後 1 年半以内に 2,000 万円，上限金利引下げ時（施行後 2 年半以内）に 5,000 万円の順に引き上げなどで，参入条件の厳格化が進んでいる。）また，2003 年 11 月に新規・更新手数料が 4 万 3 千円から 15 万円に引き上げられるなど，登録審査の厳格化が進められた。

53　大竹（2006）によると，純粋な完全競争市場が存在することはほとんどなく，また，どの企業も全く同一の財を生み出しているという事態も非常に珍しい。たとえば，顧客の貸倒率が反映するため，顧客によって貸出金利は大きく異なるはずである。それにもかかわらず，個々の顧客に対する貸出金利のばらつきが小さい（ほとんどが，上限金利水準 29.2％で貸出しをしている）ということは，個々の企業が一定の価格支配力を持っている，すなわち市場構造が独占的であることを示唆していると指摘する。

（三好祐輔）

第5章

司法制度改革が民事訴訟に及ぼす影響

　日本で法律を持ち出すことは平和的な解決を断念し，本格的な敵対関係に入ることを意味する。日本人の「法の支配」の意識は，国民の日常生活においては未だ浸透していない。特に九州や四国といった地方ではムラ社会があり，紛争を公にすることをはばかる気風が依然残っている。「法が社会の血肉と化す」ため，法を使う社会への転換が図られるといった法化社会が誕生したとしても，日本も米国型の訴訟社会になれるだろうか。多くの法曹関係者が抱いている疑問である。

　私人間の一定の法律関係をめぐる争いを国家が強制的に解決する制度は，民事訴訟制度と呼ばれ，その中核となるのは，判決手続である。ただし，当事者主義的に弁護士に委ねられているため，多大な時間が掛かり，結果的に非常に高額なものとなる。たとえば，契約の不当条項や個人情報流出など，多数の消費者が少額の損害を被る案件では，被害者は訴訟費用や手間を考えて泣き寝入りしかねない。そこで，個人が自由に活動し，その成果を享有することができる社会を維持するため，所有権や契約上の権利を保護し，それを強制的に実現する途が用意されていなければならない。国家は，自力救済を禁止し，権利を強制的に実現する制度を設営することになった。そこで裁判所を設け，この制度の運営に当たらせたのである。

　一方，国家は個人の自由を尊重し，私人の生活にみだりに介入してはならないという考え（自由主義の原理）に基づいている。それゆえ，国の司法機関である裁判所が自発的に私人間の紛争に干渉することは許されず，裁判は当事者の申立てがあった場合にのみ開始される。これを「訴えなければ裁判なし」ないし「不告不理の原則」と呼び，民事訴訟手続の基本原則の一つとなっている（民事訴訟法第246条）。つまり，民事訴訟法は，この原則につい

て直接的に定めていないが、「裁判所は当事者が申立てていない事項について、判決をすることができない」と定めている。

　しかし、訴訟で自らの権利の実現を求めることは社会的な害悪なのか。何かトラブルがあれば、すぐに訴訟に訴えるというような人間関係は、「和をもって貴しとする」日本社会、特に地域社会には合わないから、当事者間の和解によって終わることが望ましいと考えるなら、法律家を必要以上に増やす必要はなかったはずである。この章では、訴訟増加によって考えられる当事者の費用と便益とは各々どのようなものか、司法制度改革による具体的な政策の取組みについて見てゆく。

1. モラル・ハザード問題とその回避策

　一般に、ある主体が他の主体に業務を委託し、前者の主体が後者の主体に対して報酬を支払う関係を、依頼人・代理人関係（principal-agent relationship）という。法的サービスを受けようと考えている依頼者と弁護士の関係も、この依頼人・代理人関係の1つと考えられる。通常、裁判に関する手続き等については、依頼人よりも代理人である弁護士のほうが業務に関する必要能力が高く、裁判の結果に関する予測も弁護士のほうが秀でているため、訴訟に持ち込める案件かどうか意思決定が適切に行えるために成立する分業と捉えることができる。

　ただし、依頼人と代理人の間で、必ずしも利害が一致するとは限らないという問題点がある。たとえば、依頼人は業務の遂行によって得られる成果のみに関心があるのに対し、代理人は業務の遂行によって発生する努力費用にも関心があるため、両者には利害の一致が必ずあるとは限らないのである。したがって、情報の非対称性が存在し、依頼人が代理人の行動を観察できないとき、代理人が依頼人の利益に沿った行動をとる保障はない。これをモラル・ハザードの発生という。そこで、情報の非対称性の下で、モラル・ハザードの問題に陥るかもしれない代理人を効率的な業務遂行を目指すように規律付けるためのひとつの候補と考えられる、インセンティブ契約について

見てゆく。

　経済学では，代理人の行動そのものを観察できなくても，行動の成果について観察できる場合，成果が代理人の努力水準と関連しているならば，成果と代理人の報酬を連動させ，代理人に努力水準を高めるインセンティブを与えることができると考える。真面目に働いているかどうかがわかりにくいのに，固定報酬を支払う契約をしているなら，代理人は仕事業務の手を抜くだろうと考えるのである。こうした成果連動型報酬は，必ずしも一致しない依頼人と代理人の利害を報酬構造の操作を通して近づけることのできるメカニズムと解釈できる。このような成功報酬契約を通してリスク回避度が高い主体からそれが低い主体に移転するため，保険制度のように資源配分を効率的水準に導くことができると考えることができる。

　固定報酬だと努力する意欲が減ってしまう代理人には，成果連動型報酬を用いて対応することでいいが，代理人がリスク回避的な経済主体である場合，こうした成果連動型報酬は，代理人の責任でない不確実性がもたらすリスクを代理人に一方的に負担させることになるという，インセンティブとリスク負担のトレード・オフという問題を孕んでいる。つまり，成果連動型報酬だと，自分の努力とは無関係な理由で成果が変動してしまった場合も，代理人の収入が変動してしまう。それなら，少し収入を下げてでも報酬に固定的な要素を増やしてもらいたいとリスクを嫌う代理人なら思うはずである。

　2004年の弁護士報酬規定の撤廃は，法的サービスを提供する弁護士にとって，インセンティブとリスク負担のトレード・オフという問題に直面することになり，弁護士がリスク回避的な経済主体かどうかが，報酬に占める着手金・成功報酬の割合と民事訴訟件数の関係に直接反映されることになる。仮に，成果報酬割合の程度を高めた方が，固定報酬割合を高めることよりも法的サービスを弁護士が請け負っているという関係が見られるのであれば，弁護士は成果主義的な報酬体系を選好していることがわかる。そこで，依頼人・代理人関係のモデルを用いることで，弁護士報酬規定の撤廃が，法的サービス市場でうまく機能しているかどうかの試金石となるであろう。以下では，司法制度改革による法曹関係者の数が増加することによる影響について見てゆく。

2. 法曹人口拡大の具体的な政策

　訴訟救助とは，訴訟の準備や追行に必要な費用を支払う資力がない者，または，その支払いにより生活に著しい支障を生ずる者に対し，裁判所は，申立てにより，訴訟上の救助の決定をすることができる（民事訴訟法 82 条第 1 項）。たとえば，裁判費用や裁判所が付添いを命じた弁護士の報酬や訴訟費用の支払いを猶予することができる。なお，当事者費用は含まれない。また，裁判所は，その私利私欲のためにむやみに起こされたものはなく，社会的に見て弁護士を雇うことが必要であり，勝訴の見込みがないとは言えないときに限り，救助を決定することができる（民事訴訟法 82 条第 1 項但し書）。

　一方，法律扶助とは，昭和 27 年，日弁連によって法律扶助協会が設立され，資力がなく法的制度を利用できない者に対し，訴訟費用を立て替えるなどの支援がなされてきた。そして 2004 年 6 月に公布された総合法律支援法に基づき，日本司法支援センター（法テラス）が設けられ，同センターによって引き継がれ，代理援助，書類作成援助，法律相談，付帯援助などの支援が行われている（総合法律支援法第 30 条第 2 号参照）。

　また，弁護士過疎対策として，弁護士会が主導し，弁護士過疎地域に公設法律事務所を設置したひまわり基金や「公設事務所」を設置し，弁護士を派遣し，法律サービスを展開している。これは，訴訟利用率を上げるという意味だけでなく，仲裁，調停，斡旋などを促進することで，国民がより身近に司法制度を利用できるようにすることを狙い，裁判外紛争処理制度（ADR）としての機能を拡充する意味合いもあった。さらに，司法アクセスの拡充のため，法曹人口拡大政策として次のような取組みがこれまで行われてきた。2001 年度の司法制度改革審議会意見書では，たとえば，法曹人口の増大という点から，司法試験合格者数を 2004 年には 1,500 人達成を目指し，さらに，2010 年頃には新司法試験の合格者数の年間 3,000 人達成を目指すべきであるといったものが出た。また，司法書士の簡裁訴訟代理等関係業務が可能となった。

　さらに，法曹人口拡大政策以外の取組みとして，1998 年には少額訴訟費

第 5 章　司法制度改革が民事訴訟に及ぼす影響　　*209*

表 1　民事事件による弁護士の報酬・費用（弁護士報酬規定）

【民事事件】		
1　訴訟事件（手形・小切手訴訟事件を除く）・非訟事件・家事審判事件・行政事件・仲裁事件	着手金	事件の経済的な利益の額が 300 万円以下の場合　　　　　　　　経済的利益の 8% 300 万円を超え 3,000 万円以下の場合　　　5%＋ 9 万円 3,000 万円を超え 3 億円以下の場合　　　3%＋ 69 万円 3 億円を超える場合　　　　　　　　2%＋ 369 万円 ※着手金の最低額は 10 万円
	報酬金	事件の経済的な利益の額が 300 万円以下の場合　　　　　　　経済的利益の 16% 300 万円を超え 3,000 万円以下の場合　　　10%＋ 18 万円 3,000 万円を超え 3 億円以下の場合　　　6%＋ 138 万円 3 億円を超える場合　　　　　　　　4%＋ 738 万円

裁判所への申し立て手数料

訴訟額	訴状に貼る印紙代	訴訟額	訴状に貼る印紙代	訴訟額	訴状に貼る印紙代
（万円）	（円）	（万円）	（円）	（万円）	（円）
5	500	110	9,300	～1,000 万円 20 万円ごとに	1,000
10	1,000	120	10,000		
15	1,500	130	10,700	1,000～1 億 25 万円ごとに	1,000
20	2,000	140	11,400		
25	2,500	150	12,100	～10 億 100 万円ごとに	3,000
30	3,000	160	12,800		
35	3,400	170	13,500	10 億～ 500 万円ごとに	10,000
40	3,800	180	14,200		
45	4,200	190	14,900		
50	4,600	200	15,600		
55	5,000	210	16,300		
60	5,400	220	17,000		
65	5,800	230	17,700		
70	6,200	240	18,400		
75	6,600	250	19,100		
80	7,000	260	19,800		
85	7,400	270	20,500		
90	7,800	280	21,200		
95	8,200	290	21,900		
100	8,600	300	22,600		

210   第 II 部　政策編

表 2　法曹三者の人口推移

	1993	1994	1995	1996	1997	1998	1999	2000
弁護士（人）	14,953	15,212	15,110	15,975	16,398	16,853	17,283	17,130
検察官（人）	1,184	1,190	1,229	1,270	1,301	1,325	1,363	1,375
裁判官（人）	2,036	2,046	2,058	2,073	2,093	2,113	2,143	2,213
	2001	2002	2003	2004	2005	2006	2007	
弁護士（人）	18,246	18,851	19,523	20,240	21,205	22,056	23,154	
検察官（人）	1,443	1,484	1,521	1,563	1,627	1,648	1,667	
裁判官（人）	2,243	2,288	2,333	2,385	2,460	2,535	2,610	

（出所）弁護士白書 2010 から

用を引き下げる少額訴訟（現在では訴額 60 万円以下の金銭請求）制度が導入され，2003 年に裁判の迅速化を進める裁判迅速法が制定され，そして，報酬規定のあった弁護士報酬額は 2004 年から原則自由化された[1]。

　特に少額訴訟手続[2] の場合，一般的に法律の専門家でない人でも自分で手続きができるようになっており，60 万円以下（2004 年 4 月 1 日までは 30 万以下）の金銭の支払いの請求であれば，少ない費用（印紙代＋切手代）で即日判決紛争の解決ができる[3]（民事訴訟法 368 条-381 条）。また，正式な裁判手続をしなくても，判決などと同じように裁判所から債務者に対して金銭の支払いを命じる督促状（支払督促）を送ってもらえる（民事訴訟法 382 条）[4]。

　民事訴訟件数の時系列データを示した表 3 を見ると，少額訴訟の訴額の上限を 30 万から 60 万に引き上げたことが原因で，98 年には 8,348 件だったのが，2003 年には 18,117 件，そして 2007 年には 22,122 件と活用された。しかも平均審理期間が長引かなかったということは，司法アクセスの拡充が成功したことを意味する。もっとも，簡裁が取り扱える請求の上限を 140 万に引き上げた 2004 年以降，若干審理期間は長くなっている。しかし，1993 年に訴訟件数が年間 228,840 件だったのが，2004 年には 349,371 件，そして 2007 年には 475,858 件と 2 倍以上にまで増加しているのを斟酌すれば，欧米のように混雑現象が起こり，法的サービスが機能不全しているとまでは言えないであろう。

　また地裁では，訴訟件数は増加していない。弁護士の数は 2000 年以降格

第 5 章　司法制度改革が民事訴訟に及ぼす影響　　*211*

表 3　簡易裁判と地方裁判における訴訟件数と審理期間の推移
訴訟件数

年　　代	1993	1994	1995	1996	1997	1998	1999	2000
第一審通常訴訟（簡易裁判）	228,840	245,189	245,749	267,315	276,784	306,984	303,479	298,053
少額訴訟						8,348	10,027	11,128
第一審通常訴訟（地方裁判）	152,268	155,281	153,034	150,793	153,798	161,775	160,975	164,072
年　　代	2001	2002	2003	2004	2005	2006	2007	
第一審通常訴訟（簡易裁判）	306,310	313,592	337,646	349,371	355,714	398,501	475,858	
少額訴訟	13,504	17,181	18,117	21,761	23,584	22,679	22,122	
第一審通常訴訟（地方裁判）	160,888	161,000	162,512	142,180	135,610	151,694	185,285	

訴訟に要する審理期間：単位（ヵ月）

年　　代	1993	1994	1995	1996	1997	1998	1999	2000
第一審通常訴訟（簡易裁判）	2.6	2.6	2.5	2.4	2.4	2.3	2.2	2.1
少額訴訟の審理期間						1.5	1.6	1.6
第一審通常訴訟（地方裁判）	10.1	9.8	10.1	10.2	10	9.3	9.2	8.8
年　　代	2001	2002	2003	2004	2005	2006	2007	
第一審通常訴訟（簡易裁判）	2	2	2	2	2.1	2.1	2.2	
少額訴訟の審理期間	1.6	1.6	1.6	1.6	1.6	1.6	1.6	
第一審通常訴訟（地方裁判）	8.5	8.3	8.2	8.3	8.4	7.8	6.8	

（注）少額訴訟は 1998 年以降に導入された。
（出所）最高裁判所事務総局，日本弁護士連合会

段に増加傾向にあるなか，地裁では 1993 年は訴訟件数が年間 152,268 件，2006 年は 151,694 件と概ね一定水準にとどまっているため，弁護士の数を増加させることで，法的サービスを有効利用できているわけではない[5]。さらに，簡裁で扱われる民事事件は，その大半がクレジット関係の事件であったことに着目すれば，貸金における契約問題に関する法改正の影響ではないだろうかという想像が容易に働く。

　強行法規である利息制限法の上限金利を超過する利息契約は無効であるため，本来は利息制限法を超える部分の金利は払う必要はない。もし支払ったのであれば，それは元金の返済に充当され，過払いが生じていれば弁護士・認定司法書士等による交渉，訴訟によって債務者へ返還させることができる。その結果，不当利得の返還を求め，特に 2006 年以降，過払い請求に関

212　第 II 部　政策編

表 4　訴訟金額：200 万円の場合

債務不存在（過払い）の例（簡裁扱い）
訴訟で解決の場合

| 2002 年 | 着手金（万円）14.78 | 訴訟額に占める着手金の割合 0.074 |
| | 報酬金（万円）18.84 | 訴訟額に占める成功報酬の割合 0.094 |

2005 年	回答者	着手金（万円）	訴訟額に占める着手金の割合
全国	996	14.23	0.071
関東弁連	323	14.92	0.075
近畿弁連	139	14.37	0.072
中部弁連	84	14.77	0.074
中国地方弁連	78	14.74	0.074
九州弁連	108	14.27	0.071
東北弁連	96	11.77	0.059
北海道弁連	82	13.05	0.065
四国弁連	86	14.3	0.072

2005 年	回答者	報酬金（万円）	訴訟額に占める成功報酬の割合
全国	992	19.72	0.099
関東弁連	322	21.40	0.107
近畿弁連	140	20.49	0.102
中部弁連	82	18.91	0.095
中国地方弁連	76	19.59	0.098
九州弁連	109	19.29	0.096
東北弁連	96	16.45	0.082
北海道弁連	82	17.07	0.085
四国弁連	85	19.78	0.099

2008 年	回答者	着手金（万円）	訴訟額に対する着手金割合
全国	773	16.06	0.080
関東弁連	173	17.22	0.086
近畿弁連	135	15.47	0.077
中部弁連	72	15.14	0.076
中国地方弁連	54	14.07	0.070
九州弁連	92	18.04	0.090
東北弁連	89	15.51	0.078
北海道弁連	77	17.16	0.086
四国弁連	75	15.47	0.077
無回答	6	13.34	0.067

2008 年	回答者	報酬金（万円）	訴訟額に対する成功報酬割合
全国	772	33.06	0.165
関東弁連	173	32.02	0.160
近畿弁連	135	34.16	0.171
中部弁連	72	30.13	0.151
中国地方弁連	54	30.39	0.152
九州弁連	92	34.68	0.173
東北弁連	89	32.47	0.162
北海道弁連	76	39.36	0.197
四国弁連	75	33.07	0.165
無回答	6	38.33	0.192

表 5　訴訟金額：1,000 万円の場合

交通事故の例（地裁扱い）
訴訟で解決の場合

| 2002 年 | 着手金（万円）37.648 | 訴訟額に占める着手金の割合 0.038 |
| | 報酬金（万円）94.535 | 訴訟額に占める成功報酬の割合 0.095 |

2005 年	回答者	着手金（万円）	訴訟額に占める着手金の割合
全国	1,020	32.37	0.032
関東弁連	328	34.66	0.035
近畿弁連	143	32.66	0.033
中部弁連	85	29.79	0.030
中国地方弁連	83	33.41	0.033
九州弁連	113	31.68	0.032
東北弁連	96	31.03	0.031
北海道弁連	84	26.93	0.027
四国弁連	88	32.39	0.032

2005 年	回答者	報酬金（万円）	訴訟額に占める成功報酬の割合
全国	1,017	63.85	0.064
関東弁連	326	65.26	0.065
近畿弁連	142	65.72	0.066
中部弁連	85	62.22	0.062
中国地方弁連	83	66.52	0.067
九州弁連	112	60.15	0.060
東北弁連	97	55.74	0.056
北海道弁連	84	66.4	0.066
四国弁連	88	64.52	0.065

2008 年	回答者	着手金（万円）	訴訟額に対する着手金割合
全国	912	31.80	0.032
関東弁連	184	33.531	0.034
近畿弁連	138	32.744	0.033
中部弁連	76	29.336	0.029
中国地方弁連	56	34.118	0.034
九州弁連	91	31.972	0.032
東北弁連	92	29.450	0.029
北海道弁連	81	25.80	0.026
四国弁連	80	31.764	0.032
無回答	7	22.86	0.023

2008 年	回答者	報酬金（万円）	訴訟額に対する成功報酬割合
全国	911	65.79	0.066
関東弁連	184	66.114	0.066
近畿弁連	138	67.032	0.067
中部弁連	76	63.272	0.063
中国地方弁連	56	70.709	0.071
九州弁連	92	64.124	0.064
東北弁連	92	60.759	0.061
北海道弁連	80	65.677	0.066
四国弁連	80	62.778	0.063
無回答	7	51.43	0.051

表6　独立性のχ²検定

①簡易裁判

標本（1993-2007）	訴訟件数は up	訴訟件数は down	
訴訟額に占める弁護士報酬が中央値よりも小さい	236	115	351
訴訟額に占める弁護士報酬が中央値よりも大きい	253	101	354
	489	216	705

Pearson chi2（1）=1.485　Pr = 0.223

標本（2004-2007）	訴訟件数は up	訴訟件数は down	
訴訟額に占める弁護士報酬が中央値よりも小さい	23	11	34
訴訟額に占める弁護士報酬が中央値よりも大きい	126	28	154
	149	39	188

Pearson chi2（1）=3.4018　Pr=0.065

標本（1993-2007）	訴訟件数は up	訴訟件数は down	
弁護士の裁判に関わった割合が中央値よりも小さい	253	107	360
弁護士の裁判に関わった割合が中央値よりも大きい	236	109	345
	489	216	705

Pearson chi2（1）=0.2905　Pr=0.590

標本（1993-2007）	訴訟件数は up	訴訟件数は down	
人口に占める弁護士割合が中央値よりも小さい	245	115	360
人口に占める弁護士割合が中央値よりも大きい	244	101	345
	489	216	705

Pearson chi2（1）=0.5906　Pr=0.442

②地方裁判

標本（1993-2007）	訴訟件数は up	訴訟件数は down	
訴訟額に占める弁護士報酬が中央値よりも小さい	190	161	351
訴訟額に占める弁護士報酬が中央値よりも大きい	199	155	354
	389	316	705

Pearson chi2（1）=0.3094　Pr=0.578

標本（2004-2007）	訴訟件数は up	訴訟件数は down	
訴訟額に占める弁護士報酬が中央値よりも小さい	10	24	34
訴訟額に占める弁護士報酬が中央値よりも大きい	87	67	154
	97	91	188

Pearson chi2（1）=8.1789　Pr=0.004

標本（1993-2007）	訴訟件数は up	訴訟件数は down	
弁護士の裁判に関わった割合が中央値よりも小さい	192	168	360
弁護士の裁判に関わった割合が中央値よりも大きい	197	148	345
	389	316	705

Pearson chi2（1）=1.0114　Pr=0.315

標本（1993-2007）	訴訟件数は up	訴訟件数は down	
人口に占める弁護士割合が中央値よりも小さい	198	162	360
人口に占める弁護士割合が中央値よりも大きい	191	154	345
	389	316	705

Pearson chi2（1）=0.0094　Pr=0.923

する訴訟が増加し，簡裁における訴訟利用率が増加したと考えられる。それゆえ，司法制度改革を通して弁護士の数を増加させたことにより，訴訟件数が増加した影響は限定なものに過ぎない，むしろ貸金業法改正の影響により，社会的紛争が民事訴訟という形で法廷において争われるようになったのではないか，と別の因果関係についても考察する余地は残されている[6]。

そこで，2004年以降の弁護士報酬の割合（％）を用いて，弁護士報酬の自由化により弁護士が訴訟サービスの代行業務を積極的に増やそうと努力しているか否か，あるいは弁護士の関わった割合の大小に別け，それぞれについて利用率が高まっているかどうかを簡易・地裁それぞれの市場においてχ^2検定を行ってみた。

表6の結果を見ると，2004年度の弁護士報酬の自由化により，簡易・地裁両市場においても成功報酬獲得を目指して努力することで訴訟サービスの利用頻度が大きくなっていることが伺える。しかし，都道府県ごとの人口に占める弁護士の数が多いか否かで分類してやると，弁護士の数が多い地域だからといって，訴訟サービスの利用頻度が増加しているとは限らない。また，両市場とも弁護士の関わった割合の大小で利用率が影響を受けているという結果は得られなかった。

このように，弁護士報酬割合以外の指標については，基本統計量の独立性のχ^2検定（Pearson's test）において統計的に有意な値が得られていない。利用頻度が増加したのは，弁護士報酬規定の自由化により弁護士が訴訟代理を引き受けたことが原因である可能性はあるが，弁護士人口が増加したことによる直接的効果は，この分析結果からは支持されない。

3. 弁護士人口の増加が民事訴訟に及ぼす影響

3.1 はじめに

本研究の目的は，法曹拡大政策によって，弁護士による誘発需要が発生しているのか。特に，地裁では「誘発需要が発生する場合にモラル・ハザード

第 5 章 司法制度改革が民事訴訟に及ぼす影響　215

図1　展開ゲームによる訴訟契約の流れ

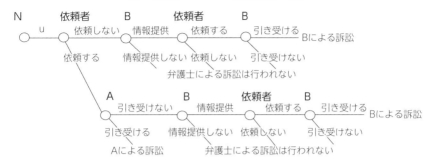

図2　簡易裁判における平均訴訟件数の推移

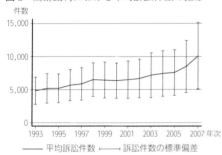

図3　地方裁判における平均訴訟件数の推移

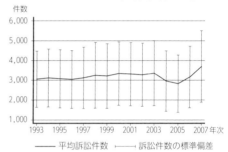

図4　簡易裁判における弁護士の関わった訴訟割合の推移

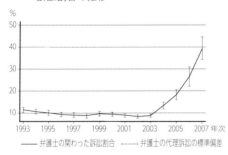

図5　地方裁判における弁護士の関わった訴訟割合の推移

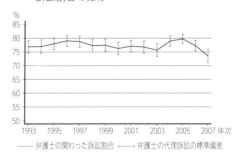

が発生しているのか」について検証することである。これまで司法市場については、ほとんど経済学的な分析がされておらず、プリンシパル・エージェント関係にあり情報の非対称性の存在を加味した分析を行う。そして、弁護士が訴訟を引き起こすインセンティブに報酬のあり方がどのように関わっているかについて検証し、民事訴訟に関する弁護士行動を、リスク回避や報酬についてのインセンティブとの関連で論じる。

　司法制度改革の効果についてであるが、図2と図3では、90年代以降の簡裁・地裁における民事訴訟件数の推移を示している。簡裁ではここ数年明確な増加傾向にある。図4と図5は、弁護士の関わった訴訟割合の推移である。簡裁においては2004年度以降増加（平均5,000件から8,000件）傾向にあるため、弁護士が訴訟に関わる割合が増えたことがその要因の可能性がある。しかし、弁護士の数は2000年以降格段に増加傾向にあるなか、地裁では1993年以降増加傾向があるようには見えない。つまり、弁護士の数を増加させても、地裁で扱われる訴訟件数は増加しておらず、訴訟サービスを有効利用できているわけではない。また、法曹人口拡大政策により、弁護士の収入が減少すると予想されるのであれば、紛争のないところに紛争を掘り起こすことになるため、訴訟件数を増加させる傾向が「望ましい」訴訟拡大を導いているかどうかには慎重に扱う必要がある。

　本研究では、法曹拡大政策によって、「弁護士が潜在的な需要を喚起させる誘発需要が発生するか」や「誘発需要が発生する場合にモラル・ハザードが発生するか」といったことについて検証する。これまで司法市場については、ほとんど経済学的な分析がされてこなかったため、プリンシパル・エージェント関係にあり情報の非対称性の存在などの特徴が類似している医療経済学の分析手法を参考にする。医療市場では、医師が医療に関する十分な情報を有し、患者はあまり持たないため、情報の非対称性によるモラル・ハザードが発生し、需要が過度に掘り起されるという誘発需要仮説がある。医師による誘発需要の実証研究の先行研究として岸田（2001）があり、医師の増加による誘発需要の存在が示されている。司法市場についても弁護士と依頼者についてこれと類似の関係が成立する。ここでは、三好・都築（2013）とは異なり、岸田論文と同様の手法を用いて弁護士による誘発需要仮説を検

証する。

3.2 訴訟におけるリスクを弁護士が分担する契約モデル

今，依頼者（client）と2人の弁護士（attorney）A，Bがいるとする。弁護士Aは依頼者の自発的需要に対応するのみの従来型弁護士であり，弁護士Bは依頼者に積極的に働きかけ，依頼者に訴訟を引き起こさせようと働きかけを行う新参型弁護士である。依頼者および弁護士2人はともに危険回避的であり，絶対的危険回避度一定の効用を有するものとする。依頼者と弁護士A，Bの絶対的危険回避度をそれぞれγ_c，γ_a，γ_b（$\gamma_a > \gamma_b$）とし，互いに絶対的危険回避度一定の効用を有することを知っているとする。従来型弁護士Aは市場にて既に一定の評判を得ており，依頼者からの訴訟依頼を受動的に引き受けるのみである。新参型弁護士Bの場合，市場での評価を得ておらず，依頼者からの訴訟依頼を受けられない状況にある。そのため，リスクをとっても依頼者を開拓する必要があり，よりリスク回避的でないものと仮定する（$\gamma_a > \gamma_b$）。依頼者は弁護士Aを通じて訴訟を起こすことができ，自ら訴訟を起こすなど他の手段を用いることもできる。

ある訴訟案件につき，弁護士Aに依頼して訴訟を行う場合の依頼者側の収入を$Q = e + u$とする。eは弁護士Aの努力水準を表し，その時の弁護士Aにとっての費用を$e^2 / 2\delta$とする。δは正の数であり，この費用は弁護士A，Bとも同様であるとする。uは訴訟における収入の不確実性を表す撹乱項で，依頼者はuについて，正規分布$N(0, \sigma_c^2)$に従うと考え，弁護士A，Bは$N(0, \sigma_a^2)$に従うと考えているものとする。ここで，$\sigma_c^2 > \sigma_a^2$である。弁護士A，Bは訴訟結果の見通しについて依頼者よりも優位な立場にあり，その確率分布関数は依頼者のそれと比較して一次確率優位であるものとする。

一方，依頼者が弁護士Aを通さずに自ら訴訟を行う場合のリスク調整済み利益をλ_cとする。これは，依頼者が弁護士に依頼せずに訴訟するなど単独にて解決を図る場合の期待利得である。

218 第II部 政策編

依頼者が弁護士Aへ支払う報酬契約は次の式で表されるとする。

(a)式：$P=v(Q-w)+w$

ここで，wは収入にかかわらず支払われる額（着手金）を示している。v（$0<v<1$）は報酬における可変割合であり，$v(Q-w)$の項は，報酬における弁護士の取り分を表している。このvやwについては，外生的に決まっているとする。依頼者が弁護士Aに依頼しない場合，あるいは弁護士Aが訴訟契約を受け入れない場合は，弁護士Aは利益λ_aを得る。これは，弁護士がこの訴訟にかかわらずに他の仕事，たとえば司法書士の行う業務をするなどにより得られる利益である。

次に，依頼者が自ら弁護士Aに依頼しない場合，あるいは弁護士Aが訴訟契約を受け入れない場合でも，新参型弁護士Bが依頼者に情報提供を行うことによって，依頼者が弁護士Bに依頼をするように仕向けることができる。この場合，依頼者は弁護士Bに対し，情報提供に対する対価として，情報提供料iを支払う必要があるとする。この情報提供料iは訴訟の結果にかかわらず支払われる額である。この場合の報酬契約は，以下のようになる。

(a')式：$P'=v(Q-w)+w+i$

また，弁護士Bの情報提供により，uについて持っていた依頼者の初期の信念は$N(0, \sigma_c^2)$から$N(0, \sigma_a^2)$へと修正される。依頼者について，弁護士Bから情報提供を受けても，訴訟依頼をしない場合のリスク調整済み利益は依然としてλ_cである。また，弁護士Bが依頼者に情報提供を行っても訴訟依頼されない場合には，弁護士Bは利益λ_aを得る。

弁護士Bが依頼者に情報提供を行うことによって，依頼者に訴訟依頼をさせる場合を誘発需要が発生している場合と呼び，依頼者がはじめから弁護士Aに依頼して訴訟を行う場合を自発的需要の場合と呼ぶことにする。

以上のような設定の下で訴訟の流れを次に示す。

⑴　自然が訴訟結果における収入の不確実性 u を決定する。

⑵　依頼者はこの案件について，弁護士 A に依頼して訴訟を行うかどうかを決定する。弁護士 A に依頼して訴訟を行う場合は⑶へ進む。依頼しない場合は⑺へ進む。

⑶　弁護士 A は依頼者から訴訟依頼を受けて，引き受けるかどうかを決める。引き受ける場合には訴訟を行い，訴訟の結果が出た後，(a)式に基づいて依頼者から報酬を得る。引き受けない場合には弁護士 A は利益 λ_a を得て，⑷に進む。

⑷　弁護士 A が訴訟依頼を引き受けなかった依頼者に対して，弁護士 B が情報提供を行うかどうか決める。弁護士 B が依頼者に情報提供を行う場合は⑸に進む。弁護士 B が依頼者に情報提供を行わない場合には，弁護士 B は利益 λ_a を得て，依頼者は利益 λ_c を得る。

⑸　依頼者は弁護士 B の情報提供を受け，B に依頼して訴訟を行うかどうかを決める。依頼する場合は⑹に進む。依頼しない場合は弁護士 B は利益 λ_a を得て，依頼者は利益 λ_c を得る。

⑹　弁護士 B は依頼者からの依頼を引き受けるかどうかを決める。依頼を引き受ける場合，訴訟を行い，訴訟の結果が出た後，弁護士 B は(a′)式に基づき報酬を得る。依頼を引き受けない場合，弁護士 B は利益 λ_a を得て，依頼者は利益 λ_c を得る。

⑺　弁護士 A に依頼しない依頼者に対し，弁護士 B が情報提供を行うかどうか決める。弁護士 B が依頼者に情報提供を行う場合は⑻に進む。弁護士 B が依頼者に情報提供を行わない場合には，弁護士 B は利益 λ_a を得て，依頼者は利益 λ_c を得る。

⑻ 依頼者は弁護士 B の情報提供を受け，弁護士 B に依頼して訴訟を行うかどうかを決める。訴訟を行う場合は⑼に進む。依頼しない場合は，弁護士 B は利益 λ_a を得て，依頼者は利益 λ_c を得る。

⑼ 弁護士 B は依頼者からの依頼を引き受けるかどうかを決める。依頼を引き受ける場合，訴訟を行い，訴訟の結果が出た後，弁護士 B は (a') 式に基づいて報酬を得る。依頼を引き受けない場合，弁護士 B は利益 λ_a を得て，依頼者は利益 λ_c を得る。

このメカニズムの分析により，以下のことが言える。

段階⑶での弁護士 A の純利益は，$v(e+u-w)+w-e^2/2\delta$ となる。この期待効用と同じ価値を持つ等価確実所得は $v(e-w)+w-e^2/2\delta-(1/2)v^2\gamma_a\sigma_a^2$ と近似されるので，最大化する努力水準 e は(b)式 $e=v\delta$ と表される。v が小さい場合には弁護士 A は努力をしない，すなわち，モラル・ハザードが発生する。また，弁護士 A が依頼を引き受けるための参加制約は，(c)式 $v(v\delta-w)+w-(1/2)v^2\delta-(1/2)v^2\gamma_a\sigma_a^2 \geq \lambda_a$ で表される。弁護士 A の γ_a が大なほど，あるいは v が小なほど訴訟を引き受けなくなる。

段階⑵について，依頼者の利益は $(1-v)(e+u-w)$ と表される。期待効用の等価確実所得は $(1-v)(e-w)-(1/2)(1-v)^2\gamma_c\sigma_c^2$ と近似される。$e=v\delta$ であるから，依頼者が弁護士 A に自発的に依頼を行うための参加制約は(d)式 $(1-v)(v\delta-w)-(1/2)(1-v)^2\gamma_c\sigma_c^2 \geq \lambda_c$ で表される。

次に，段階⑼について，弁護士 B が依頼を受け入れる場合，弁護士 B の利益は情報提供料 i を考慮すると $v(e+u-w)+w+i-e^2/2\delta$ で表され，等価確実所得は，$v(e-w)+w+i-e^2/2\delta-(1/2)v^2\gamma_b\sigma_a^2$ で表される。弁護士 B の最適な努力水準 e は，(b)式と同様に，$e=v\delta$ で定まるから，弁護士 B が情報提供を行い依頼者が訴訟依頼する場合，つまり，弁護士 B によって誘発需要が引き起こされる場合にも，v の値が小さい場合には，モラル・ハザードが発生し，着手金と情報提供料のために訴訟を引き受ける誘因がある。また，弁護士 B の参加制約は，(e)式 $v(v\delta-w)+w+i-(1/2)v^2\delta-$

$(1/2)v^2\gamma_b\sigma_a^2 \geq \lambda_a$ で表される。弁護士 B の絶対的危険回避度 γ_b が小さいほど参加制約は緩やかなものになる。また，情報提供料 i も参加制約を緩やかなものとしている。

　次に段階(8)について，弁護士 B から情報提供を受けた上で依頼を行う依頼者の利益は，$(1-v)(e+u-w)-i$ で表される。依頼者は情報提供を受けたので，u の確率分布に対する信念を修正し，正規分布 $N(0, \sigma_a^2)$ に従うと考えるので，依頼者の期待効用に対する等価確実所得は $(1-v)(v\delta-w)-i$ $-(1/2)(1-v)^2\gamma_c\sigma_a^2$ と表される。よって，依頼者が弁護士 B に誘発されて依頼を行うための参加制約は(f)式 $(1-v)(v\delta-w)-i-(1/2)(1-v)^2\gamma_c\sigma_a^2$ $\geq\lambda_c$ である。弁護士 B の情報提供によって，依頼者の信念における u に対する分散が σ_c^2 から σ_a^2 となるので，参加制約(f)式を満たす可能性が出てくる。依頼者が依頼を行うことになれば，これが弁護士 B によって引き起こされる誘発需要である。

　最後に，弁護士 A が訴訟を行った際の，着手金を除く取り分の割合，つまり成功報酬割合は，先の報酬における可変割合 v と同じである。一方，弁護士 B が訴訟を行った際の，着手金を除いた弁護士の成功報酬割合は，$\dfrac{v(Q-w)+i}{Q-w}=v+\dfrac{i}{Q-w}$ となり，自発的需要のみの場合の v より高いものとなる。以上より誘発需要が起こる場合，自発的需要の場合に比べて成功報酬割合が高くなる。

　以上をまとめると，

⑴　依頼者は報酬契約(a)のもとで，参加制約(d)式が満足されるならば，自発的に弁護士に依頼する。満足されなければ自発的には依頼しない。

⑵　依頼者の自発的依頼に対して，弁護士は(c)式が満足されるならば引き受ける。そして，努力水準は(b)式で与えられる。報酬における可変割合 v が大になるほど，リスク・プレミアムは高まり，危険回避的な弁護士は引き受けない。また，v が小さいほど弁護士の努力水準は小さくなり，モラル・ハザードが発生する。

(3) 自発的に依頼を行わない依頼者については，弁護士の情報提供により，その信念に変化が生じて，リスク・プレミアムが低下し，依頼を行う可能性がある（(f)式が満足される場合）。これが弁護士によって引き起こされる誘発需要である。

(4) 危険回避的でない弁護士ほど誘発需要を引き起こす（(e)式より）。

(5) 分散が大きいほど，誘発需要は起こりにくい（(e)式より）。

(6) 弁護士により引き起こされた誘発需要においても，報酬における可変割合 v が変化しない限り，弁護士の努力水準は変わらない（(b)式）。すなわち，誘発需要においても，自発的需要の場合と同様に，v が小さいならば弁護士のモラル・ハザードが発生する。

(7) 誘発需要が起こっても，弁護士の努力水準が変わらず，1件当たりの訴訟額は増加しない。一方，誘発需要が起こる場合，自発的需要の場合に比べて成功報酬割合が高くなる。

次は，モラル・ハザードの発生を防ぐため，v および w の値を依頼者が依頼と同時に提示するモデルを考える。依頼者としては最適な v および w の値を提示する必要がある。ここでは，先の訴訟モデルのなかで，(2)，(5)，(8)の段階で依頼者が弁護士に v および w を提示する。この場合，依頼者は，(2)では(d)式を満たしつつ次式で決まる v^* を提示する。

(g)式：$v^* = \dfrac{w + \delta + \gamma_c \sigma_c^2}{2\delta + \gamma_c \sigma_c^2}$

(d)式が成立するならば，$\delta > w$ となるから，(g)式で表される v^* の値は1より小の正値となる。また，依頼者は，依頼者の考える弁護士 A の参加制約

(h)式：$v(v\delta - w) + w - (1/2)v^2\delta - (1/2)v^2\gamma_a\sigma_c^2 \geq \lambda_a$

を満たすように v を提示することになるが，(h)式は必然的に(c)式を満たす。この(h)式を満たすような，v^* および w^* を提示する。

段階(8)について，依頼者は次式で決まる v^* を提示する。

(i)式：$v^{**} = \dfrac{w + \delta + \gamma_c\sigma_a^2}{2\delta + \gamma_c\sigma_a^2}$

また，依頼者が弁護士に誘発されて依頼を行うための参加制約は，(f)式と同様となる。(f)式を満足するならば，$\delta > w$ であるから，$\sigma_a^2 < \sigma_c^2$ ならば，$v^{**} < v^*$ であることが容易に示される。よって，誘発需要における弁護士の努力水準は自発的需要におけるそれよりも低くなり，訴訟における成果収入も低くなる。依頼者は(e)式を満たす v^{**} および w^{**} を提示する。

段階(5)については，(8)と全く同様に分析できる。

着手金を除いた弁護士の成功報酬割合は，自発的需要の場合は v^* に一致する。誘発需要の場合，$v^{**} + \dfrac{i}{Q - w}$ となる。情報提供料の大きさによっては v^* を上回ることがありうる。

以上から，v および w が内生的に決定されるとしたとき，v および w が外生的に決定される場合の結果(1)，(2)，(3)，(4)，(5)がそのまま満足されるのに加えて，次のことが言える。(8)依頼者が自発的需要の際に提案する v^*（(g)式）は誘発需要の際に提案する v^{**}（(i)式）よりも大である。弁護士の努力水準は自発的需要の場合が大となり，高い訴訟額が得られる。つまり，誘発需要が発生する場合には，1件当たりの訴訟額が減少することになる。

次に，v や w が外生的に決まる場合と内生的に決まる場合について，弁護士が誘発需要を引き起こすメカニズムを考えた。ここで，どちらが実態に近いのかを考えてみる。

v や w が内生的に決定されると考えると，自発的需要の場合，成功報酬

割合は，(g)式で与えられる v^* で決定される。w に比して $\delta + \gamma_c \sigma_c^2$ の値が大であるから，v^* は相対的に大きい値であると考えられる（ここでは必ず1/2を上回る）。表7より，訴訟額における成功報酬の割合は簡易裁判所での平均が11.86%，地方裁判所で7.43%であり，十分に小さい値である（誘発需要における v^{**} に対しても同様）。一方着手金 w については，着手金の割合は，簡易裁判所での平均が7.48%，地方裁判所で3.39%であり，簡易裁判所については少額とは言えない。このことから v や w が内生的に決まっているとは考えるのは困難で，簡易裁判所においてはモラル・ハザードが起こっている可能性がある。

　次に，v や w が外生的に決定されるとすると，弁護士側の事情が大きな要因の1つならば，弁護士の期待効用をある程度以上に保つように決まると考えられる。着手金 w は比較的大きく決定される一方，弁護士の期待純収益の分散 $v^2 \sigma_a^2$ が大きくなる訴訟に対して，v は小さくなるように決定される可能性がある。すなわち，訴訟におけるリスクが高まるほど，弁護士の成功報酬割合が小さくなる。これは，一般的な認識と符合する。実際のデータでは（表7），相対的に分散が小さいと考えられる簡易裁判所における訴訟より，分散が大きいと考えられる地方裁判所の訴訟における成功報酬割合が小となっている。v が内生的に決まっているならば，(g)式や(i)式より，σ_a^2 が大になるほど v が大になるので，先の事実と相反する。以上より，v 及び w は外生的に決定されている可能性が高いと考えられる。

　よって，簡易裁判所においてのほうが地方裁判所におけるより誘発需要を引き起こしやすいと言える。これは，弁護士の関わった訴訟の割合の推移を示した図4，5に明確に現れている。次に，1件当たりの訴訟額の推移は簡易裁判所では図6，地方裁判所では図8で表されているが，概ね一定水準にとどまっている。これは，誘発需要が起こったとしても，弁護士の努力水準は変わることはなく，訴訟額も増加しないという，今回の外生的決定によるモデルの結論を裏付けている。

　また弁護士の努力水準については，成功報酬割合の水準で伺い知ることができる。成功報酬割合が高い水準であった場合でも，訴訟件数が増加してい

るならば，弁護士から訴訟を持ちかけていると解釈でき，誘発需要が起こっている状況を指している。以上の話をまとめると以下の仮説を提示できる。

仮説1：訴訟に持ち込む件数（利用率）と成功報酬割合が増加しているならば，誘発需要が起こっている（誘発需要仮説）。

仮説2：着手金が外生的に設定されている場合，着手金目的で訴訟件数を増加させるモラル・ハザードが起こる可能性がある。

3.3　実証分析で用いられる被説明変数と分析手法の紹介

Two-phase model とは，供給サイドが原因となって需要サイドに影響を与えた場合，訴訟利用率の増加を自発的需要と弁護士による誘発需要の増加の2つに分け，どちらの効果が大きく効いているか，それぞれの要因を分析していくものである。このモデルは，プリンシパル・エージェント関係間の情報の非対称性に着目した研究で主に用いられる。

$$\frac{訴訟額}{都道府県別の人口}(Q) = \frac{訴訟額}{訴訟利用数}(Q_1) \times \frac{訴訟利用数}{都道府県別の人口}(Q_2)$$

上式は，訴訟サービス市場における需要を表す都道府県別の人口当たりの訴訟額（Q）を2つに分けたものであり，それぞれの項が意味することを見てゆく。第1項（Q_1）は，訴訟サービスを受けた1件当たりの訴訟額であり，弁護士による誘発された需要増加を捉える項である。供給量の増加が需要量の増加よりも影響が大である場合，Q_1 は減少すると考えられる。一方，Q_1 が増加する場合には，供給量の増加よりも需要量の増加の影響が大であると考えられる。これは，誘発需要が主な原因で訴訟件数が増加したものと考えることができる。これを弁護士誘発需要関数と定義する。第2項（Q_2）は，訴訟サービス需要者がどの程度自ら訴訟サービスを利用するかを示す利用率である。これは，訴訟サービス利用者が自ら訴訟サービスを受けるか否かを

図6 簡易裁判における1件当たりの訴訟額の推移

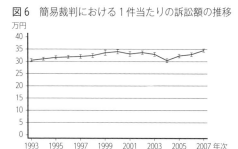

図8 地方裁判における1件当たりの訴訟額の推移

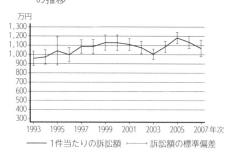

図7 簡易裁判における利用率の推移

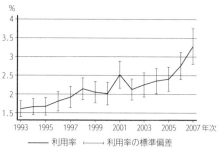

図9 地方裁判の利用率の推移

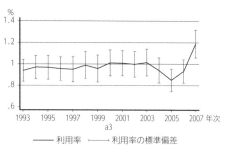

選択する自発的需要及び誘発需要の影響を示すものと考えられる。以下ではこれを利用者需要関数と定義する。

被説明変数の作成に使われる1件当たりの訴訟額 Q_1，利用率 Q_2 は，最高裁判所『司法統計年報』によって公表されている県別訴訟金額，訴訟件数によるものである。調査の対象は民事裁判で，訴訟件数は簡易および地裁の第一審の新受事件数を用いた。値は対数化される前の原数値で，都道府県別の人口（千人単位）に対する割合を利用率として記述してある。訴訟額は，訴訟額別に何件訴訟があったのかを都道府県ごとに集計したデータが『司法統計年報』に記載されている。たとえば，90万円以上120万円以内の訴訟額を要求した事件の場合，中央値をとり平均105万円の事件であると処理し，その平均訴訟額に90万から120万の範囲に該当する訴訟件数を掛け，これを都道府県ごとに総訴訟件数で割ったものを1件当たりの訴訟額として

第5章 司法制度改革が民事訴訟に及ぼす影響　*227*

表7　民事裁判の基本統計量の概略

（簡易裁判）

Variable	Obs	Mean	Std. Dev.	Min	Max	vif
人口当たりの訴訟額（訴訟額÷都道府県別の人口（千人））	24	99.815	30.743	58.842	186.606	
利用率（訴訟利用数÷都道府県別の人口（千人））	24	2.963	0.936	1.631	5.647	
1件当たりの訴訟額（訴訟額÷訴訟利用数）（万円）	24	33.808	1.742	29.665	36.084	
訴訟額に占める弁護士の着手金割合（％）	24	7.475	0.628	5.900	9.000	4.22
訴訟額に占める弁護士の成功報酬金割合（％）	24	11.863	3.573	8.200	19.700	13.28
弁護士の裁判に関わった割合（％）	24	19.622	10.984	5.293	42.293	7.94
人口密度（人÷km^2）	24	498.290	437.688	67.000	1314.182	7.73
法律相談所の累積数	24	8.750	6.408	1.000	20.000	2.55
人口（千人）当たりの弁護士数	24	0.115	0.066	0.050	0.274	6.68
人口（千人）当たりの司法書士数	24	0.142	0.025	0.099	0.186	2.88
地価（千円/m^2）	24	528.695	375.755	100.510	1492.848	
賃金（労働者現金給与総額（月平均千円））	24	305.882	265.792	229.000	1057.000	
Mean VIF						6.49

（注1）1件当たりの訴訟額は，訴訟の目的の価額Σ（価額階級別の金額×価額階級別の受付総数）÷第一審通常訴訟新受事件数で求める。
（注2）利用率は，都道府県別の第一審通常訴訟新受事件数÷都道府県別の人口総数（千人）で求める。
（出所）最高裁判所事務総局，日本弁護士連合会，日本司法書士会連合会から得た統計資料をもとに，住民基本台帳，勤労統計調査年報を利用して著者が作成。

（地方裁判）

Variable	Obs	Mean	Std. Dev.	Min	Max	vif
人口当たりの訴訟額（訴訟額÷都道府県別の人口（千人））	24	1271.819	461.437	683.463	2308.251	
利用率（訴訟利用数÷都道府県別の人口（千人））	24	1.058	0.300	0.624	1.750742	
1件当たりの訴訟額（訴訟額÷訴訟利用数）（万円）	24	1200.915	230.812	776.946	1720.056	
訴訟額に占める弁護士の着手金割合（％）	24	3.392	0.336	2.700	3.764838	3.99
訴訟額に占める弁護士の成功報酬金割合（％）	24	7.434	1.485	5.600	9.453483	3.89
弁護士の裁判に関わった割合（％）	24	77.447	5.678	62.066	83.37436	2.89
人口密度（人÷km^2）	24	498.290	437.688	67.000	1314.182	7.29
法律相談所の累積数	24	8.750	6.408	1.000	20.000	4.62
人口（千人）当たりの弁護士数	24	0.115	0.066	0.050	0.274	8.3
人口（千人）当たりの司法書士数	24	0.142	0.025	0.099	0.186	7.1
地価（千円/m^2）	24	528.695	375.755	100.510	1492.848	
賃金（労働者現金給与総額（月平均千円））	24	305.882	265.792	229.000	1057.000	
Mean VIF						5.44

（注1）1件当たりの訴訟額は，訴訟の目的の価額Σ（価額階級別の金額×価額階級別の受付総数）÷第一審通常訴訟新受事件数で求める。
（注2）利用率は，都道府県別の第一審通常訴訟新受事件数÷都道府県別の人口総数（千人）で求める。
（出所）最高裁判所事務総局，日本弁護士連合会，日本司法書士会連合会から得た統計資料をもとに，住民基本台帳，勤労統計調査年報を利用して著者が作成。

算出している。各独立変数のデータも含めて記述統計量は表7に記載している。

たとえば，図6の地域別における1件当たりの訴訟額 Q_1 については，簡裁では33万前後で推移しており，また標準偏差が小さく，ほとんどの県で有意な差を得られていないように見える。これに対し，図8の地裁は，1000万前後で推移しており，標準偏差が大きい。一方，利用率 Q_2 についても，表7で見る限り，地裁（約1%）に比べ，簡裁（約3%）は3倍と高い傾向にある。都道府県別で比較したところ，特に東京都，大阪府などの大都市になるほど他の地域に比べ利用率が高いため，地域固有の要因，つまり「弁護士の偏在化」と絡めて論じることが可能かもしれない（表10を参照）。

以上のように，さまざまな角度からのタイプなども考慮した分析を行う必要があり，それには two-phase model モデルに基づく実証分析が必要となる。その際に説明変数としては，可住地面積当たり人口，訴訟額に占める弁護士の収益，人口に占める弁護士数，人口に占める司法書士数，年度ダミー等を用いている。

3.4 Two-phase model の分析結果

以上で見てきた都道府県データを用い，上記の仮説を計量経済学の手法を用いて検討してゆこう。最終的な分析は以下の説明変数で行った。つまり「可住地面積当たり人口（人口密度）」，「弁護士の裁判に関わった割合」，「訴訟額に占める弁護士報酬の割合」，「人口当たりの弁護士の数」，「人口当たりの司法書士の数」，「法律相談センター数」の6変数である。人口密度の異なる地域では，リスク回避度以外の弁護士が増加することによるアクセスの良さも異なる側面を持つ。そのような差異を調整するのが，可住地面積当たり人口である。以下，「可住地面積当たり人口」の変数を除いた5つの変数について順次説明してゆく。

① 弁護士の裁判に関わった割合
弁護士が本人の代理を買って出る頻度が高まり，裁判を利用しようとする

第 5 章　司法制度改革が民事訴訟に及ぼす影響　　*229*

表 8　簡易裁判の推定結果

被説明変数： 1件あたりの訴訟額（Q_1）	OLS Coef.	Std. Err.	P > |z|	GMM[注1] Coef.	Std. Err.	P > |z|
人口密度	0.065	0.030	0.047	0.091	0.019	0.000
着手金	0.019	0.034	0.587	0.030	0.026	0.249
成功報酬	0.001	0.010	0.939	0.001	0.009	0.954
人口当たりの弁護士の数	-0.056	0.054	0.309	-0.095	0.037	0.010
弁護士の裁判に関わった割合	0.001	0.003	0.695	0.001	0.003	0.755
人口当たりの司法書士の数	-0.187	0.095	0.065	-0.253	0.067	0.000
法律相談センター数	-0.003	0.003	0.323	-0.002	0.002	0.269
定数項	2.495	0.464	2.039	0.350	0.000	0.000
標本数	24			24		
F 値	1.520			82.450		
Hansen's J statistic[注2]				6.419		[0.011]
決定係数	0.136			0.319		

（注 1）Schaffer and Stillman の開発した GMM 推定を行っている。操作変数は，地価，賃金を対数表示したものを用いている。

（注 2）Hansen's J statistic は過剰識別制約に関する検定で，帰無仮説は過剰識別制約が満たされる。[　] 内は P 値

（注 3）網掛けは，統計的に有意水準のものであることを示している。

被説明変数： 利用率（Q_2）	OLS Coef.	Std. Err.	P > |z|	GMM[注1] Coef.	Std. Err.	P > |z|
人口密度	-0.098	0.108	0.377	-0.082	0.128	0.521
着手金	-0.208	0.122	0.106	-0.257	0.079	0.001
成功報酬	0.068	0.037	0.084	0.077	0.025	0.002
人口当たりの弁護士の数	-0.050	0.192	0.795	-0.080	0.225	0.722
弁護士の裁判に関わった割合	-0.006	0.009	0.552	-0.008	0.006	0.212
人口当たりの司法書士の数	1.021	0.338	0.008	1.154	0.308	0.000
法律相談センター数	0.045	0.009	0.000	0.049	0.008	0.000
定数項	3.963	1.657	0.029	4.318	1.718	0.012
標本数	24			24		
F 値	7.510			82.350		
Hansen's J statistic[注2]				2.213		[0.137]
決定係数	0.664			0.755		

（注 1）Schaffer and Stillman の開発した GMM 推定を行っている。操作変数は，地価，賃金を対数表示したものを用いている。

（注 2）Hansen's J statistic は過剰識別制約に関する検定で，帰無仮説は過剰識別制約が満たされる。[　] 内は P 値

（注 3）網掛けは，統計的に有意水準のものであることを示している。

230　第 II 部　政策編

表 9　地方裁判の推定結果

被説明変数： 1件当たりの訴訟額（Q_1）	OLS Coef.	Std. Err.	P > |z|	GMM[注1] Coef.	Std. Err.	P > |z|
人口密度	-0.014	0.086	0.875	-0.026	0.076	0.728
着手金	-0.139	0.133	0.312	-0.117	0.115	0.310
成功報酬	0.052	0.030	0.096	0.046	0.023	0.048
人口当たりの弁護士の数	0.168	0.131	0.220	0.189	0.122	0.122
弁護士の裁判に関わった割合	0.026	0.007	0.001	0.025	0.007	0.000
人口当たりの司法書士の数	0.487	0.327	0.155	0.448	0.349	0.199
法律相談センター数	0.015	0.007	0.065	0.013	0.007	0.069
定数項	6.448	0.786	0.000	6.576	0.778	0.000
標本数	24			24		
F 値	8.730			202.510		
Hansen's J statistic[注2]				0.505		[0.477]
決定係数	0.702			0.791		

(注 1) Schaffer and Stillman の開発した GMM 推定を行っている。操作変数は，地価，賃金を対数表示したものを用いている。
(注 2) Hansen's J statistic は過剰識別制約に関する検定で，帰無仮説は過剰識別制約が満たされる。[　] 内は P 値
(注 3) 網掛けは，統計的に有意水準のものであることを示している。

被説明変数： 利用率（Q_2）	OLS Coef.	Std. Err.	P > |z|	GMM[注1] Coef.	Std. Err.	P > |z|
人口密度	0.244	0.098	0.025	0.270	0.090	0.003
着手金	0.113	0.152	0.468	0.104	0.130	0.424
成功報酬	-0.045	0.034	0.207	-0.044	0.032	0.171
人口当たりの弁護士の数	0.223	0.150	0.158	0.176	0.145	0.224
弁護士の裁判に関わった割合	-0.032	0.008	0.001	-0.031	0.007	0.000
人口当たりの司法書士の数	0.037	0.373	0.922	0.134	0.396	0.734
法律相談センター数	-0.016	0.009	0.082	-0.015	0.008	0.080
定数項	1.292	0.899	0.170	1.073	0.885	0.225
標本数	24			24		
F 値	15.070			268.470		
Hansen's J statistic[注2]				0.021		[0.886]
決定係数	0.811			0.868		

(注 1) Schaffer and Stillman の開発した GMM 推定を行っている。操作変数は，地価，賃金を対数表示したものを用いている。
(注 2) Hansen's J statistic は過剰識別制約に関する検定で，帰無仮説は過剰識別制約が満たされる。[　] 内は P 値
(注 3) 網掛けは，統計的に有意水準のものであることを示している。

頻度が高まることが予想される場合，係数の符号は正である。逆に利用率に対し係数値が負であれば，弁護士に訴訟代行を頼まず自身で行っていることが原因で訴訟率が伸びている可能性が高い。

② 訴訟額に占める弁護士報酬（着手金・成功報酬）の割合

弁護士の成功報酬割合が大きいと，弁護士は訴訟を増加させようと努力をするインセンティブを持ち，利用率は増加する。一方，着手金については，弁護士が成功報酬よりも依頼人からの着手金を受け取ることに精を出しているならば，利用率に対し正の影響を与える。

③ 人口当たりの弁護士の数

1人当たりの弁護士の数が増加すれば，これまでよりも近隣に弁護士事務所が開設されることで利用者が分散し，弁護士に相談できるアクセスがよくなる。

④ 人口当たりの司法書士の数

1人当たりの司法書士の数が増加すれば，近隣に事務所が開設されることで，司法書士に相談できるアクセスがよくなるため，利用者は訴訟代行を司法書士に委ねる機会が増加する。

⑤ 法律相談センター数

日弁連・弁護士会が全国各地に法律相談センターを設置した累積数が増加すれば，市民の司法アクセスを容易にするため，利用率が増加することが予想される。

表8と表9の右端のGMM推定結果を見ると，「利用率」に対して地裁においては，成功報酬割合，着手金割合は残念ながら有意な値を得ることができなかった。だが，簡裁については，成功報酬割合はプラスに，そして着手金割合はマイナスに有意な値がそれぞれ得られている。一方，地裁においては，近隣に弁護士事務所が開設されることで利用者が分散し，弁護士に相談

232　第 II 部　政策編

できるアクセスがよくなったのにもかかわらず，訴訟サービスを利用する人が増加していない。

　また，簡易裁判及び地方裁判の双方において，「人口当たりの弁護士の数」はプラスに統計的に有意な値が得られていない。先ほどの弁護士報酬の結果と絡めて考察すると，簡易裁判において，弁護士の数が増加することによるアクセスコストが低下したことが原因で自発的需要が増加したというよりも，弁護士主導の誘発需要の存在を肯定できる結果は示唆されたように考えられる。一方，地方裁判において，近隣に弁護士事務所が開設されることで利用者が分散し，弁護士に相談できるアクセスがよくなったのにもかかわらず，訴訟サービスを利用する人が増加していない。したがって，弁護士の数が増加することで，自発的需要により利用率が増えていないことを伺わせる結果である。

　さらに，「弁護士の裁判に関わった割合」は地裁ではマイナスに有意な値が出ている。訴訟件数が増加している簡裁に対し，利用率に際立って変化のない地裁であることから鑑みると，地裁の場合，裁判で争われる訴訟額が高いため，敗訴した時のリスクを弁護士が負う割合が高まると，リスク・プレミアムが大きくなり，弁護士自身の参加制約が狭まっているという解釈になる。

　また，「法律相談センター数」と「人口当たりの司法書士の数」については，簡裁では有意にプラスの値が得られているのに対し，地裁ではマイナスに有意な値が得られている。司法アクセスを容易にするために創設された，法律相談センターは地裁レベルになると，徐々にその役割を果たさなくなっており，現段階では十分に司法サービスの提供は各地で行き届いていると判断してよいであろう。

　一方，「人口当たりの弁護士の数」は，簡裁の場合と地裁の場合では，「1件当たりの訴訟額」に与える影響は異なる。簡裁の場合，係数はプラスに有意な値が得られていないのに対し，地裁の場合は有意にマイナスの値が得られている。簡裁では裁判で扱う訴訟額が地裁に比べ安価なため，訴訟代理を必ずしも弁護士が引き受けるとは限らないのに対し，地裁レベルの訴訟になると訴訟金額が比較的大きく，弁護士は訴訟を起こそうと努力するインセン

ティブを十分持てていないことがわかる。つまり，簡裁のように利用率が増加していない点から判断すると，地域では，弁護士による誘発が起きて訴訟件数が増加しているとは考えにくい。

3.5　ま と め

　以上の実証結果より，これまで弁護士は，簡易裁判では訴訟額が低額ゆえ，潜在的な需要があるのにもかかわらず積極的に需要を掘り起こそうとはしなかった。だが，近年の司法制度改革による弁護士数の増加により，簡易裁判の領域に弁護士が参入し，誘発需要を喚起していることがわかる。つまり，弁護士報酬の自由化以降，弁護士が訴訟リスクを負担してくれる割合が高まれば，簡裁においても，訴訟サービスを利用する利用者が増加していることがわかる（簡裁においては仮説1が採択される）。しかし，地裁の場合，弁護士数の増加により，弁護士に相談できるアクセスがよくなったことが原因で，訴訟サービスを利用する人が増加しているとは言えない。したがって，弁護士の数が増加することで，自発的需要により利用率が増えていないことを伺わせる。

　さらに，弁護士報酬規定の自由化以降になって，弁護士が短時間で事件を処理することにより，着手金目的で年間の処理件数を増やすモラル・ハザードが起こっている可能性は高くない（仮説2は採択されない）。もっとも，弁護士の数が増加することにより，弁護士が収益の維持・拡大のために利用者にとって必要ない司法サービスを提供するといった不正事例が新聞等で取り上げられ始めている。このような弁護士の不祥事についての事例研究およびその対処法については，今後の課題としたい。

4.　九州・四国地域の動向について

　前節は，「弁護士の数ではなく，弁護士との報酬契約により利用率が決まる」という全国的な傾向が見られることを紹介したが，九州，四国ではどう

234　第 II 部　政策編

図10　簡易裁判の利用率，1件当たりの訴訟額，弁護士の裁判に関わった割合

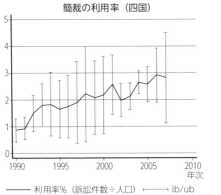
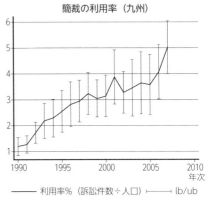
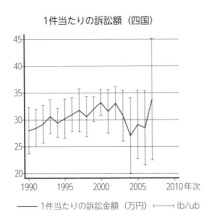
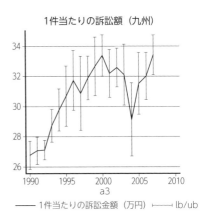
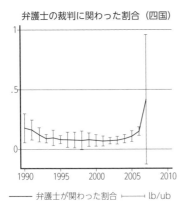
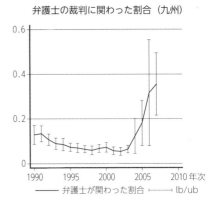

第 5 章 司法制度改革が民事訴訟に及ぼす影響　235

図 11　地方裁判の利用率，1 件当たりの訴訟額，弁護士の裁判に関わった割合

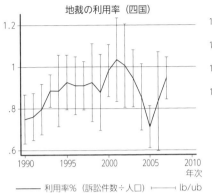
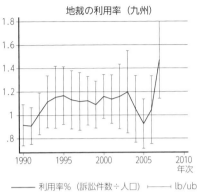
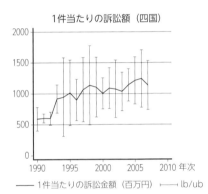
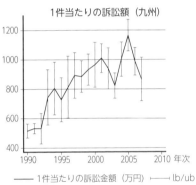
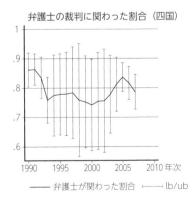
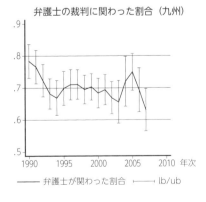

236　第 II 部　政策編

表 10　都道府県別で比較した表（被説明変数に着目）

都道府県名	①1件当たりの 訴訟額（簡易裁判）	②1件当たりの 訴訟額（地方裁判）	③利用率 （簡易裁判）	④利用率 （地方裁判）
北 海 道	30.759	1173.425	0.0030	0.0010
宮 城 県	34.637	988.033	0.0023	0.0010
岩 手 県	30.909	899.720	0.0020	0.0006
福 島 県	32.821	872.193	0.0020	0.0008
秋 田 県	31.329	662.683	0.0017	0.0008
青 森 県	34.087	835.179	0.0022	0.0007
山 形 県	30.548	867.900	0.0014	0.0006
東 京 都	33.019	1595.149	0.0045	0.0026
神 奈 川 県	32.786	1087.483	0.0015	0.0009
埼 玉 県	33.522	1005.576	0.0011	0.0007
千 葉 県	32.149	952.628	0.0013	0.0009
山 梨 県	30.848	1083.965	0.0011	0.0008
栃 木 県	31.655	1154.726	0.0011	0.0008
茨 城 県	33.268	1086.341	0.0015	0.0007
群 馬 県	33.434	1064.312	0.0014	0.0009
新 潟 県	31.250	1024.202	0.0012	0.0006
長 野 県	33.648	1008.102	0.0013	0.0007
愛 知 県	34.402	1049.221	0.0017	0.0011
静 岡 県	31.652	1181.169	0.0012	0.0007
三 重 県	29.909	1023.716	0.0010	0.0007
岐 阜 県	33.204	1047.875	0.0009	0.0007
石 川 県	34.436	1090.467	0.0018	0.0009
福 井 県	32.426	1318.756	0.0011	0.0006
富 山 県	32.954	1081.408	0.0009	0.0006
大 阪 府	32.605	1325.246	0.0030	0.0019
京 都 府	29.419	1080.919	0.0025	0.0016
兵 庫 県	31.035	999.852	0.0014	0.0012
奈 良 県	31.128	934.260	0.0010	0.0009
和 歌 山 県	29.627	1183.889	0.0014	0.0009
滋 賀 県	28.806	1039.805	0.0012	0.0008
広 島 県	33.513	952.035	0.0023	0.0010
山 口 県	29.792	827.832	0.0024	0.0009
岡 山 県	33.303	994.177	0.0025	0.0010
鳥 取 県	31.006	821.323	0.0022	0.0009
島 根 県	31.793	704.017	0.0017	0.0006
香 川 県	32.825	1022.915	0.0021	0.0009
愛 媛 県	30.365	870.267	0.0025	0.0009
徳 島 県	30.537	1212.596	0.0013	0.0009
高 知 県	28.117	853.415	0.0021	0.0009
熊 本 県	30.051	838.323	0.0029	0.0011
大 分 県	30.931	868.407	0.0027	0.0010
鹿 児 島 県	31.395	817.401	0.0029	0.0010
宮 崎 県	30.777	756.412	0.0036	0.0011
福 岡 県	32.133	814.094	0.0047	0.0015
佐 賀 県	29.447	788.990	0.0020	0.0008
長 崎 県	30.901	850.285	0.0025	0.0008
沖 縄 県	30.44821	996.021	0.0025	0.0015
平均（1993-2007）	32.460	1070.595	0.0022	0.0010
標本数	705.000	705.000	705.000	705.000
標準偏差	1.588	174.475	0.0009	0.0004

（出所）最高裁判所事務総局
（注）都道府県名の網掛けは人口 100 万人以上の都市を含むもの。
　　　①〜④の網掛けは統計的に有意水準であることを示している。

第 5 章 司法制度改革が民事訴訟に及ぼす影響 237

表 11 都道府県別で比較した表（主な説明変数に着目）

都道府県名	弁護士の裁判に関わった割合		③人口当たりの司法書士の数	④人口当たりの弁護士の数	⑤新規登録の弁護士割合
	①簡易裁判	②地方裁判			
北 海 道	0.158	0.801	0.0974	0.0675	4.622
宮 城 県	0.143	0.850	0.1243	0.0881	4.361
岩 手 県	0.117	0.780	0.1290	0.0295	3.523
福 島 県	0.116	0.798	0.1518	0.0377	3.666
秋 田 県	0.152	0.766	0.1376	0.0412	2.362
青 森 県	0.081	0.725	0.0995	0.0285	3.421
山 形 県	0.158	0.790	0.1617	0.0408	1.886
東 京 都	0.141	0.876	0.1786	0.6851	2.335
神 奈 川 県	0.186	0.813	0.0746	0.0788	5.139
埼 玉 県	0.135	0.795	0.0849	0.0408	5.848
千 葉 県	0.138	0.742	0.0873	0.0439	5.102
山 梨 県	0.169	0.850	0.1584	0.0600	4.229
栃 木 県	0.152	0.859	0.1109	0.0470	3.427
茨 城 県	0.111	0.800	0.0957	0.0314	4.167
群 馬 県	0.156	0.864	0.1403	0.0617	3.412
新 潟 県	0.161	0.850	0.1335	0.0496	3.648
長 野 県	0.151	0.834	0.1723	0.0494	2.852
愛 知 県	0.129	0.824	0.1103	0.1160	4.783
静 岡 県	0.180	0.849	0.1044	0.0560	3.086
三 重 県	0.158	0.815	0.1476	0.0368	3.705
岐 阜 県	0.154	0.885	0.1552	0.0408	3.317
石 川 県	0.175	0.846	0.1617	0.0656	3.931
福 井 県	0.188	0.819	0.1707	0.0464	4.672
富 山 県	0.223	0.867	0.1366	0.0467	2.700
大 阪 府	0.130	0.822	0.1843	0.2779	4.883
京 都 府	0.137	0.760	0.1534	0.1219	4.586
兵 庫 県	0.174	0.785	0.1367	0.0708	4.753
奈 良 県	0.220	0.793	0.1127	0.0499	6.825
和 歌 山 県	0.207	0.777	0.1499	0.0590	3.373
滋 賀 県	0.143	0.747	0.1212	0.0335	6.989
広 島 県	0.131	0.757	0.1493	0.0892	4.414
山 口 県	0.118	0.704	0.1786	0.0450	4.436
岡 山 県	0.153	0.829	0.1683	0.0841	4.252
鳥 取 県	0.151	0.704	0.2069	0.0432	4.677
島 根 県	0.139	0.631	0.2027	0.0309	4.493
香 川 県	0.098	0.833	0.1625	0.0810	3.371
愛 媛 県	0.080	0.716	0.1853	0.0559	3.788
徳 島 県	0.187	0.856	0.2086	0.0583	3.135
高 知 県	0.101	0.758	0.1646	0.0644	2.025
熊 本 県	0.098	0.708	0.1801	0.0599	3.841
大 分 県	0.119	0.781	0.1592	0.0548	3.746
鹿 児 島 県	0.099	0.701	0.1908	0.0420	3.963
宮 崎 県	0.134	0.730	0.1683	0.0433	4.431
福 岡 県	0.083	0.629	0.1393	0.1115	4.850
佐 賀 県	0.107	0.666	0.1405	0.0398	5.275
長 崎 県	0.105	0.705	0.1195	0.0456	3.174
沖 縄 県	0.191	0.697	0.1597	0.1348	3.261
平均（1993-2007）	0.135	0.773	0.146	0.076	4.108
標本数	705	705	705	705	705
標準偏差	0.035	0.065	0.033	0.099	1.068

（出所）最高裁判所事務総局
（注）都道府県名の網掛けは人口 100 万人以上の都市を含むもの。
①～⑤の網掛けは統計的に有意水準であることを示している。

だろうか。ムラ社会が依然としてあり，紛争を公にすることをはばかる気風が残っている。全国的に弁護士の数は増加しているが，司法書士と比べ都市部に集中するなど偏在性が見られる。福岡県を除き，西日本では人口当たりの弁護士の数はまだまだ少ない。簡裁の訴訟件数が増加しているのは，特に九州地域の事情が反映されている可能性が高いと思われる。

図10を見ると，1990年から2007年にかけて簡裁の場合，四国地域は約2割の訴訟案件に弁護士が関わっていたが，2007年に弁護士の関わる割合が急に高まった。一方，九州地域は四国地域よりも数年前から徐々に弁護士の関わる割合が高まり，どちらも約4割の水準までに至っている。60万円以下の少額訴訟の場合，正式な裁判手続をしなくても，裁判所から債務者に対して金銭の支払いを命じる督促状を送ってもらえるため，必ずしも弁護士を訴訟代理に立てる必要はなかった。しかし，こうした少額訴訟案件でも弁護士に依頼する利用者が増加していることが伺える。今後，弁護士が訴訟リスクを負担してくれる報酬体系を提示できるなら，弁護士が訴訟代行を務めてくれる可能性が十分高まることを推測させるものである。

さらに，1件当たりの訴訟額を見てゆくと，四国地域は，全国水準と同じ30万円前後を推移している。一方，九州地域は1990年で27万円だったのが，2007年には32万円まで上昇傾向にある。このことから，他の地域と比べ九州地域は，弁護士から法の下で争うことの価値のある訴訟案件であるという情報の提供を受け，依頼者が裁判で紛争を解決することを選択した結果が強く現れていると考えられる。経済学で考えるなら，供給曲線の右側へのシフトよりも，需要曲線の外側へのシフトの影響が大きいことがわかる。こうした見解を裏付けるように，図10の簡易裁判の利用率は，どちらの地域も上昇傾向にあるが，四国地域は1から3に上昇したのに対し，九州地域は1から5に上昇率が格段に増加している。また，表10の都道府県別の訴訟利用率のデータを見る限り，全国で見ても福岡県と宮崎県の利用率が高いことが原因であることがわかる。

一方，図11の地方裁判の利用率は，90年以降全国の推移と異なり，九州・四国地域はどちらも上昇傾向にある。ただし，九州のほうが四国に比べ利用率は20％以上高い。四国の場合，弁護士が関わった割合は約8割に対

し，九州の場合は約7割とやや低い。しかも，弁護士の利用率が年々減少傾向にあることがわかる。これは地裁の場合，裁判で争われる訴訟額が高いため，敗訴した時のリスクを弁護士が負う割合が高まると，弁護士自身の参加制約が狭まっているという解釈になる。また，近隣に弁護士事務所が開設されることで，弁護士に相談できるアクセスがよくなったのにもかかわらず，弁護士を代理人として利用する人が増加していないことは注目するべき発見である。

　しかし，1件当たりの訴訟額も，九州地域では90年代初めは平均500万円だったのが，2007年には平均1,000万円にまで上昇している。四国地域も同様，1990年と比べ2007年には倍以上に上昇している。1件当たりの訴訟額が増加する場合，簡裁と同様に弁護士から情報の提供を受けて，依頼主が裁判で自らが紛争を解決することを選択したことを受けた結果であると推測できる。このように，全国的な傾向と同様，司法制度改革により弁護士の数が増加することで，自発的に弁護士に訴訟代理を依頼しているわけではない。また，弁護士が関与していないで訴訟利用率が増加しているため，弁護士から裁判をする価値があるという情報を得たことで自らが訴訟をする行動を取っているという解釈が自然である。ネット社会で訴訟に関する情報を容易に手にできる社会環境の影響もあるだろう。したがって，ムラ社会が現存する九州や四国といった地方であっても，司法制度改革が進められたことによって，これまでのように泣き寝入りせず，自らの権利を公の場で主張できる環境が徐々に整っていったことがわかる。

　しかし，弁護士の数と利用率の間に見せかけの相関が発生することが知られており，変数間で見せかけの相関が発生している場合，「逆の因果関係」が生じている危険性がある。逆の因果関係とは，たとえば，人口当たりの弁護士の数が上昇すると，その地域の司法へのアクセスコストが減るため，訴訟利用率が増加するという，本来見たい関係とは逆の因果関係，つまり，訴訟利用率の上昇が弁護士の数を上昇させる影響を見せかけてしまう問題がある（表11）。このような場合，内生変数バイアスは，訴訟利用率とは相関するけれど弁護士の数とは無相関であるという操作変数を探し出し，操作変数法を用いて，弁護士の数から訴訟利用率の真の因果関係を推定する方法を用

240 第 II 部 政策編

いる必要がある（表 8，表 9 を参照）。そのため操作変数法を考慮しないで GMM 推定をしないと，学術的には仮説を支持することはできないことを付言しておく。

5. 第 5 章のまとめ

近年の司法制度改革により，簡易裁判における訴訟活用意欲に応じた訴訟拡大をもたらした点で法曹人口拡大政策の有用性は認められる。ただし，相談窓口数が各地に開かれてきたことで司法サービスが行き渡り，裁判の訴訟予見可能性が高まっているのであれば，裁判という場で紛争解決をする必然性はない。また，法曹人口拡大政策により，訴訟件数を増加させる傾向が「望ましい」訴訟拡大を導いているかどうかは慎重に扱う必要がある[7]。身の回りに起こった紛争を解決する際，解決内容の客観的に正当性を保障する方策として，国民が訴訟制度を利用できる環境が整備されていなければ，納得のいく解決手段の選択を知らないうちに放棄することになり，重大な権利侵害に繋がることがある。さらに，複雑化した社会情勢下では，依然としてさまざまな法の不備が指摘されており，紛争解決に長期間を要することがある[8]。

しかし，法律に関する知識が不足して自信がなく，利用者が司法サービスに関する充分な知識や情報を得ることが難しくても，法曹資格を持つ専門家の弁護士に依頼することができれば，自らの権利を実現することが可能となる[9]。経済学では，情報が不完備の状況下では，代理人を直接監視しなくてもインセンティブ契約，たとえば成功報酬の契約を提示することにより，依頼人にとって望ましい状況を作り出すことが可能になることを示している。もっとも，弁護士が依頼主の裁判に対する誤解を修正し，訴訟の需要曲線を上方にシフトさせる効果を持つことになるが，そのこと自体は市場の効率性を損なうものではない。また，弁護士が関与していないで訴訟利用率が増加しているため，弁護士から裁判をする価値があるという情報を得たことにより，自らが訴訟をする行動をとっている。したがって，司法制度改革が進め

られたことによって，これまでのように泣き寝入りせず，自らの権利を公の場で主張できる環境が徐々に整っていったことがわかる。

つまり，専門職である司法従事者に対し，地域の紛争解決のため，訴訟代理人を請け負わすためにも処方箋として，政府は報酬規定及び弁護士の絶対数をコントロールするような規制を設けるべきでない。

[注]

1　弁護士報酬の制度は，国によってかなり異なる。英国では，バリスタ（barrister）とソリシタ（solicitor）の2種類の資格がある。1990年以前までは，バリスタは，原則として主要な裁判所での弁論権を独占し，ソリシタは依頼者からの依頼を受け，法律問題について助言し，法律的文章を作成するなどの法律事務を行っていた。したがって，バリスタはソリシタを通じて訴訟事件を受任するので，原則として直接に依頼者に会うことはできなかった。バリスタについては規制がないのに対し，ソリシタの報酬については，依頼者と結んだ取決めが公正で合理的なものかどうかを，必要があれば裁判所が審査するという形で，法的に規制されている。一方，米国では，依頼者との自由な取決めに任されており，条件付成功報酬契約（contingent fee）を採用する。これは，弁護士が証拠を集めるための一切の費用を持ち，敗訴しても依頼者に請求しないが，その代わり勝訴すれば，得られた金額の中から高率の報酬を受けるというものである。そのため，依頼主は敗訴してもコストを負担しなくて済むため，安心して訴訟提起できるので，訴訟利用を促進すると考えられるが，弁護士が高額で勝てる見込みのある事件にのみ携わり，他人の訴訟に投機的に投資する意味合いを持つことになるので，弁護士倫理上の問題があるという見方もある。したがって，現在のように弁護士の数が増加してゆくと，依頼者の金銭的な力の差がそのまま裁判の結果に繋がることになることもあるため，本来の司法サービスの充実・拡大という目的に沿わないことになるという問題がある。

2　本人自らが裁判手続きを行うことができるように，裁判所に訴状の作成に関し定型訴状が用意されており，手書きでできる簡単なものになっている。

3　日本司法書士会連合会では，全都道府県で少額裁判サポートセンターを開設し，裁判や各種手続きについて無料で説明するなど，自分で訴訟をする人を支援している。これは，米国におけるスモール・クレームス・コート（少額裁判所制度）のようなもので，少額訴訟（最高起訴金額が5,000ドル）に限定されているが，手間，時間，費用を最小限に抑えて起訴できる。

4　相手の住所地を管轄する簡易裁判所の裁判所書記官に申し立てる。その際，書類審査のみなので，訴訟の場合のように審理のために裁判所に来る必要はない。ちなみに手数料は，訴訟の場合の半額である。しかし，債務者が支払督促に対し異議を申立てると，請求額に応じ，地方裁判所または簡易裁判所の民事訴訟の手続に移行す

る。

5 弁護士に相談すれば，訴訟に訴えると世間から白い目で見られるとか，あとで気まずいといった意識を持つことがある。その場合，法の使用に対して周囲の第三者や相手側からの無言の圧力が働いているなど，訴訟に付随する弁護士費用が高すぎるといったイメージが定着しており，法の使用を抑制する社会集団が日本にはあるといった説明が，法社会学の分野では一般に定着している。こうした説明の事例判決が，「隣人訴訟」の津地裁昭和58年2月25日判決である。

6 2002年の日本弁護士会の報告によると，たとえば，東京簡易裁判所における民事係争事件100件のうち88件は貸金・求償金・立替金請求事件で，いわゆる消費者信用関係事件が大半を占めている。

7 地方裁判においては訴訟件数が増加していないという結果を見る限り，日本では依然として，弁護士を含めた法律の専門家は相変わらず国民から遠い存在であるのかもしれない。

8 技術の発達と社会の複雑化によって，法の内容も精緻さを増し，量も膨大で常識とかけ離れたものとなっている。このように法が細かく整備されると，いちいちすべてを掌握もできなくなるため，なにかトラブルになった時，法に照らして判断が行われる。この時，記載されている内容を，どのように理解するかにより，法の判断も変わってくるから難しい。

9 当事者の1人が法的助言を得て，弁護士に依頼するぞと言って脅かしたりすることが起こって，初めて法が主題化された（法的な問題として認知し，それを言語化して伝達し，法律に基づく請求することにより，紛争に転嫁される）ことになるとロットロイナー（1995）は説明する。

（三好祐輔）

第6章

地域の交通問題に向けての政策提言

1. はじめに

「地域活性化」という言葉は，農村振興，地域コミュニティ活動，イベント等，幅広い分野で捉えられている。これまでの章では，「地域活性化とは，人・金・モノが地域に集まること」と位置付けて議論を進めてきた。そして体系的な整理や全体像の把握に留まらず，個別の事例に基づいた実証結果を提示してきた。また，できるだけ客観的なものとするため，生産性の低い企業から高い事業への集約化を促進する際，戦略の見直しを要する点はあるか，あるとすればどこかを明らかにする知見を体系的に提供してきた。そして国の施策が，地域住民の生活をより豊かにするものであったか，政策の影響を予測する有力な手段を提供できたものと考えられる。ただ，これまでの章では「金・人」の流れに着目し，地域住民と企業の関係に焦点を当てた話題がほとんどで，「人・モノ」の流れには必ずしも十分に触れてこなかった。

最後の章では，「人・モノ」の流れにも注意を払い，高齢化が進む地方においても，都市の生活環境とほとんど変わらず豊かな生活を送れるようにするにはどうしたらいいか，地方行政の取組み，地域資源を活用した地域活性化に向けた取組みについて考えてゆきたい。この章でも，これまの章立てに沿った形で，定性的分析と定量的分析の両方を検証するという流れで議論を展開してゆく。そして地域の交通事情に対する行政の政策について，以下見てゆくことにする。

1.1 地域の衰退と政策の効果

　従来の観光地と言われた場所以外の土地においても，今ある貴重な地域資源を活用し，他の地域からの人々を呼び寄せる地域活性化策を採用するところが増加している。地域を衰退させないためには，魅力ある地域の特性を発信する際に地域資源をどのように活用するか，地域資源を新たな視点で再評価することは大切である。しかし，地元の住民が地域資源に気づいていない場合，本来の価値が認識されず，眠ったままとなっていることがある。また，地域の実情に照らし，どのような地域再生を目指すのか，地域住民の生活を支える基盤の整備が進まなければ，地域活性化の取組みは進まない。

　地域社会の維持・再生という観点から，地域で何が起き，何が問題となっているのかを確認し，地域住民向けの政策が及ぼすその効果を検証してゆく必要があるだろう。現在の日本は，老年人口は全体の人口で占める比重が高まる一方，総人口及び若年人口は長期的に減少する傾向にあり，働き手の不足が将来，顕在化するという問題を抱えている。特に，人口規模の小さい地域ほど，空き地，空き家の増大，耕作放棄地など，地域を支えるさまざまな機能が維持できない状況が加速的に進行している。実際，多くの若者は進学等に伴い，高校から地域を離れてしまうと故郷に戻らなくなる傾向は，数十年前と変わっていない。

　これまで，政府は地域資源の最大限の活用と持続的な育成を掲げてきた。大きな潜在的需要者と大きな潜在的資源が地域にはあるという仮定の下で，国や地方行政の政策は，多様な地域が育つため，地域独自の「環境」と「仕組み作り」を支援することであった。少子高齢化が進展する中，人口の減少に歯止めをかけるとともに，東京圏への人口の過度の集中を是正し，地域で住みよい環境を確保していくため，2014 年 11 月に成立した「まち・ひと・しごと創生法」に基づき，「まち・ひと・しごと創生総合戦略」の取組みを行ってきた[1]。また中高年齢者が希望に応じて移住し，多世代の地域住民と交流しながら健康でアクティブな生活を送ることができるコミュニティづくりを推進するための措置を盛り込んだ，改正地域再生法が成立した。

　こうした民間活力を中心とした都市の国際競争力の強化等を図るための都

市再生の推進に取り組んできた政府の取組みを，世界に開く（Open），多様性の促進（Diversity），「賢い集約」のもとにおける連携（Smart Shrinking and Sharing）の3つの視点からの長期戦略（ODS戦略）と藤田（2014）は評価している。そして，効率性という観点から，「規模の経済」と多様性の効果のもとでの賢い集約，立地点の集中による効率化，分散によるアクセス向上と空間の最大限の活用が地域活性化には不可欠であると説明している。さらに，人口減少・高齢化のもとで「地域」の活力の維持・促進を図るには，「賢い集約」と連携やネットワーク化による新たな都市・地域システムの持続的な再構築を推奨している。

しかし，輸送技術と情報通信技術（ICT）の飛躍的発達により，20世紀末から「グローバル化」と「ローカル化：集積力の強い地域への拠点化」の同時進行を図った日本は，1人当たり国内総生産の推移を見る限り，必ずしも成功したとは言えず，長寿化・高齢化で経済社会は衰退する運命に抗うことができていない。

また，地域経済を支える産業の担い手確保・育成，地方における都市のコンパクト化と交通ネットワーク形成[2]の推進のため，国土交通省が環境整備を行ってきた。しかし，交通アクセスが悪い地域では，地域住民の自家用車中心の生活実態に合っておらず，地方における公共交通利用の減少は顕著である[3]。その結果，公共交通の経営が悪化する悪循環が起こっている。地方創生という名の下で行われたこれまでの政策は，実は地方をさらに衰退化させている可能性もある[4]。

1.2　高齢化社会と交通政策

本章では，地域の交通事情に対する行政の政策を例に挙げ，自動車事故で発生する交通事故における損害賠償問題に焦点を当てて議論をする。現行法では，民法709条によって，交通事故は過失責任制度をとっている。損害賠償の算定には過失を要件とし，運転者に責任がある場合でも，被害者の過失を考慮し，その過失に応じて損害賠償を減殺するという過失相殺がとられている。しかし，実務上は自動車損害賠償保障法（自賠法）の3条で，運転者

に過失の有無を立証させる証明責任をとっているため，実質は厳格責任である。自賠法により自動車保有者は強制的に，自動車損害賠償責任保険に，さらに任意に自動車保険に加入しているので，賠償金額が保険金額の範囲内に収まれば，保険会社と被害者の利害関係になり，裁判所の判例や算定基準を参考にして示談することが多く，年々訴訟の件数は減ってきている。

　一方，賠償金の支払いは保険会社であるため，保険に加入しておれば被害者への賠償責任がないというモラル・ハザード問題が生じる。もちろん，過失責任制度を導入した根拠は，加害者にとって過失がないと責任の追及はないし，被害者にとって過失があれば損害賠償額が減少するから，共に注意水準を引き上げるため，交通事故の減少に繋がるからである。しかし，加害者にとって賠償金額の支払いよりもむしろ，刑事裁判や行政処分などの事故の煩わしさがあるという理由が大きい側面がある。被害者にとっても，過失相殺を恐れるよりも，死傷を防ぐために注意していると考えるのが自然である。したがって，過失責任制度の根拠は怪しいように思われる。消費者主権が叫ばれている今日，現状に照らし合わせば，過失責任のとる意義について再度考える必要がある。

2. 運転免許返上が高齢者の交通事故を減らすのか

2.1　はじめに

　近年，高齢者による自動車乗車中の事故の増加が問題となっている。平成26年度の「交通事故統計」によると，平成12年以降，今日まで交通事故件数及び死傷者数ともに減少傾向にあるが，それでも発生した交通事故件数は，40万5,109件にのぼり，死者数は3,037件であった[5]。死者の内訳を見ると，全体の53.7%が65歳以上の高齢者が占めている[6]。

　この状況を踏まえ，政府は平成28年の「第10次交通安全基本計画」の中で平成32年までに死者数を2,500人以下の実現を目指すと目標設定している。そのため，高齢者の死者数を減少させるにはどうしたらいいかという問

題を交通安全対策として取り組むべき課題とする認識が広がりを見せている。高齢者運転免許返納奨励の報道は増加傾向にあり，地方自治体ではその実施に向けて対策が取り組まれている[7]。

　しかし，報道で使用されている「年齢別の交通事故死者数」は，数値は歩行者や自転車利用を含めたすべての道路交通事故死者で，高齢者が自動車運転に関与した事故に限定したものではない[8]。また，高齢者運転免許返納奨励の報道は，認知機能の衰えが事故に繋がるという見解から派生したものが多い。ただし，運転免許の返納により，高齢者の移動手段の範囲を狭める（モビリティ・ハンディキャップ）という問題が原因で，高齢者の歩行者数を増加させ，かえって高齢者の事故死傷者数を増加させる視点が欠けている[9]。平成16年の警察白書によると，歩行中・自転車乗用中の高齢者の交通事故死者に占める運転免許保有者の割合は，免許証を持っていない高齢者が87％に対し，持っている高齢者は13％と著しく低い。こうした資料からは，高齢者に免許を持たせたほうが交通事故死する可能性が低くなる可能性が十分考えられる。

　これまで，道路のインフラや自動車の安全保護装備，運転を補助するレーダー等の電子装置，これらの装備を含めた福祉車両の開発のための補助金を支給するといった政策提言は多くされてきた。しかし，注意努力水準等のインセンティブと絡めて交通事故の背景にある潜在的な要因を経済学的視点から考察する研究は，ほとんどされなかった。特に，高齢者に対し運転免許返納奨励の実施が，高齢者を対象とした交通事故の減少に寄与するのか否か，人対車両の場合，歩行者が安全注意義務の誘因を怠るか否か，運転者に危険回避義務を遵守する誘因が働くか否かとの関連で論じられたことはほとんどなかった。

　そこで本研究では，高齢者運転免許返納奨励により，安全運転に関する教育を受ける機会が不足する結果，かえって高齢者が関わる事故件数が増加する可能性はないか，任意保険に加入している運転者がなぜ事故防止の誘因を十分に持てないのかその本質を明らかにし，交通事故を抑止する誘因を持つ政策案を提示する。対人事故賠償金の算定の際，被害者請求を採用した場合，①保険会社との交渉の際，歩行者側に有利に交渉が進む場合，運転者に

248　第 II 部　政策編

事故防止の誘因が働くのかどうか，②安全注意義務を怠る歩行者が増加した結果，交通事故の発生率が増加しているのか，事故類型別に，人対車両，車両相互事故について考察し，その本質を明らかにする。

　本研究の特徴は，高齢者の交通事故の損害賠償問題を取り上げ，特に，高齢者運転免許返納奨励の導入が交通事故の減少に寄与するか否かについて考察していることである。具体的には，現在の任意保険と強制保険が，交通事故を抑制するという点で機能しているのか，運転免許を保有している高齢者の交通事故減少に寄与しているかについて実証的に明らかにすることに成功している[10]。

　また，運転者に厳格責任を課す自動車損害賠償責任保険契約の形態が，歩行者の安全注意義務（negligence）を怠る誘因と運転者の危険回避義務を遵守しようとする誘因に及ぼす影響について，そして任意保険加入率と高齢者の人口構成との関連から，交通事故の抑止対策について比較制度分析を試みる点が，特に学術上の独創性を有すると言える。

2.2　仮説と理論モデル

　平成 27 年度の交通事故統計の資料によると，人対車両の事故の全体に占める高齢者の割合は 8.4% であるが，死亡事故に限定すると全体の 34.7% と高い。これを年齢別に区分してみると，人対車両の事故件数は，高齢者は他の年齢層に比べ多く，60 歳から 65 歳が 1,063 人，65 歳以上となると 734 人にのぼる。また，高齢者の運転で車両相互の場合も，60 歳から 65 歳が 600 人，65 歳以上となると 352 人にのぼる[11]。

　65 歳以上の高齢者が全人口の約 3 割を占めるほど高齢化社会が進んでいる状況では，高齢者の人口数が多いため，必然的に高齢者が交通事故に関わる頻度が高くなる可能性は十分にある。特に，地方では都市部に比べ高齢者の割合が高く，利用可能な交通手段が限られ，交通困難な環境にあるため，この傾向は顕著に現れることが予想される[12]。

　また，自賠責保険で歩行者への過失減額を適用する事例は少ない。歩行者である高齢者が安全注意義務を怠り，運転者が危険回避義務を遵守しない場

合，交通事故発生件数は増加し，保険料の増額に繋がる[13]。その結果，保険市場は機能しなくなり，保険契約におけるモラル・ハザードの問題が深刻化する可能性がある（Nell/Richter（2004），Cohen/Rajeev（2004））[14]。交通事故発覚後に生じる運転者の安全運転に対する信頼の失墜による保険料の値上げは，若者の自動車離れに拍車をかける影響を無視できない。高齢者が交通事故に大きく関わる場合，死傷事故に遭遇するのが大多数を占める64歳以下の運転者であるからである。運転者は加害者とみなされ，刑事責任はもちろん，経済的にも職業的にも大きな損失を被ることになる[15]。

　従来の運転者に厳格責任を課す損害保険契約を使ったガバナンス機能は現実的にあまり効果がないのではないか，歩行者への安全意識喚起のない状況では実際には十分な交通事故対策としての機能を果たしていないのではないかという議論が，欧米においても盛んに論じられている（Shavell（1986）etc)[16]。しかし，判例分析を含めた実証的な裏付けが，未だ日本では十分に実施されていないのが現状である[17]。また，運転者に厳格責任を適用する日本の交通事情を欧米由来の仮説では説明できないため，日本の特殊性に合わせ読み替える必要がある[18]。もっとも，歩行者を社会的弱者として交通事故対策を進めていく場合，高齢者運転免許返納制度の導入は，高齢者の移動手段を狭める問題が発生する可能性があることを考慮に入れて議論するべきである。さらに，高齢化現象は地域的偏向に伴い大都市では低く，地方では高いため，高齢者を単に交通弱者として保護しようとする従来の対処療法的交通政策では限界がある。そこで，以下のような仮説を提唱し，2.3節以降では仮説検定を実施する。

　運転免許を保有する高齢者は，免許更新等で安全運転に関する教育を受ける機会が十分にあるため，交通事故の減少に寄与する可能性がある。一方，厳格責任を課す道路交通法が適用される状況下では，運転者は厳格責任を問われるため，未然に事故を避けることの実現性は低く，保険市場に事故を抑止する効果を期待すること（事故抑止機能仮説）は現実には困難と予想される[19]。以下ではモデル分析から仮説の導出を行う。ここでは，Rees and Wambach（2008）に基づいてモデル化を行う。

　自賠責保険および任意保険に加入する運行供用者と歩行者を考える。運行

供用者は自賠責保険に必ず加入しており，加えて任意保険にも加入するものとする。自賠責保険による損害の保障額には上限（$\underline{C}$）があり，それを上回る損害について任意保険が保障するものとする。ただし，任意保険の種類によって，保障の程度が異なる。

運行供用者と歩行者の効用関数をそれぞれ u_d，u_w，それぞれの努力水準を e_d，e_w，$(0 \leq e_d, e_w \leq 1)$，年齢を表す変数を θ，事故の発生確率は π (e_d, e_w)，i，$j = d$ or w，$\dfrac{\partial \pi}{\partial e_i} < 0$，$\dfrac{\partial^2 \pi}{\partial e_i{}^2} > 0$，事故を防ぐために努力するためのコストを $c(e_d, e_w, \theta)$，$\dfrac{\partial c}{\partial e_i} > 0$，$\dfrac{\partial^2 c}{\partial e_i{}^2} < 0$，$\dfrac{\partial c}{\partial \theta} > 0$，$\dfrac{\partial^2 c}{\partial \theta^2} > 0$，$\dfrac{\partial^2 c}{\partial e_i \partial \theta} > 0$ と仮定する。元来の富をどちらも W，事故により発生する損害額を $L(L \in [\underline{L}, \bar{L}])$，$L$ の確率密度関数を $f(L)$ とする。P は自賠責保険料と任意保険料総額，事故の発生時に補償される額を $L < \underline{C}$ ならば $C(L) = L$，$L \geq \underline{C}$ ならば $C(L) = \underline{C} + k(\underline{L} - \underline{C})$ とする。自賠責保険によって $\underline{C}$ まで保障される。また，それを上回る損害額については任意保険による保障となるが，$k(0 \leq k < 1)$ が大であるほど補償の大きい任意保険に加入していることを示す。$k = 0$ の場合，任意保険に未加入であることと同等である。また，期待補償額は損害額を下回るものとする $\left(\displaystyle\int_{\underline{L}}^{\bar{L}} L f(L) \, dL > \int_{\underline{L}}^{\bar{L}} c(L) f(L) \, dL \right)$。

運行供用者の期待効用は次のように表される。

$$
\begin{aligned}
EU_d &= (1 - \pi(e_d, e_w)) u(W - P) + \pi(e_d, e_w) \int_{\underline{L}}^{\bar{L}} u(W - P - L + C(L)) f(L) \, dL \\
&\quad - c(e_d, e_w, \theta) \\
&= (1 - \pi(e_d, e_w)) u(W - P) + \pi(e_d, e_w) \int_{\underline{L}}^{\underline{C}} u(W - P) f(L) \, dL \\
&\quad + \pi(e_d, e_w) \int_{\underline{C}}^{\bar{L}} u(W - P - L + \underline{C} + k(L - C)) f(L) \, dL - c(e_d, e_w, \theta) \\
&= u(W - P) + \pi(e_d, e_w) \Big[-u(W - P) + \Big\{ \int_{\underline{L}}^{\underline{C}} u(W - P) f(L) \, dL \\
&\quad + \int_{\underline{C}}^{\bar{L}} u(W - P - L + \underline{C} + k(L - C)) f(L) \, dL \Big\} \Big] - c(e_d, e_w, \theta)
\end{aligned}
$$

第6章　地域の交通問題に向けての政策提言　　*251*

　運行供用者の最適な努力水準 e_d は，1階条件より，以下を満たすもので
ある。

$$\frac{\partial \pi}{\partial e_d}\Big[-u(W-P)+\Big\{\int_{\underline{L}}^{C}u(W-P)f(L)\,dL+\int_{\underline{C}}^{\bar{L}}u(W-P-(1-k)f(L-\underline{C}))\Big.$$

$$\Big.f(L)\,dL\Big\}\Big]-\frac{\partial c}{\partial e_d}=0$$

　さらに，1階条件を変形すると，次のようになる。

(1)式：

$$u(W-P)-\Big\{\int_{\underline{L}}^{C}u(W-P)f(L)\,dL+\int_{\underline{C}}^{\bar{L}}u(W-P-(1-k)(L-\underline{C}))f(L)\,dL\Big\}$$

$$=-\frac{\partial c}{\partial e_d}\Big/\frac{\partial \pi}{\partial e_d}$$

つまり，k が大であるほど（補償される保障金額が大），左辺は小となり，
π と c の仮定より，e_d は低下する。つまり運行供用者の努力水準は低下す
る。これが運行供用者のモラル・ハザードである（仮説2）。一方，k が小さ
いほど努力水準は高い。

　一方，歩行者の期待効用は以下のように表される。歩行者はその被害額 L
を基本的には保険および運行供用者に補填されるが，被害額では表されない
損失を受けるものとする。この損失を被害額 L に対して $\alpha L(0\leq\alpha\leq1)$ とす
る。

$$EU_w=(1-\pi(e_d,\ e_w))u(W)+\pi(e_d,\ e_w)\int_{\underline{L}}^{\bar{L}}u(W-\alpha L)f(L)\,dL$$

$$-c(e_d,\ e_w,\ \theta)$$

よって，歩行者の最適な努力水準 e_w は，1階条件より，以下を満たすもの

252　第 II 部　政策編

である。

$$\frac{\partial \pi}{\partial e_w}\left\{-u(W)+\int_{\underline{L}}^{\bar{L}}u(W-\alpha L)f(L)\,dL\right\}=\frac{\partial c}{\partial e_w}$$

ここで，θ について見ると，θ が大であるほど最適な e_w の水準は大きくなる。つまり，事故の発生確率は $\pi(e_d, e_w)$ を引き下げることとなり，高齢者の歩行者の増加は事故発生確率を低下させる。

一方，運行供用者の場合にも同様のことが言え，任意保険の加入水準 k が同水準である限り，最適な e_d の水準を引き上げることとなる。また陳大為（2011）などにより，高齢者の増加が社会全体の任意保険加入率を増加させることが明らかとなっており，高齢化が k の水準を高め，逆に e_d を引き下げる効果を持つこととなる。

以上より，歩行者の場合と異なり，高齢者の増加が e_d の水準を高めるとは言えず，高齢化による任意保険加入率の増加による k の上昇の効果が上回り，e_d を引き下げる可能性がある。その場合，事故の発生確率 $\pi(e_d, e_w)$ を引き上げる可能性もある（仮説 1）。

仮説 1：高齢者が交通事故に遭わないように注意するため，交通事故は減少する。しかし，運転免許を保有する高齢者の存在は，交通事故の減少に寄与するとは限らない。

仮説 2：運行供用者は，厳格責任を問われるため，未然に事故を避けることの実現性は低くなる結果，任意保険市場に交通事故の抑止を期待することは困難である（事故抑止機能仮説）。

2.3　実証分析

本研究で用いた平成 23 年度から 27 年度（2011-2015）の交通事故数の内訳を見てゆく。ここで用いる都道府県別データは，たとえば，人口，1 人当た

第6章　地域の交通問題に向けての政策提言　　*253*

表1　交通事故に関する基本統計量の概略

Variable/基本統計量	Obs	Mean	Std. Dev.	Min	Max	vif
車両相互事故率（台数/台数）	235	0.00749	0.00853	0.00113	0.06695	
歩行者対車両事故率（人数/台数）	235	0.00050	0.00048	0.00010	0.00322	
車両相互死亡率（台数/台数）	235	0.00002	0.00002	0.00000	0.00023	
歩行者対車両死亡率（人数/台数）	235	0.00002	0.00001	0.00000	0.00008	
免許率	235	0.658	0.030	0.572	0.716	
保険加入率（%）	235	70.46	7.17	52.30	82.60	3.72
1人当たりの県民所得（千円）	235	2756.29	390.56	2018.00	4508.00	1.99
老齢（65歳以上）人口の割合（%）	235	25.59	2.74	16.92	32.28	2.58
人口密度（千人/km²）	235	0.658	1.174	0.066	6.168	9.08
自動車1台当たりの舗装延長率（m/台数）	235	2.14	0.82	0.54	4.50	9.15
対人賠償保険平均保険料（千円）	235	56.06	5.30	35.98	70.01	1.92
対人賠償保険平均支払額（千円）	235	284.88	41.38	184.22	386.98	2.53

Variable/年次	2011	2012	2013	2014	2015
車両相互事故率（台数/台数）	0.008	0.010	0.007	0.006	0.006
歩行者対車両事故率（人数/台数）	0.0005	0.0005	0.0005	0.0005	0.0005
車両相互死亡率（台数/台数）	0.00002	0.00003	0.00002	0.00002	0.00002
歩行者対車両死亡率（人数/台数）	0.00002	0.00002	0.00002	0.00002	0.00001
免許率	0.653	0.653	0.663	0.667	0.658
保険加入率（%）	70.16	69.98	70.73	70.33	71.12
1人当たりの県民所得（千円）	2713	2733	2827	2682	2827
老齢（65歳以上）人口の割合（%）	24.262	24.813	25.585	26.168	27.125
人口密度（千人/km²）	0.669	0.656	0.654	0.654	0.655
自動車1台当たりの舗装延長率（m/台数）	2.069	2.162	2.160	2.157	2.157
対人賠償保険平均保険料（千円）	53.030	55.459	55.082	56.532	60.195
対人賠償保険平均支払額（千円）	254.526	260.955	283.197	302.018	323.719

りの県民所得，人口密度，65歳以上人口の割合，自動車1台当たりの舗装延長率については総務省統計局から入手した。自動車保有台数については，自動車検査登録情報協会による「自動車保有数統計データ」を，そして交通事故件数については，交通事故総合分析センターによる「交通事故統計年報」のデータにある事故類型別に記載された「車両相互事故件数・死亡件数」と当事者種別で記載された「第2当事者が歩行者である場合における違反交通事故件数・死亡件数」[20]をそれぞれ用いた。たとえば，車両相互事故

254　第Ⅱ部　政策編

表2　都道府県別で比較した表（被説明変数に着目）

	車両相互事故率	t 値	歩行者対車両事故率	t 値	車両相互死亡率	t 値	歩行者対車両死亡率	t 値
北 海 道	0.0032	−0.61	0.0003	−0.46	0.00002	−0.18	0.00001	−0.62
青　　森	0.0040	−0.50	0.0004	−0.19	0.00002	−0.49	0.00002	0.07
岩　　手	0.0026	−0.70	0.0003	−0.52	0.00003	0.12	0.00002	0.77
宮　　城	0.0053	−0.33	0.0004	−0.22	0.00002	−0.38	0.00001	−0.47
秋　　田	0.0027	−0.68	0.0003	−0.52	0.00002	−0.13	0.00001	−0.30
山　　形	0.0063	−0.19	0.0004	−0.23	0.00002	−0.40	0.00001	−0.25
福　　島	0.0049	−0.39	0.0004	−0.21	0.00002	−0.37	0.00001	−0.20
茨　　城	0.0137	0.80	0.0022	3.38	0.00003	0.06	0.00002	0.74
栃　　木	0.0072	−0.07	0.0005	0.07	0.00004	0.85	0.00002	0.83
群　　馬	0.0036	−0.55	0.0002	−0.54	0.00003	0.02	0.00001	−0.53
埼　　玉	0.0040	−0.51	0.0001	−0.76	0.00001	−0.96	0.00000	−1.17
千　　葉	0.0082	0.06	0.0006	0.16	0.00003	−0.05	0.00001	−0.58
東　　京	0.0040	−0.50	0.0002	−0.56	0.00002	−0.57	0.00001	−1.00
神 奈 川	0.0069	−0.11	0.0006	0.20	0.00002	−0.44	0.00001	−0.86
新　　潟	0.0032	−0.61	0.0004	−0.29	0.00002	−0.34	0.00002	0.21
富　　山	0.0052	−0.34	0.0004	−0.29	0.00002	−0.52	0.00001	−0.46
石　　川	0.0098	0.27	0.0008	0.66	0.00004	0.53	0.00003	1.33
福　　井	0.0468	5.24	0.0031	5.37	0.00011	4.34	0.00007	5.51
山　　梨	0.0056	−0.29	0.0005	−0.07	0.00002	−0.19	0.00002	0.48
長　　野	0.0021	−0.75	0.0002	−0.56	0.00001	−0.85	0.00001	−0.59
岐　　阜	0.0014	−0.85	0.0001	−0.73	0.00001	−0.86	0.00001	−0.75
静　　岡	0.0029	−0.65	0.0002	−0.66	0.00002	−0.46	0.00001	−0.65
愛　　知	0.0086	0.11	0.0005	−0.10	0.00002	−0.46	0.00001	−0.51
三　　重	0.0055	−0.30	0.0004	−0.31	0.00003	0.13	0.00002	0.11
滋　　賀	0.0066	−0.16	0.0004	−0.25	0.00003	0.42	0.00001	−0.36
京　　都	0.0074	−0.05	0.0005	−0.11	0.00002	−0.12	0.00001	−0.52
大　　阪	0.0110	0.44	0.0004	−0.14	0.00002	−0.30	0.00001	−1.00
兵　　庫	0.0092	0.20	0.0005	0.05	0.00002	−0.06	0.00001	−0.41
奈　　良	0.0058	−0.27	0.0004	−0.16	0.00002	−0.36	0.00001	−0.71
和 歌 山	0.0054	−0.32	0.0003	−0.40	0.00002	−0.15	0.00001	−0.48
鳥　　取	0.0024	−0.72	0.0002	−0.55	0.00002	−0.47	0.00002	0.80
島　　根	0.0025	−0.70	0.0003	−0.46	0.00002	−0.29	0.00001	−0.43
岡　　山	0.0082	0.06	0.0004	−0.21	0.00003	−0.01	0.00002	0.25
広　　島	0.0065	−0.17	0.0005	−0.09	0.00002	−0.24	0.00001	−0.26
山　　口	0.0054	−0.32	0.0004	−0.21	0.00002	−0.09	0.00002	−0.05
徳　　島	0.0068	−0.13	0.0004	0.28	0.00002	−0.15	0.00001	−0.12
香　　川	0.0115	0.50	0.0005	0.03	0.00003	0.33	0.00002	0.96
愛　　媛	0.0055	−0.30	0.0004	−0.26	0.00003	0.21	0.00001	0.16
高　　知	0.0044	−0.45	0.0004	−0.25	0.00003	0.44	0.00002	0.39
福　　岡	0.0115	0.51	0.0007	0.49	0.00001	−0.67	0.00001	−0.24
佐　　賀	0.0121	0.58	0.0006	0.17	0.00002	−0.24	0.00002	0.71
長　　崎	0.0062	−0.21	0.0006	0.15	0.00001	−0.78	0.00001	−0.17
熊　　本	0.0258	2.42	0.0004	−0.22	0.00009	3.68	0.00002	0.08
大　　分	0.0054	−0.32	0.0004	−0.15	0.00002	−0.17	0.00002	0.10
宮　　崎	0.0096	0.25	0.0005	0.05	0.00002	−0.50	0.00002	0.19
鹿 児 島	0.0224	1.96	0.0005	−0.10	0.00007	2.14	0.00002	0.44
沖　　縄	0.0051	−0.36	0.0006	0.28	0.00001	−1.00	0.00001	−0.46

（注）網掛けは，統計的に有意水準のものであることを示している。

第6章 地域の交通問題に向けての政策提言　　*255*

都道府県別で比較した表（主な説明変数に着目）

	保険加入率	t値	65歳以上比率	t値	プレミアム（保険料）	t値	保険平均支払額	t値
北 海 道	70.33	0.00	26.10	0.22	64.43	1.81	289.69	0.24
青　　森	68.83	-0.21	26.83	0.51	56.30	0.13	263.20	-0.59
岩　　手	62.27	-1.12	27.88	0.92	54.06	-0.34	254.29	-0.86
宮　　城	72.47	0.29	23.12	-0.93	58.92	0.67	275.37	-0.21
秋　　田	59.10	-1.56	30.52	1.95	54.39	-0.27	245.71	-1.13
山　　形	64.20	-0.85	28.25	1.06	56.73	0.22	244.28	-1.18
福　　島	65.97	-0.61	25.80	0.11	58.34	0.55	258.38	-0.74
茨　　城	74.07	0.52	23.71	-0.71	56.80	0.23	313.50	0.98
栃　　木	71.73	0.19	23.25	-0.89	55.37	-0.07	298.52	0.51
群　　馬	70.93	0.08	24.79	-0.29	56.41	0.15	291.40	0.29
埼　　玉	77.70	1.02	21.98	-1.38	58.70	0.62	325.57	1.35
千　　葉	78.60	1.15	22.78	-1.07	59.84	0.86	332.18	1.56
東　　京	77.90	1.05	21.22	-1.68	64.17	1.75	343.66	1.92
神 奈 川	79.47	1.27	21.58	-1.53	60.33	0.96	320.29	1.19
新　　潟	68.73	-0.22	27.19	0.65	50.05	-1.17	240.33	-1.30
富　　山	72.10	0.24	27.53	0.78	54.57	-0.23	247.60	-1.07
石　　川	72.20	0.26	25.11	-0.16	53.04	-0.55	248.95	-1.03
福　　井	71.93	0.22	25.53	0.00	54.91	-0.16	264.71	-0.54
山　　梨	62.10	-1.15	25.65	0.05	51.99	-0.77	289.37	0.23
長　　野	64.20	-0.85	27.35	0.71	51.86	-0.79	253.18	-0.90
岐　　阜	77.07	0.93	25.24	-0.11	62.84	1.48	292.88	0.34
静　　岡	75.30	0.69	24.90	-0.24	56.10	0.09	286.80	0.15
愛　　知	81.00	1.48	21.62	-1.52	65.47	2.02	303.91	0.68
三　　重	76.00	0.79	25.23	-0.11	57.92	0.46	317.12	1.09
滋　　賀	73.90	0.49	21.75	-1.47	54.65	-0.21	301.33	0.60
京　　都	78.97	1.20	25.01	-0.20	58.01	0.48	326.28	1.38
大　　阪	82.07	1.63	23.48	-0.79	64.66	1.85	348.31	2.06
兵　　庫	77.93	1.05	24.04	-0.58	58.29	0.54	329.47	1.48
奈　　良	79.43	1.26	25.43	-0.04	56.52	0.17	321.04	1.21
和 歌 山	74.10	0.52	27.82	0.89	49.67	-1.25	315.33	1.04
鳥　　取	65.40	-0.69	26.96	0.56	57.80	0.44	244.37	-1.17
島　　根	56.23	-1.96	29.87	1.69	53.38	-0.48	232.90	-1.53
岡　　山	73.37	0.42	26.16	0.25	55.48	-0.04	291.17	0.28
広　　島	75.73	0.75	25.05	-0.19	56.29	0.12	297.11	0.47
山　　口	71.43	0.15	29.13	1.41	57.42	0.36	264.96	-0.53
徳　　島	71.70	0.19	27.65	0.83	50.32	-1.11	282.01	0.00
香　　川	74.83	0.62	26.59	0.42	53.36	-0.48	292.11	0.31
愛　　媛	70.17	-0.02	27.54	0.79	50.07	-1.16	269.10	-0.40
高　　知	58.00	-1.71	29.84	1.68	49.86	-1.21	271.49	-0.33
福　　岡	76.10	0.80	23.16	-0.92	60.08	0.91	286.56	0.14
佐　　賀	65.63	-0.65	25.04	-0.19	53.57	-0.44	286.26	0.13
長　　崎	66.10	-0.59	26.80	0.50	52.13	-0.74	263.20	-0.59
熊　　本	65.47	-0.68	26.34	0.32	56.05	0.07	257.96	-0.75
大　　分	65.00	-0.74	27.55	0.79	53.76	-0.40	258.21	-0.74
宮　　崎	58.10	-1.70	26.60	0.42	53.37	-0.48	249.62	-1.01
鹿 児 島	59.47	-1.51	26.99	0.57	51.58	-0.85	257.28	-0.77
沖　　縄	52.83	-2.43	17.57	-3.10	37.62	-3.74	209.83	-2.25

（注）網掛けは，統計的に有意水準のものであることを示している。

256   第 II 部　政策編

表 2　都道府県別で比較した表（主な説明変数に着目）

	人口密度	t 値	免許率	t 値	舗装延長率	t 値	1人当たりの県民所得	t 値
北 海 道	0.07	-0.49	62.09	-1.29	3.22	1.31	7.82	-0.68
青　森	0.14	-0.44	63.55	-0.79	2.79	0.78	7.78	-1.02
岩　手	0.09	-0.48	64.39	-0.51	3.18	1.26	7.84	-0.59
宮　城	0.32	-0.28	65.43	-0.16	1.99	-0.18	7.89	-0.20
秋　田	0.09	-0.48	64.77	-0.38	3.35	1.46	7.79	-0.97
山　形	0.12	-0.45	67.67	0.60	2.92	0.95	7.83	-0.63
福　島	0.14	-0.43	65.97	0.03	2.44	0.37	7.85	-0.49
茨　城	0.48	-0.15	69.43	1.19	1.39	-0.90	8.04	0.99
栃　木	0.31	-0.29	70.04	1.40	1.99	-0.18	8.04	0.95
群　馬	0.31	-0.29	70.77	1.64	1.69	-0.55	7.99	0.61
埼　玉	1.90	1.05	63.91	-0.67	0.81	-1.62	7.95	0.26
千　葉	1.20	0.46	63.99	-0.64	1.02	-1.36	7.98	0.50
東　京	6.06	4.57	58.11	-2.63	0.67	-1.78	8.40	3.76
神 奈 川	3.76	2.62	61.49	-1.49	0.59	-1.88	7.99	0.60
新　潟	0.19	-0.40	67.35	0.49	2.53	0.47	7.91	-0.02
富　山	0.25	-0.34	68.97	1.04	2.75	0.74	8.04	1.00
石　川	0.28	-0.32	66.63	0.25	2.37	0.27	7.96	0.35
福　井	0.19	-0.39	67.72	0.61	2.51	0.44	7.95	0.29
山　梨	0.19	-0.39	69.95	1.37	2.02	-0.15	7.96	0.37
長　野	0.16	-0.42	69.65	1.27	1.78	-0.43	7.90	-0.13
岐　阜	0.19	-0.39	68.67	0.94	2.30	0.19	7.90	-0.11
静　岡	0.48	-0.15	68.55	0.90	1.28	-1.04	8.08	1.32
愛　知	1.44	0.66	67.62	0.58	0.99	-1.39	8.13	1.64
三　重	0.32	-0.29	68.64	0.93	1.75	-0.47	7.99	0.60
滋　賀	0.35	-0.26	67.31	0.48	2.06	-0.10	8.06	1.16
京　都	0.57	-0.07	61.14	-1.60	1.79	-0.42	7.99	0.57
大　阪	4.66	3.38	57.66	-2.78	0.69	-1.75	7.99	0.62
兵　庫	0.66	0.01	62.15	-1.26	1.69	-0.55	7.90	-0.13
奈　良	0.38	-0.24	65.09	-0.27	1.78	-0.44	7.81	-0.82
和 歌 山	0.21	-0.38	68.60	0.91	2.67	0.64	7.92	0.03
鳥　取	0.17	-0.41	65.99	0.03	4.00	2.25	7.73	-1.40
島　根	0.11	-0.46	65.50	-0.13	4.38	2.70	7.78	-1.01
岡　山	0.27	-0.32	66.97	0.36	1.97	-0.21	7.92	0.04
広　島	0.34	-0.27	65.23	-0.23	2.29	0.18	8.02	0.84
山　口	0.23	-0.36	65.25	-0.22	2.36	0.27	8.00	0.70
徳　島	0.19	-0.40	68.39	0.84	2.37	0.28	7.93	0.15
香　川	0.53	-0.11	68.36	0.83	2.10	-0.05	7.94	0.24
愛　媛	0.25	-0.34	66.04	0.05	2.17	0.04	7.85	-0.45
高　知	0.11	-0.46	65.65	-0.08	3.15	1.22	7.75	-1.29
福　岡	1.02	0.31	63.81	-0.70	0.99	-1.40	7.94	0.22
佐　賀	0.34	-0.26	67.10	0.40	2.30	0.19	7.81	-0.82
長　崎	0.34	-0.27	61.19	-1.59	2.03	-0.14	7.78	-1.03
熊　本	0.24	-0.35	66.03	0.05	2.15	0.01	7.79	-0.93
大　分	0.19	-0.40	65.80	-0.03	2.83	0.84	7.83	-0.64
宮　崎	0.15	-0.43	67.90	0.67	2.37	0.27	7.75	-1.29
鹿 児 島	0.18	-0.40	66.62	0.24	2.65	0.62	7.79	-0.98
沖　縄	0.62	-0.03	64.00	-0.64	1.50	-0.78	7.63	-2.18

（注）網掛けは，統計的に有意水準のものであることを示している。

率と歩行者対車両事故率については，車両相互事故件数をその地域の車両登録数で，第2当事者が歩行者の交通事故件数をその地域の人口数で割ってそれぞれ求めている。また，任意対人賠償自動車保険の普及率（保険加入率）や対人賠償保険平均保険料や対人賠償保険平均支払額については，自動車保険料率算定会による「自動車保険統計」をそれぞれ用いた。運転免許登録数は，警察庁による運転免許統計から得て，その地域の人口数で割って免許率を求めている。本研究で扱う変数の基本統計量と年代別の推移については表1に，表2は地域別における交通事故率ならびにそれを説明する変数をそれぞれ示している。

　これらの資料から言えることは，被説明変数である車両相互，歩行者対車両の事故率及び死亡率は年々減少している。都道府県別の事故率・死亡率は，車両相互，歩行者対車両共に統計的に有意に高いのは福井県である。車両相互に限定すると，茨城，熊本，鹿児島は統計的に有意である。一方，説明変数の候補は，保険加入率，65歳以上人口の割合，任意対人賠償平均保険支払額，任意対人賠償平均保険料が挙げられるが，他の都道府県と比べて福井，茨城，熊本，鹿児島は有意な値は得られていない。それゆえ，事故率・死亡率を説明する地域の有力な変数では説明することは現状では困難である。以下では，基本統計量で用いた変数による一般化モーメント法（GMM推定）だけでなく，因果関係にも注意を払った操作変数付きGMM推定法を用い，車両相互，歩行者対車両の事故率及び死亡率の減少が，どのような原因によるものかを説明できるかを見てゆく。

　はじめに，交通事故の発生は，人口密度や老齢人口の割合，任意保険加入率等の各変数の影響を受けると仮定し，自動車と歩行者の交通事故率，自動車相互の交通事故率を被説明変数とする交通事故モデルを用い，交通事故による死亡者数を減らす政策の効果を推定する。さらに，交通事故の発生と任意保険加入の同時性を考慮し，以下の同時方程式モデルを作成した[21]。

(1)式：$y_{i,t} = \alpha_1 z_{i,t} + \beta_1 x_{i,t} + a_{i,t} + u_{i,t_1}$

(2)式：$z_{i,t} = \gamma_1 Income + \gamma_2 Premiume + \gamma_3 Payment + a_{i,2} + u_{i,t_2}$

第 II 部　政策編

表 3　GMM 推定

被説明変数：歩行者対車両事故率	Coef.	Std. Err.	z	P > |z|
65 歳以上人口の割合×免許率	0.0006	0.0003	2.16	0.031
保険加入率	0.0000	0.0000	1.88	0.06
人口密度	0.0000	0.0000	−0.8	0.425
65 歳以上人口の割合	−0.0012	0.0004	−3.16	0.002
対人賠償保険平均保険料	−0.0003	0.0002	−1.27	0.203
自動車 1 台当たりの舗装延長率	0.0000	0.0001	0.19	0.847
対人賠償保険平均支払額	−0.0002	0.0003	−0.68	0.497
定数項	0.0045	0.0015	3.02	0.003
標本数	235			
修正済み決定係数	0.0557			

被説明変数：車両相互事故率	Coef.	Std. Err.	z	P > |z|
65 歳以上人口の割合×免許率	0.0075	0.0043	1.75	0.079
保険加入率	0.0002	0.0001	1.43	0.154
人口密度	0.0018	0.0011	1.66	0.097
65 歳以上人口の割合	−0.0112	0.0046	−2.45	0.014
対人保険賠償平均保険料	0.0042	0.0076	0.55	0.582
自動車 1 台当たりの舗装延長率	0.0037	0.0022	1.69	0.092
対人賠償保険平均支払額	−0.0121	0.0064	−1.9	0.057
定数項	0.0659	0.0227	2.9	0.004
標本数	235			
修正済み決定係数	0.0425			

被説明変数：歩行者対車両死亡率	Coef.	Std. Err.	z	P > |z|
65 歳以上人口の割合×免許率	0.0000	0.0000	4.25	0
保険加入率	0.0000	0.0000	1.44	0.15
人口密度	0.0000	0.0000	1.07	0.285
65 歳以上人口の割合	0.0000	0.0000	−2.92	0.004
対人賠償保険平均保険料	0.0000	0.0000	−0.98	0.326
自動車 1 台当たりの舗装延長率	0.0000	0.0000	3.37	0.001
対人賠償保険平均支払額	0.0000	0.0000	−1.83	0.067
定数項	0.0001	0.0000	3.16	0.002
標本数	235			
修正済み決定係数	0.1776			

被説明変数：車両相互死亡率	Coef.	Std. Err.	z	P > |z|
65 歳以上人口の割合×免許率	0.0000	0.0000	1.52	0.129
保険加入率	0.0000	0.0000	1.13	0.259
人口密度	0.0000	0.0000	0.73	0.467
65 歳以上人口の割合	0.0000	0.0000	−1.66	0.098
対人賠償保険平均保険料	0.0000	0.0000	0.62	0.533
自動車 1 台当たりの舗装延長率	0.0000	0.0000	2.57	0.01
対人賠償保険平均支払額	0.0000	0.0000	−1.32	0.188
定数項	0.0001	0.0000	2.1	0.036
標本数	235			
修正済み決定係数	0.0496			

（注）網掛けは，統計的に有意水準のものであることを示している。

第6章　地域の交通問題に向けての政策提言　*259*

表4　操作変数付き GMM 推定

被説明変数：歩行者対車両事故率	Coef.	Std. Err.	z	P > |z|
65 歳以上人口の割合×免許率	0.0004	0.0003	1.34	0.18
保険加入率	0.0000	0.0000	2.02	0.043
人口密度	−0.0001	0.0001	−1.23	0.219
65 歳以上人口の割合	−0.0009	0.0004	−2.35	0.019
対人賠償保険平均保険料	−0.0008	0.0005	−1.56	0.12
自動車 1 台当たりの舗装延長率	0.0000	0.0001	0.29	0.768
対人賠償保険平均支払額	−0.0005	0.0004	−1.44	0.149
定数項	0.0061	0.0022	2.82	0.005
標本数	235			
修正済み決定係数	0.0155			

被説明変数：車両相互事故率	Coef.	Std. Err.	z	P > |z|
65 歳以上人口の割合×免許率	0.0076	0.0046	1.65	0.099
保険加入率	0.0002	0.0002	1	0.316
人口密度	0.0016	0.0013	1.19	0.234
65 歳以上人口の割合	−0.0137	0.0062	−2.22	0.027
対人賠償保険平均保険料	0.0017	0.0097	0.17	0.862
自動車 1 台当たりの舗装延長率	0.0042	0.0023	1.83	0.067
対人賠償保険平均支払額	−0.0096	0.0067	−1.43	0.154
定数項	0.0657	0.0285	2.31	0.021
標本数	235			
修正済み決定係数	0.0404			

被説明変数：歩行者対車両死亡率	Coef.	Std. Err.	z	P > |z|
65 歳以上人口の割合×免許率	0.0000	0.0000	1.99	0.05
保険加入率	0.0000	0.0000	3.02	0
人口密度	0.0000	0.0000	−0.69	0.49
65 歳以上人口の割合	0.0000	0.0000	−1.06	0.29
対人賠償保険平均保険料	0.0000	0.0000	−2.35	0.02
自動車 1 台当たりの舗装延長率	0.0000	0.0000	2.32	0.02
対人賠償保険平均支払額	0.0000	0.0000	−2.59	0.01
定数項	0.0002	0.0000	3.87	0
標本数	235			
修正済み決定係数	0.0796			

被説明変数：車両相互死亡率	Coef.	Std. Err.	z	P > |z|
65 歳以上人口の割合×免許率	0.0000	0.0000	0.16	0.87
保険加入率	0.0000	0.0000	2.8	0.01
人口密度	0.0000	0.0000	−0.71	0.48
65 歳以上人口の割合	0.0000	0.0000	−0.17	0.87
対人賠償保険平均保険料	0.0000	0.0000	−0.65	0.52
自動車 1 台当たりの舗装延長率	0.0000	0.0000	2.08	0.04
対人賠償保険平均支払額	0.0000	0.0000	−2.27	0.02
定数項	0.0002	0.0001	3.05	0
標本数	235			
修正済み決定係数	0.0842			

（注）網掛けは，統計的に有意水準のものであることを示している。

260   第 II 部　政策編

　ここで被説明変数は，以下の通りである。

説明変数 $z_{i,t}$ は，任意対人賠償責任保険の加入率である。説明変数 $x_{i,t}$ は，交通事故に影響を与える変数で，対人賠償保険平均支払額，人口密度，65歳以上人口の割合，自動車 1 台当たりの舗装延長率が含まれており，それぞれ対数変換している。説明変数 Income，Premiume，Payment は，保険の加入率に影響を与える外生変数で，1 人当たりの県民所得，対人賠償保険平均保険料，対人賠償保険平均支払額が含まれている。誤差項は，prefecture-specific unobserved effect, idiosyncratic errors である。推定結果は，表 3 と表 4 に示されている。また，vif 検定を行ったが，ほとんどの変数で多重共線性の問題はそれほど深刻でないこともわかる。

　最も関心があるのは，高齢者の数が事故率に与える影響である。歩行者対車両の場合，65 歳以上の年齢が多い地域ほど，事故率は統計的にも有意にマイナスの値が得られており，死亡率も少ない傾向にある。また，車両相互の場合も同様に事故・死亡率には統計的に有意にマイナスの係数が得られている。このことは，高齢者が多い地域だから交通事故が発生しているという解釈は困難である。つまり，高齢者は交通事故に巻き込まれないように十分注意を払っており，むしろ年配者は出勤時間を避けて交通量が少ない時に移動していることが伺える。

　ただし，65 歳以上の年齢が多い地域かつ免許率が高い地域ほど，歩行者対車両と車両相互の双方の場合において，共に統計的にも有意にプラスの値が得られている。このことは，運転免許を保有する高齢者は，逆に交通事故に巻き込まれている，あるいは交通事故の増加に寄与している可能性があることを意味する。高齢者に対し，運転免許の返納を促す政策をとることにより，今後交通事故が減少する可能性が高くなることが伺える（仮説 1 は採択）。

　次に，因果関係を明示的に捉えるため，操作変数を用いて推定することにした。そこで，保険の加入率が事故率に与える影響である係数 α_1 を見てゆく。操作変数としては任意対人賠償保険平均保険料と 1 人当たりの県民所得を用いた。仮に，保険の加入率が増加したことにより，交通事故率が減少したのであれば，この係数値は負となるはずである。

分析の結果から言えることは以下のことである。予想される符号とは逆に統計的にも有意にプラスの値が得られていることは注目に値する。つまり，歩行者対車両の場合は任意保険の加入率が高いと，運転者事故・死傷者数の数はむしろ増加する傾向にある。このことは，運転者側には，現行法では厳格責任が適用され，交通事故が発生すれば加害者扱いをされるため，事故を防止するインセンティブが弱まっているという解釈になる。特に，歩行者に対する損害賠償の支払いの際，過失相殺の効果が働いておらず，運転者側に事故防止のインセンティブが働いていないことが伺える（仮説2は採択）。

また，対人賠償保険平均支払額についても，上記の解釈を裏付ける結果である。特に，被害者が死亡した場合の保険支払額が多いと，歩行者対車両と車両相互の双方の場合において，死傷者数の数も減少する傾向にある。しかし，死亡を伴わない事故の場合は共に，統計的に有意な値が得られていない。

さらに，自動車1台当たりの舗装延長率は，統計的に有意な値が得られており，舗装延長率の高い地域ほど，歩行者対車両も車両相互の場合も共に運転者事故・死傷者数の数は多い。自動車1台当たりの舗装延長率は自動車のスピードを上げているという代理変数としての意味を有するものと考えられる。つまり，舗装された道路が多い地域ほど，自動車のスピードを出した運転が原因で，歩行者も事故に巻き込まれているという解釈になる。

2.4 結　論

本研究の結果は，以下の通りである。高齢者は交通事故に遭わないように十分注意を払っているものの，運転免許を保有する高齢者は運転する機会が増加するため，かえって交通事故に巻き込まれている，あるいは交通事故の増加に寄与している可能性がある。それゆえ，高齢者に対し，運転免許の返納を促す政策を取ることは事故を減らす効果が十分にあると考えられる。

また，現状の厳格責任を課す道路交通法が適用される状況下では，運転者側に注意義務を怠ることが十分予想される。その結果，運転者は未然に事故を避けることの実現性は低い。つまり，歩行者に事故を回避するインセン

ティブを持たせる仕組みを作らない限り，保険市場に事故を抑止する効果を期待することは困難であると予想される。それゆえ，歩行者に対しても事故を防止する誘因を持つように，たとえば，自動車損害賠償責任保険契約の中にも過失責任を盛り込むことを提案したい。つまり，運転者に免責を認めることは，若者の自動車離れに歯止めをかけるだけでなく，事故防止のための誘因を与えることになるので，社会効率性の観点から望ましいことである。

ただし，交通事故を被説明変数とする交通事故モデルの問題点として，omitted variables の問題が挙げられる。通常，交通事故に影響を与える要因は多岐にわたる。道路環境の変化や車両の性能向上，損害賠償金額や運転免許などの制度的な変化，警察による交通違反の取締りの頻度や天候など，非常に多くの要因が交通事故の発生に影響を及ぼすと考えられる。しかし，データの制約上，こうした変数のすべてをモデルに取り入れることは不可能であり，その結果，推定値にバイアスが発生している可能性がある。

それゆえ，高齢者の交通行動を通じてその交通事故実態を吟味し，その結果を交通安全対策に反映させるといった分析が必要となるので，今後の課題としたい。

［注］

1　これを受けて平成 28 年 4 月に，地方公共団体の自主的・主体的な事業で先導的なものを支援する「地方創生推進交付金」が，地方創生プロジェクトに対する企業の寄附を促進する「地方創生応援税制」がそれぞれ創設された。

2　たとえば，バスターミナルや駅等の公共交通の結節点に生活利便施設を集積し，人が集まる場所をつくることを進めてきた。

3　地方都市の交通手段確保のために，多くの自治体でコミュニティバスの運行が行われている。しかし財政的な制約から，バス運行本数や運行ルートへの制約が大きく，利用者ニーズを満たすだけのバスサービスが行われていない地域が多い。

4　たとえば，地方創生の事業の政策目標の設定に問題がある場合がある。観光事業を推進する際に税金を投入する場合，その政策目標の成果を観光客人数の増加にしていることがある。投資資金の乗数効果により，地域経済にどれだけプラスになるのか，投じた税金を回収できるかを視野に入れた事業計画がされているとは言い難い。

5　20 年前の事故件数は約 76 万件であったことから見ると，現時点ではその数が半減

し，事故は減少傾向にあり，これまでの行政による交通対策（シートベルト，ヘルメットの着用の義務化）に一定の効果があったと見てよい。

6　高齢者とは通常，65歳以上であるが，65歳から74歳までを前期高齢者，75歳以上を後期高齢者という分類をしている場合もある。

7　平成12年以前は，事故の加害者及び被害者に占める若年者（25歳未満の年齢層）の比率が高く，若者の交通事故の原因として，スピード超過や無謀運転が原因として挙げられていた。

8　もっとも，加害者（事故の過失の重い「第1当事者」）を見ると，「65歳以上」のドライバーが起こした事故は783件で，死亡事故全体の28.6%を占めている。

9　たとえば，市民権法（Civil Rights Act）が制定された米国では，高齢者の交通対策は差別解消，人権擁護に基本があり，市民運動の一環として理解しなければならないという考え方が支配的である。

10　自動車の運行は社会全体にとって極めて有益であるが，その反面交通事故という負の側面を持つ。そこで交通事故の被害者の救済策として，自動車損害賠償保障法を策定することにより自動車の運行者の責任を明確にし，その損害賠償責任の履行を確固たるものとするために自賠責保険への加入が強制化されるという政策が実施されている。

11　年齢別の当事者数を運転免許保有者数10万人当たりに換算した場合，75歳以上は他の年齢層との差はほとんどない。

12　公共交通システムの整備が十分でない地方都市では，自動車交通が主になりやすく，高齢者の自動車の依存度も増大することが十分考えられるからである。

13　A. Conard［1964］はミシンガン州の例によれば，紛争処理費用は非常に大きく，被害者の受け取る賠償金額の1.2倍もの費用が，保険の営業費用，弁護士費用，裁判費用等で第3次費用が発生していると報告している。司法制度改革の下，法曹人口が増加する中，日本においても対人事故損害賠償金の算定の際，被害者請求を採用した場合，保険会社との間で歩行者が弁護士に代理交渉させ，等級認定の申請を歩行者側に有利に進めるケースが増加傾向にある。事故損害賠償金請求額の負担により自動車保険料金が上乗せされ，着実に運行供用者の負担増という形で表れるであろう。

14　逆に，保険料が常にリスクを適切に反映している場合，常に保険料が支払保険金の期待値と等しくなる場合にはモラル・ハザードは生じない可能性が高い。

15　内閣府による平成16年度の交通事故についての推計では，この金銭的損失総額は約4.4兆円とされている。また，死亡のWTP（willingness to pay：支払い意思額）値は上記内閣府の推計によれば1人当たり約2.3億円である。

16　加害者の資力が十分でないため，資源配分の歪みが生じ，被害者の救済が困難になるという債務免責者問題（judgment proof problem）を提起している。

17　日本における交通事故の裁判例では，横浜地裁の平成23年11月1日の判決では，道路を横断中にタクシーに轢かれて死亡した眼科開業医のケースは5億843万円の人身総損害額が認定されたという報告があるに過ぎない。

18　アメリカでは，寄与過失（contributory negligence）の原則を認めており，寄与過

失の認定によって，賠償責任の有無を二者択一的に決定する。そのため，たとえ被害者の過失の程度が加害者に比べて低くても免責事由となる。それに対し，日本では両当事者の過失の程度を斟酌して責任負担をその程度に応じて決める。

19 保険に事故抑止機能があれば，保険に加入していることで，損害賠償の支払いの際，過失相殺の効果が働くため，保険料の値上がりを恐れ，運転者に事故防止のインセンティブが働いていると伺える。

20 警察庁交通局によると，第1当事者とは，違反がより重いか，あるいは違反が同程度の場合は，被害がより小さいほうの当事者を指す。

21 逆の因果（reverse causation）は，計量経済学では，同時性の問題と呼ばれる。この同時性によって誤差項と説明変数が相関すること（つまり内生性）により最小二乗推定量は一致性を失う。

（三好祐輔）

終　章

全体のまとめ

　以下，地域を再生するにはどうしたらいいだろうかという問題意識の下に
執筆した著者の研究について章ごとに見てゆく。ただし，モデル分析に基づ
いた定量的な実証分析に関連していない第1章は除外している。

　「地方創生」という一種の流行語の下では，政府や自治体による減税，補
助金頼みの対策ばかりが議論されがちである。しかし，地方には大量の雇用
を吸収するだけの勤め先がなく，ますます生産年齢人口が減っていくという
悪循環に陥るばかりである。第2章では，どうすれば地方と呼ばれるエリア
に企業が「残留」するのか，その手がかりを探ることが目的であった。つま
り，地域発祥の企業の都市部への進出／非進出の違いは何に由来するのかを
探る。その上で，企業が存続するための条件，企業存続の環境の整備につい
て考察する。特に，ファイナンスの発想によって，外部の力に依拠すること
なく，本体あるいは傘下の子会社を上場させることによって，外部投資家を
意識した高利益率の経営を目指すというプランが提示される。このことは，
大企業が地方に未上場子会社を持っている場合においても，その子会社を上
場させることで企業価値を増加させるという手法にも応用できるため，実践
的な試みと言える。

　第3章では，過去に不祥事をしたことのある企業を対象に，役員賞与と経
営者が企業価値に与える影響との関係について分析した。具体的には，株主
が経営者をどのように規律しているか，株主の提示する役員報酬が不法行為
をする経営者のインセンティブ問題をうまく解決できているかを把握するた
め，モデル分析及び実証分析を行った。

　分析結果より，企業が不祥事を起こすかどうかは，業績の良し悪しとは関
係なく，役員賞与比率や持株比率に求めることができる。役員賞与や役員持

株を高めることにより，不祥事を減らし，企業業績を高めることが期待でき
る。しかし，過去に複数回不祥事をしたことのある企業は，将来また不祥事
を起こす可能性が高いとみなされ，経営者の役員賞与や株式所有は少ない傾
向にある。そのため，役員賞与比率が十分小さくなっていることを勘案する
なら，経営者は合法的活動を選択し，不法行為を減らすことは困難である。
たとえ法律による取締りを強化して摘発しても，さらに役員賞与比率を下げ
るようになるため，現状では経営者が不法行為を抑制することを難しくして
いることがわかった。また，株式を保有しない社外取締役員に対し，企業の
不祥事を抑止することを求めても，その効果を期待できない。したがって，
株価連動報酬を社外取締役員に提示することで，経営者の不法行為を抑制す
るインセンティブを持たせる必要がある。

　第4章では，分析により明らかになった点は，次の3点である。まず，貸
金市場は借り手に関する情報の非対称性が著しく，貸倒れリスクが高いた
め，こうした背景を反映した貸出しを業者は行っている。したがって，金利
が高くなるにつれて貸金業者は貸出しを減らす傾向にある。情報の非対称性
が大きい場合は，まず貸出金利の上昇により貸出し機会が削減されるため，
貸出供給曲線は右下がりとなっており，貸金市場はワルラス不安定の状態に
あると言える。

　さらに，現行の貸金市場においては，上限金利規制の水準で貸出しが行わ
れており，供給曲線が右下がりで，かつ超過需要が発生している。また，上
限金利規制の引下げに対する他の消費者金融業者の追随率は低く，金利引下
規制の対象となっていないカード会社などは必ずしも貸出金利を引き下げて
いるようには見えない。よって，2000年6月に施行された上限金利の引下
げの効果は，貸金市場にはそれほど影響を与えていないように思われる。だ
が，供給曲線が右下がりかつ超過需要が発生している状況では，上限金利規
制の水準が引き下げられ，市場均衡の金利水準に近づくほど，社会的余剰は
増加することになる。したがって，上限金利規制引下政策は，社会的に見て
望ましいものであると言うことができる。

　第5章では，日本では近年，司法に国民の意思を反映させるという理念の
下に，さまざまな司法制度の改革が行われた。なかでも，急激な弁護士数の

終章　全体のまとめ　　267

増加や弁護士報酬の改定が訴訟にもたらした影響は，民事訴訟の件数の増加や弁護士利用率の増加につながっている。そこで，弁護士の裁判に関わる割合の増加，弁護士数の増加などの要因がきっかけとなり，弁護士による誘発需要が引き起こされているかどうかについて，ゲーム理論の１つの分野に該当する契約理論を応用した理論分析及び都道府県別のアンケート結果に基づいた実証分析を行った。

　分析結果によれば，これまで弁護士は，簡易裁判では訴訟額が低額ゆえ，潜在的な需要があるのにもかかわらず積極的に需要を掘り起こそうとはしなかった。だが，近年の司法制度改革により弁護士だけでなく，司法書士が訴訟代理サービス市場に参入できるようになったこと，さらに以前よりも着手金を安くする代わりに，成功報酬率を引き上げるという形で法的サービスが提供されるようになったことが原因で，誘発需要を喚起していることがわかった。また，弁護士の増加によってアクセスコストが減少したことで，利用率は増加している結果も得られている。

　また，弁護士による誘発需要が引き起こされていることが，都道府県データに基づいた推定結果だけでなく，アンケート結果を用いた分析結果によっても確かめられた。特に，2004 年度からの弁護士報酬の自由化以降，着手金を減らし，さらに弁護士が訴訟リスクを負担してくれる割合が高まれば，訴訟利用者が増加していることがわかる。また，日弁連・弁護士会が全国各地に設置した法律相談センターは，ADR（Alternative Disputes Resolution：裁判外紛争処理制度）よりも紛争解決を司法の手に委ねるように利用者に斡旋している可能性が高いことが伺える。弁護士の数が増加する，あるいは弁護士が訴訟代理人として働く割合が高まっている状況が今後も続くのであれば，地域・時代を問わず訴訟件数を増加させる傾向になるであろう。

　第 6 章では，高齢化が進む地域の交通事情に対する行政の政策を例に挙げ，高齢者による自動車乗車中の事故の増加問題を取り上げた。分析の結果から，高齢者は交通事故に遭わないように十分注意を払っているものの，運転免許を保有する高齢者は運転する機会が増加するため，かえって交通事故に巻き込まれている，あるいは交通事故の増加に寄与している可能性がある。歩行者への安全意識喚起のない状況下で，運転者に厳格責任を課す道路

交通法が適用される場合，運転者は未然に事故を避けることの実現性は低い。特に，高齢者が運転免許を保有することは，ますます交通事故を誘発させる可能性がある。歩行者に事故を回避するインセンティブを持たせる仕組みを作らない限り，保険市場に事故を抑止する効果を期待することは困難であることを明らかにした。

　ただし，本書の残された課題として，紹介した題材から扱えていないファイナンス上の論点が次の2点挙げられる。第1に，数十年にわたって厳しい不良債権処理をやってきた金融機関が，なぜ，地方創生の役割を果たせなかったかという問いに対し，明確に答えていない点である。日本の都市は重化学工業都市から科学・知識集約都市へと転換の過渡期を迎え，事業再編をする時期に来ている。政府は，金融機関に対し，担保・保証に依存しない企業の事業性評価に基づく融資や，企業の経営改善・生産性向上等の支援に積極的に取り組むよう促してきた。2016年の金融庁のヒアリング調査によると，地域の中小企業等からは，依然として，相変わらず担保・保証に依存しているといった厳しい意見が多く寄せられている。企業の経営改善や生産性向上を支援できる人材育成が地方では進んでいないことが伺える。しかし，経済・社会領域に対する国家の介入は，それが限界を超える場合，支援政策そのものが実効性を失うか，社会生活領域に深刻な悪影響をもたらす可能性を持つことがある。

　こうした状況に陥っている一因として，政府の行動は外生的に決定されておらず，国民の投票行動次第で内生的にその行動を変えていく存在であるという認識の欠如が考えられる。どのような地域活性化策が望ましいのかを検討するため，住民の満足度を予測しながら検討を進めていく必要がある。一方，企業の行動は，政府のように国民の声に反応して行動を変えていくことを考慮に入れる必要性はない。企業の経営戦略の展開を追ってゆけば，どのような政府の支援政策が望ましいのかを明らかにすることができる。上記のモノの見方を通じて，現在事業を継続している企業に対する政府の支援策を再度見直す必要があるだろう。

　経済主体の行動は外生的に決定されておらず，制度のあり方しだいで内生

終章　全体のまとめ　　269

的にその行動を変えていく存在であることを強調していることにはそれなり
の理由がある。社会人学生が取り上げた現在の瀬戸内地域を代表する企業で
ある日亜化学工業を例に，著者が法と経済学の専門家という立場から，企業
の参入について論じたもの【部分ゲーム完全均衡に基づいた特許の対価支払
いに関する展開形ゲームによる関する判例分析】を以下で紹介する[1]。

【問題の所在】

　日亜化学工業株式会社の元従業員が，「発明の対価が低すぎる」と特許法
35条3項，4項の規定を根拠に，その不足分を求めて同社と争った事案であ
る（青色LED訴訟　発明の対価について「平成16年1月30日東京地裁・平成
13年（ワ）17772 特許権 民事訴訟事件」）。近年，こうした事案は増加傾向に
あり，特許法35条の職務発明問題に一石を投じる判決として各方面の注目
を集めた。また，この事案の職務発明の対価が一体いくらであるのかという
面からも大きく注目された。結論としては，被告は，原告側が請求していた
200億円全額を支払うことを命じる判決が出された。以下，事件の概要につ
いて述べてゆく。

【参考】特許法35条（職務発明の規定）

　会社の仕事として従業員の発明は職務発明であり，会社はこれを使う権利
　を有する。職務発明の場合，その発明から生まれた特許や，それを使う権
　利は「相当の対価」と引き換えに会社に渡す権利を従業員は持つ。

【事件の概要】

　「青色発光ダイオードの発明者，中村修二氏（米カリフォルニア大サンタ
バーバラ校教授）が，かつて勤務していた日亜化学工業（徳島県阿南市）から
得るべき発明の対価は，604億3,006万円」。東京地裁は「特許の効力が切
れる2010年までに，日亜化学工業が得る利益を1,208億6,012万円」と推
測した。そして「中村氏は，独力で，まったく独自の発想に基づいて本件特
許発明を発明した」と断定し，「小企業の貧弱な研究環境で，個人的能力と
独創的な発想により，世界中の研究機関に先んじて産業界待望の世界的発明

を成し遂げたまったく稀有な事例」とし、「中村氏の貢献度は、50%は下回らない。その対価は604億円である。」と認定した。しかし、中村氏の要求は200億円であったため、本件特許発明についての譲渡に対する相当対価の額200億円を日亜化学工業は支払うという判決が出た。これを受けて日亜化学工業は直ちに控訴した。

東京高裁では「和解についての当裁判所の考え」として以下のように公表した。「特許による利益は売上の3.5〜5.0%」とし、中村氏の貢献度は5.0%とされた。また中村氏の在職中の職務発明についての特許を受ける権利を日亜化学工業に承継済みと確認した。そして中村氏に権利承継の対価として約6億円、その遅延損害金として約2億3,000万円の支払義務を認めた[2]。

ゲーム理論による経済学的考察

利得関数は、中村、日亜化学工業の順になっている。判例に基づくと以下の仮定を置くことができる。

【仮定1】和解した場合、中村氏は8億円の金額を得る。
【仮定2】和解しない場合、中村氏は200億円を得て、新しい企業を立ち上げない。他の3人の研究者も同様の行動を取る。
【仮定3】中村氏を初め日本の研究者は、0.2億円の給与を得ている。
【仮定4】和解して中村氏が企業を立ち上げた場合の利益は、日亜化学工業と折半である。

【中村 v.s. 日亜化学工業の利得を考えた場合】

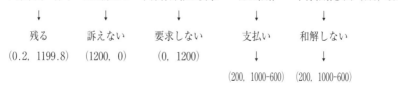

バックワード・インダクションで解くと，以下のように説明できる。ま
ず，中村氏は和解に応じるか，和解しないかを（608，592）と（200，1000
－600）から選択する。608 ＞ 200 より，中村氏は和解を選択することが予
想される。

次に，日亜化学工業が和解を申し出るか，特許の対価の支払いに応じるか
を（608，592）と（200，1000－600）から選択する。592 ＞ 400 より，日
亜化学工業は日亜化学工業が和解を申し出ることが合理的な選択行動とな
る。つまり，日亜化学工業は和解せずに中村へ支払いを行うと，他の3人の
研究者からも同様の訴えを起こされ，600 億円を支払わざるを得なくなる。
中村の企業だけに参入を留めた場合のほうがましである。それゆえ，日亜化
学工業は和解を選んだのである。

次の段階では，中村氏は特許権を要求する，しないかを（608，592）と
（0，1200）から選択する。その時は特許権を要求するのは自明である。次の
段階で，日亜化学工業が，訴訟に及ぶか，しないかを（608，592）と
（1200，0）から選択する。この時も日亜化学工業が中村氏を情報漏洩の疑い
で訴えることは自明である。したがって，中村氏は，こうした一連の日亜化
学工業のとる行動を見越し，米国に行くか，それとも日本に残るかを（608，
592）と（0.2，1199.8）の利得関数の大小より，米国に行くことを選んだの
である。

判例では議論されていないが，日亜化学工業が和解しない，支払いをする
行動をとった時は，中村氏以外の3人の研究者から発明の対価を要求される
ことが十分あったということである。そのため，日亜化学工業は和解をせざ
るを得ない状況にあったことは特筆するべきことである。404 特許以外に複
数の特許によって青色発光ダイオードが発案されたが，中村氏は他の3人の
研究者の貢献の大きい特許について触れず，自らの発明である 404 特許に絞
り，404 特許の対価を要求する訴訟に臨んだ。

もっとも，東京地裁は，ナッシュ交渉解による結論を提示するのであれば
以下のように提示するべきであったのではとも考えられる。交渉領域におい
て，2人のプレイヤーの基準点からの利得増加分の積を最大化する点を妥結
点とするのが，ナッシュ交渉解である。上のゲームツリーから，1,200 億円

を中村氏と日亜化学工業が分割する場合，交渉が決裂すると各々200億円，400億円が得られることになる。今（a, 1200 − a）を中村氏と日亜化学工業が受け取る時，ナッシュ交渉解は，両者の取り分は1200億円を上回らないという制約の下でナッシュ積（a − 200）×（1200 − a − 400）を最大化させたときである。すなわち，a − 200 = 800 − aが成立する時が最大化されているので，a = 500億円となる。

しかし，上記のようなサブゲーム完全均衡から求めたゲーム理論による考察をすれば，中村氏は司法がナッシュ交渉解に基づく決定を出すこと，そして日亜化学工業が中村氏のみならず，他の3人の権利承継の対価を支払えないことを見越し，中村氏ははじめから日亜化学工業をゲームに引き込むために米国企業との関係を持ち，最後の均衡で日亜化学工業に特許権を放棄させ，参入を狙ったと解釈できる。「職務発明の特許を受ける権利の譲渡相当の対価は，従業者等の発明へのインセンティブとなるのに十分なものであるべきであると同時に，企業等が厳しい経済情勢及び国際的な競争の中で，これに打ち勝ち，発展していくことを可能とするものであるべきであり，さまざまなリスクを負担する企業の共同事業者が好況時に受ける利益の額とは，自ら性質の異なるものと考えるのが相当である」と判断した高裁の提示した和解案を見越した訴訟戦略であったのではないだろうか。こうした考えを裏付けるように，実際，中村氏はCree inc（クリー社）の子会社の非常勤研究員のポストに就任しただけでなく，2008年に米国シリコンバレーにベンチャー企業Soraa（ソラー）を設立している。

こうした一連の経緯を見てゆくと，特許法35条の職務発明問題をめぐる一連の法律問題は，企業の経済活動を停滞させる問題を一部抱えており，特許という会社の武器を利用し，一部の研究開発者の利益を守ろうとした法律が，かえって過大な対価を要求できる権利を与え，企業の存続を脅かしかねない問題を内包した事件でもあった。中村氏の訴訟を契機に，日亜化学工業は404特許以外の特許に争いが波及することを恐れ，和解の道を選んだ。

しかし，すべてのリスクを負ったものが発明をした場合と異なり，職務発明の場合，リスクは全部会社が負い，従業員のリスクはゼロ，失敗しても経済的負担はゼロであるため，中村氏は安心して開発に取り組めたのではない

だろうか。日亜化学工業は，発案者は研究成果のリスクを負わなくてもよい環境で，経営陣から開発中止命令があっても，創業者が試験研究費及び設備投資等に関わる億単位の資金を提供してきた[3]。つまり，発案者ではなく，資金を提供してきた創業者がリスクの負担者となっているゆえ，その成果を受けるべきは創業者であると著者は考える。

　労使契約が結ばれている以上，潤沢な研究開発費を支出し，充分な給与[4]，地位も与え，技術研究者を育成する環境を提供してくれた企業に対し，厳しい地裁の判断には苦言を呈したい。しかし，こうした判例が多く積み重ねてゆくことにより，中村氏のような戦術をとることで，研究開発者が企業を立ち上げるための資金集め戦略（ビジネスのスタートアップ）の1つの方法と捉えることもできるだろう。

経済学的観点から見た研究開発をめぐる受益者と負担者の位置づけとは？

　研究開発者は個人では資金を調達できない。また，研究成果を必ず出せる保障がないため，成果報酬というリスクは負えない。むしろ，固定給による支給を好む。それに対し，創業者はリスクを負えるだけの資金が潤沢にあるので，複数の研究開発に関する投資をしており，そのうちいくつかが成功すればいいと考え，研究者の研究環境を整備する誘因を持つ。研究開発者と創業者は代理人と依頼者の関係にあり，こうしたリスクとインセンティブに着目した議論が必要である。

　第2に，地方債と国債との起債は，マクロ的視点から見ると，将来に借財を残すか否かという意味で違うことに対し，国民の認識不足が原因で，財政再建の議論が混迷している点である。国債の市中消化の原則により，現在では日本銀行における国債の引受けは，財政法第5条で原則として禁止されている。しかし，国債の「引受け」を可能にすれば，インフレという副作用を生み出すが，国家の財政危機の問題は解消される。ただし，地方自治体の場合は，各自治体の借財を日銀が引き受けることはないため，借金の先送りという形で自治体の財政難の問題は解消されることはない。

274 　終章　全体のまとめ

　地方創生と財政危機の問題は，現状は，流動性の罠の状況に陥っていることを鑑みれば，金融市場の問題で解決するよりも，財市場の問題として解決することになるだろう。しかし，これまでの事業再生に関するファイナンスの理論は，脱多角化を追求してきた欧米社会を対象とした海外の研究から導出されたものであった。それらの理論では，互いの事業の独自性を維持しつつ，技術・生産・販売で連携するといった戦略的提携を図り，多角化を維持してきた日本の経営事情を欧米由来の仮説では説明できていない（大坪（2005））。欧米由来の非関連事業のダイベスティチャー（divestiture）を日本の特殊性に合わせて読み替える必要がある。たとえば，従業員解雇や事業規模の縮小を通して，費用削減という形で業績改善を進める経営方針よりも，組織や資本構成の変更を通して各事業部門間における効率的な資源配分を行う経営戦略を奨める。そして，機会費用を考慮した積極的な新規事業への投資をする経営戦略を取ることが何よりも重要である。また，地域の中で単独の企業として個別に存在するよりも，複数の関連事業部門間で生産や販売を共有することが生み出す乗数（シナジー）効果に着目した議論をするべきである。そうした取組みを実務のレベルにおいて実現できれば，本書の目指す，事業再構築における経営戦略が地域に及ぼす社会的・経済的影響を広く，正確に理解することになり，現実の地域活性化に関する政策論争や実務の面でより実践性の高い知見を導き出す助けになるであろう。

[注]

1　産業技術大学院大学紀要に掲載された論文を加筆修正したものである。
2　6億857万8,801円を算定する際，次の算定方式が用いられた。使用者が受けるべき利益は，対象製品の売上げに乗ずる実施料率とし，平成8年までを10%と平成9年以降については7%と算定している。
3　「仮執行停止のために東京地裁が決定した供託金は100億円。金融機関の支援で事なきを得たが，もし都合がつかなければ，200億円という巨額の債権によって弊社当座預金口座が差し押さえられ，控訴審の判断を得られないまま，当社は経営に行き詰まっていた可能性さえあった」と当時の日亜化学の状況を当時の小川社長が随想している。
4　1999年の暮れの退職時には，中村氏の年収で1,915万円あった。地方の会社で，

まだ 40 代の研究開発者に対して払う給与としては，大企業に比しても決して恥ずかしくない給与であるし，さらに自由な研究ができるように窒化物半導体研究所も新たに設立し，研究テーマも特に制限していなかった。

（三好祐輔）

あとがき

　この著書を出版するにあたり，起業に関わる著者の親族の話を最後に紹介しておこう。

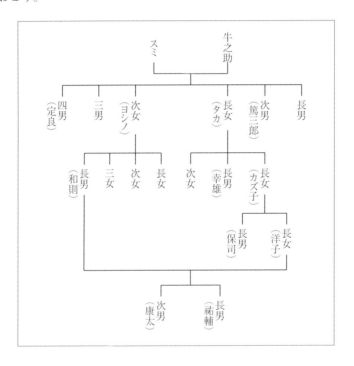

　著者の父方の祖母の弟，小野定良（ホープ自動車社長）は，1921年に香川県三豊郡上高瀬村（現・三豊市高瀬町）の農家の6人きょうだいの末弟として生まれた。後に東都自動車商工KK社長になる実兄小野篤三郎を追って定良は上京した。篤三郎は，当時自民党の重鎮であった三木武吉と同郷の誼みで親交があり懇意にしていた。故郷に帰ってきたときには高松の築港の船着き場まで当時の県知事が迎えに来ていたと著者の母方の祖母香川カズ子

（篤三郎の姪）から話を聞いている（香川家は，西讃岐を支配した香川信景（天霧城主）の子孫である）。

　定良は，1937 年に東京の東洋商業学校（現・東洋高等学校）を卒業した。卒業後まもなく，内務省の委託で厚生車（旅客用三輪自転車）を試作し，その才能を高く評価された。第二次世界大戦では陸軍に召集され，輜重兵学校（陸軍自動車部隊）や機甲整備学校の教官助手となった。大戦後は，従軍中に構想していた小型三輪トラックの製作を試作するため，1951 年に東京上野で「ホープ商会」を創業した。翌年には株式会社に改組し，工場は錦糸町において，軽三輪トラックメーカーとして操業した。

　篤三郎亡き後，定良はその跡を継いだ。1954 年に田町 9 丁目でホープ自動車会社へ社名変更，1957 年には川崎工場で，近代的にオートメーション化された施設を展開した。当時，軽自動車業界では車種「ホープスター」は，「ダイハツ（大発）・ミゼット」に次ぐ生産高を上げ，1958 年は従業員 200 余名，月生産 900 台の自動車製造に携わる。定良みずからが四輪駆動車を開発するなど，業界では先駆け的な存在であった（西の本田宗一郎（ホンダ創業者），東の小野定良と言われるほどのアイデアマンとして知られた人物と評された）。

　定良は，三木武吉の大学の後輩でもある中西幸雄（当時香川県立観音寺第一高等学校の教員・母方祖母カズ子の弟）や父方の祖父（ヨシノの夫）に声をかけ，同族経営を重視した。しかし，1960 年頃香川県にホープ自動車販売店を置くも数年で倒産した。当時，総合メーカーが金融機関からの大規模な資金調達による積極的な R ＆ D 投資を行い，四輪駆動車の小型貨物車へと製造を移行するなか，大規模な資金調達をせず，資金力の面で劣るホープ自動車は，次第にダイハツやマツダに遅れ，四輪車商業ベースには乗らなかった。

　1960 年代後半から 70 年代にかけて，定良は自動車業界から飲食業界に進出し，京都府の大山崎などでレストラン業を手がけた。1974 年以降には，遊園地や屋内外の遊戯機械製造を担った。ナムコと共同でヒットメーカー（ワニワニパニック）の製造を世に出すなど，ゲームセンターを中心としたアミューズメント機器を供給してゆく。しかし，テレビゲームの普及によ

り，1980年代後半からは苦戦を強いられることになるが，1998年には売上高約31億円を計上するアミューズメント企業へと変貌を遂げた。

定良は1995年3月に高瀬町（現三豊市）に1,000万円寄付をし，亡くなる2001年まで代表取締役を続けた。ふるさとを出て都会で財をなした人たちは，故郷に寄付をするという形で恩返しをしていた。しかし，創業者たちは故郷に帰ることはなかった。東京で居を構え，東京に本社を設立してしまうと，本社を地方に移転させることは難しく，故郷に寄付をすることしかできなかったのではと著者は推測する。

2015年4月に佐賀大学から香川大学に赴任するまで経済学部，工学系研究科博士後期課程のアカデミック分野で11年間の教員歴を持つ著者は，地域貢献を標榜する高度専門職養成のための研究科という異質な文化の中で，さまざまなカルチャーショックを体験してきた。幸い高校までは香川県で過ごしたという背景があるため，学生との言葉の違い，価値観の相違に戸惑うことはなかった。しかし，数十年前に過ごした当時の環境との違い，社会科学系の大学では当たり前だった経済学の考えが通用しない世界観，アンケート至上主義を説く指導方法に対する違和感を覚え，当初は戸惑った。後に先輩の教授から聞いた話だが，教育経験のない教員であっても研究指導できるように複数人体制を敷いているという研究科事情を斟酌すれば，教員の研究指導に違いが出るのは当然であると納得した。

社会人学生を対象としたMBA教育・研究のポイントがようやくわかってきたような気もする。アンケートすれば調査結果が出やすい，論文としての体裁を繕えやすいという理由でアンケート分析を推奨するよりも，なぜアンケート調査をする必要があるのかを学生にわかってもらうことのほうが大切である。具体的には，まず公表されたデータで学生が考えた課題の仮説を検証することはできないか。それができない場合，アンケート調査で肉声を生かした分析，あるいはヒアリング調査を行うことにより，自らの主張の正当性を図ることもできると毎年担当講義では伝えるようにしている。こうした私の教育の成果が，徐々に学生の中に浸透し，著者の研究観を教育にフィードバックできる環境になってきたと最近感じている。本書の一部では，香川

【研究題目】

株式会社タダノを事例として同業社である株式会社窪田と比較検証

連結経営たる企業集団の株主価値創造について

楽天（株）の企業分析と買収ケース評価

四国電力株式会社及びグループ各社の財務諸表によるケース・スタディ

JR 九州の企業戦略からみた JR 四国の展望

大塚ホールディングスの EVA による分析と買収による株価の変動について

EVA を用いた企業分析及び決定事実公表と AR についての考察

　　——四国化成工業（株）を事例として——

株式会社クラレの財務諸表をケースとして

損保ジャパンの M ＆ A についての事例研究

トモニホールディングス株式会社の経営統合を事例として

広島ガスの事例からみる企業分析

食肉 2 社の企業分析と風評が株価に及ぼした影響について

TIS（旧 IT ホールディングス）株式会社における合併の事例

米スターバックスによる日スターバックス TOB のケース評価

JAL と ANA の企業分析

M 社（非上場）の業績評価と類似企業上場企業の市場評価

東芝の不正会計問題をめぐるイベントスタディと企業分析

（株）SUBARU を事例とした企業分析

すかいらーく（3197）の財務諸表をケースとして

富士フイルム HD を分析対象とした事業戦略と EVA の関係

EVA と ROE から考察する企業価値の最大化（あなぶき興産グループの事例）

（株）大林組の財務諸表をケースとして

EVA を用いた企業（富士通株式会社）分析と決定事実公表が株価に与える影響の考察

EVA を用いた企業分析（J. フロントリテイリング）

株式会社ジャストシステムについて

ミズノ（株）の財務諸表をケースとして

大学地域マネジメント研究科・三好ゼミナールにおける最近の企業研究の中から，地域活性化に関連する企業の報告書の内容を紹介している。

　前頁のリストは，過去4年間に著者の主催する研究会で学生が研究対象として選んだ企業研究題目一覧である。一見して業種が偏っていることに気づかれるだろう。企業から派遣された社会人学生の場合，必然的に勤務先の企業を選択対象とする傾向がある。また，勤務先の許可が降りない企業は対象から外さざるを得なかったため，開示可能な企業のみ選定するという点でバイアスが残った。また，プログラミング言語の習得や高度なファイナンスの素養を提供できる科目が，地方大学の専門職大学院ではほとんど揃っていない。限られた時間の中で通学されている社会人学生に自主的に学習をすることを期待することは難しいため，学生の仕事に関連するものに限定せざるを得なかった。著者の専門である応用ミクロ経済学に基づいた実証分析の手法をそのまま利用できない原因はここにある。

　ただし，これらは研究者の立場から見た客観的な研究評価であって，作品の水準として学生の研究成果が低いと言っているのではない。成果には多少のばらつきはあるかもしれないが，理系の論文と比べても決して遜色のない作品になっていると思っている。佐賀大学の工学系研究科博士課程の担当教員であった時の数分の一にも満たない研究費で運営されている文系の事情を考慮すると，この点は強調しておきたい。

　だからと言って，こうした研究レベルを専門職大学院全体に敷衍することを期待することは無理であろう。私の講義を履修した学生と他の学生との間では，経済学・経営学の基礎となる素養に関して有意な差があるし，1人の教員が多くの学生を指導するとなると，必然的に指導の密度は低くなる。しかしその心配を杞憂にするほど学生たちは課題に取り組む努力をしてくれた。個々の仕事を終えた後も勉強に勤しんでくれた学生たちの姿勢が，現在の私の研究に良い刺激を与えてくれているのは言うまでもない。

　また，一柳慎太郎氏（学校法人松山大学勤務）をはじめ，企業のケースを提供してくれた川淵丈裕氏（トモニリース株式会社勤務），高嶋洋伸氏（高松市役所勤務），増尾茂之氏（香川県民共済生活協同組合勤務），阿部有香氏（株式会社穴吹トラベル勤務），山田晋平氏（四国電力株式会社勤務），岸上

健氏（四国化成工業株式会社勤務），岡田賢治氏（大倉工業株式会社勤務）の協力がなければこの著書を完成させることはできなかったと思う。

　以上すべての方々に感謝します。最後になるが，佐賀での学部生と向き合ってきた教員生活から香川では夜間の社会人を対象とした講義を担当することは大変であった。母洋子には非常にお世話になりました。

2019 年 7 月

著　者

参考文献

序章
川島武宜（1967）『日本人の法意識』，岩波書店．
ポール・ミルグロム，ジョン・ロバーツ（1999）『組織の経済学』，NTT 出版．

第1章
伊藤克容（2001）「花王㈱における EVA 経営の展開」『企業会計』53(2)，pp. 227-233.
楠由記子（2004）「日本企業における EVA® 導入の効果とその考察」『原価計算研究』28
　(2)，pp. 81-91.
櫻井通晴（2002）『企業価値を創造する3つのツール EVA・ABC・BSC』中央経済社．
田中隆雄（2001）「ソニー㈱における企業価値経営：EVA の導入と新報酬システム」『企
　業会計』53(2)，pp. 219-226.
松村勝弘（2014）「企業価値経営から日本的経営へ」『（関東学院大学）経済系』260，pp.
　1-19.
三浦克人（2007）「わが国における EVA 経営の動向：IR 資料と報道記事による検証」『愛
　知淑徳大学論集　ビジネス学部・ビジネス研究科篇』6，pp. 133-149.
森浩気（2016）「日本企業における EVA の機能と課題」，慶應義塾大学大学院商学研究科
　2016 年度学事振興資金成果論集『世界および地域のビジネス・商業』pp. 121-133.
本合暁詩・井上淳（2003）「EVA が日本企業にもたらしたもの――価値創造経営の現状と
　今後の課題――」，『証券アナリストジャーナル』Vol. 41(1)，pp. 24-32.
Biddle, G. C., R. M. Bowen and J. S. Wallace（1997）"Does EVA beat earnings? Evidence on
　associations with stock returns and firm values," *Journal of Accounting and
　Economics*, Vol. 24(3), pp. 301-336.
Campbell, J. Y., A. W. Lo and A. C. MacKinlay（1997）*The Econometrics of Financial
　Markets*, Princeton University Press.
Fama, E. F. and K. R. French（1993）"Common risk factors in the returns on stocks and
　bonds", *Journal of Financial Economics*, Vol. 33(1), pp. 3-56.
McLaren, J., T. Appleyard and F. Mitchell（2016）"The rise and fall of management
　accounting systems: A case study investigation of EVA"™., *The British Accounting
　Review*, Vol. 48(3), pp. 341-358.
Riceman, S. S., S. F. Cahan and M. Lal（2002）"Do managers perform better under EVA
　bonus schemes?," *European Accounting Review*, Vol. 11(3), pp. 537-572.

第2章
井口武雄（2006）「企業価値の最大化に向けた経営戦略」日本経済団体連合会．
上野恭裕・吉村典久・加護野忠男（2003）「日本企業の株式所有構造と経営者の属性：主
　要証券取引所に上場する全「製造」企業および「商業」に分類される企業にかんする
　実証分析」Discussion paper New series: Osaka prefecture University, No. 2003-1.

小佐野広（2001）『コーポレート・ガバナンスの経済学』日本経済新聞出版社.

小林孝雄・山田浩之（2000），「親子上場は株式市場にゆがみをもたらすか」『証券アナリストジャーナル』Vol. 38, No. 11. pp. 40-54.

砂川伸幸・川北英隆・杉浦秀徳（2008）『日本企業のコーポレートファイナンス』日本経済新聞出版社.

竹原均（2014）「同族経営企業の収益・リスク特性」『経営財務研究』（日本経営財務研究学会）第34巻, pp. 53-71.

松浦寿幸（2015）「製品価格・品質と生産性：輸出の決定要因の再検討」RIETI Discussion Paper Series 15-J-010.

山本功（2000），「グループ経営と子会社公開」『証券アナリストジャーナル』Vol. 38, No. 11. pp. 6-15.

Allen, J. W. (1998) "Capital Markets and Corporate Structure: the Equity Carve-outs of Thermo Electron," *Journal of Financial Economics*, Vol. 48, pp. 99-124.

Allen, J. W. and J. J. McConnell (1998) "Equity Carve-Outs and Managerial Discretion," *Journal of Finance*, Vol. 53(1), pp. 163-186.

Anderson, Ronald C. and David M. Reeb(2003) "Founding‐Family Ownership and Firm Performance: Evidence from the S & P 500," *Journal of Finance*, Vol. 58(3), pp. 1301-1328.

Arzac, E. R. (2005) "Valuation for Mergers, Buyouts, and Restructurings," John Wiley & Sons, Inc.

Barclay, M. J. and G. C. Holderness (1989) "Private Benefits from Control of Public Corporations," *Journal of Financial Economics*, Vol. 25, pp. 371-395.

Barclay, M. J. and G. C. Holderness (1991) "Negotiated Block Trades and Corporate Control," *Journal of Finance*, Vol. 25, pp. 861-878.

Barclay, M. J. and G. C. Holderness (1992) "The Law and Large-Block Trades," *Journal of Law and Economics*, Vol. 35, pp. 265-294.

Becker, Sascha O., Peter H. Egger and Valeria Merlo (2012) "How low business tax rates attract MNE activity: Municipality-level evidence from Germany," *Journal of Public Economics*, Vol. 96(9-10), pp. 698-711.

Berk, Jonathan B. and Peter M. DeMarzo (2007) Corporate finance. Pearson Addison Wesley.

Boer, F. Peter (1999) "The valuation of technology: Business and financial issues in R&D," Wiley & Sons, Inc.

Boone, A., D. Haushalter and W. Mikkelson (2003) "An Investigation of the Gains from Specialized Equity Claims," *Financial Management*, Vol. 32(3), pp. 67-83.

Brealey, Richard A., Stewart C. Myers and Flankin Allen (2006) "Principles of Corporate Finance," Eighth Edition, McGraw-Hill.

Brown, S. J. and J. B. Warner (1985) "Using Daily Stock Returns: The Case of Event Studies," *Journal of Financial Economics*, Vol. 14, pp. 3-31.

Brülhart, Marius, Jonathan Gruber, Matthias Krapf and Kurt Schmidheiny (2012) "Do agglomeration economies reduce the sensitivity of firm location to tax differentials?," *The Economic Journal*, Vol. 122 (563), pp. 1069-1093.

Cornell, B. and Q. Liu (2001) "The Parent Company Puzzle: When is the Whole Worth Less Than One of the Parts?," *Journal of Corporate Finance*, Vol. 7, pp. 341-366.

Devereux, P. M. and Griffith Rachel (2002) "The impact of corporate taxation on the location of capital: A review," *Swedish Economic Policy Review*, Vol. 9, pp. 79-102.

Gleason, K., J. Madura and A. K. Pennathur (2006) "Valuation and Performance of Reacquisitons Flollowing Equity Carve-Outs," *The Financial Review*, Vol. 41, pp. 229-246.

Goold, Michael, Andrew Campbell and Marcus Alexander (1994) Corporate-level strategy: Creating value in the multibusiness company. Wiley.

Hulburt, H. M., J. A. Miles and R. Woolridge (2002) "Value Creation from Equity Carve-Outs," *Financial Management*, Vol. 31(1), pp. 83-100.

Jensen, Michael C. (1986) "Agency costs of free cash flow, corporate finance, and takeovers," *The American Economic Review*, Vol. 76(2), pp. 323-329.

Johnson, S., R. L. Porta, F. Lopez-De-Silanes and A. Shleifer (2000) "Tunneling," *American Economic Review*, Vol. 90(2), pp. 22-27.

Klein, A., J. Rosenfeld and W. Beranek (1991) "The Two Stages of an Equity Carve-out and the Price Response of Parent and Subsidiary Stock," *Managerial and Decision Economics*, Vol. 12, pp. 449-460.

Koller, Tim, Marc Goedhart and David Wessels (2010) "Valuation: measuring and managing the value of companies," University Edition. John Wiley and Sons.

Lamont, O. A. and R. H. Thaler (2003) "Can the Market Add and Subtract? Mispricing in Tech Stock Carve-outs," *Journal of Political Economy*, Vol. 111(2), pp. 227-268.

Magretta, Joan (2012) "Michael Porter answers managers' FAQs," *Strategy & Leadership* Vol. 40(2), pp. 11-15.

Mejia G., Luis, Marianna Makri and Martin Larraza Kintana (2010) "Diversification decisions in family-controlled firms," *Journal of Management Studies*, Vol. 47(2), pp. 223-252.

Michell, M., T. Pulvino and E. Stafford (2002) "Limited Arbitrage in Equity Markets," *Journal of Finance*, Vol. 57(2), pp. 551-584.

Mikkelson, W. and R. S. Ruback (1985) "An Empirical Analysis of the Interfirm Equity Investment Process," *Journal of Financial Economics*, Vol. 14, pp. 523-553.

Nanda, V. (1991) "On the Good News in Equity Carve-Outs," *The Journal of Finance*, Vol. 46(5), pp. 1717-1737.

Nenova, T. (2003) "The Value of Corporate Votes and Control Benefits: A Cross-country analysis," *Journal of Financial Economics*, Vol. 68, pp. 325-351.

Palepu, K. G., P. M. Healy and V. L. Bernard (2000) "Business Analysis and Valuation," Second Edition, South-Western.

Porta, R. L., F. Lopez-de-Silanes, A. Shleifer and R. Vishny (2000) "Investor Protection and

Corporate Governance," *Journal of Financial Economics*, Vol. 58, pp. 3-27.

Powers, E. A. (2003) "Deciphering the Motives for Equity Carve-Outs," *Journal of Financial Research*, Vol. 36(1), pp. 31-50.

Prezas, A., M. Tarimcilar and G. Vasudevan (2000) "The Pricing of Equity Carve-Outs," *Financial Review*, Vol. 35, pp. 123-138.

Rafael, LaPorta, Florencio Lopez-de-Silanes and Andrei Shleifer (1999) "Corporate Ownership Around the World," *Journal of Finance*, Vol. 54 (2), pp. 471-517.

Rosenthal, Stuart and William C. Strange (2004) "Handbook of Regional and Urban Economics," *Handbook of Regional and Urban Economics*, Vol. 4, pp. 2119-2171.

ScHill, M. J. and C. Zhou (2001) "Pricing an Emerging Industry: Evidence from Internet Subsidiary Carve-outs," *Financial Management*, Vol. 30(3), pp. 5-33.

Schipper, K and A. Smith (1986) "A Comparision of Equity Carve-outs and Seasoned Equity Offerings," *Journal of Financial Economics*, Vol. 15, pp. 153-186.

Shilton, L and S. Craig (1999) "Spatial Patterns of Headquarters," *Journal of Real Estate Research*, Vol. 17(3), pp. 341-364.

Shleifer, A. and R.W. Vishny (1997) "A Survey of Corporate Governance," *Journal of Financial Economics*, Vol. 52, pp. 737-783.

Slovin, M. B., M. E. Sushka and S. R. Ferraro (1995) "A Comparison of the information conveyed by equity carve-outs, spin-offs, and asset sell-offs," *Journal of Financial Economics*, Vol. 37, pp. 89-104.

Slovin, M. B. and M. E. Sushka (1997) "The Implications of Equity Issuance Decisions within a Parent-Subsidiary Governance Structure," *Journal of Finance*, Vol. 52(2), pp. 841-857.

Slovin, M. B. and M. E. Sushka (1998) "The economics of parent-subsidiary mergers: an empirical analysis," *Journal of Financial Economics*, Vol. 49, pp. 255-279.

Vijh, A. M. (1999) "Long-term Returns from Equity Carveouts," *Journal of Financial Economics*, Vol. 51, pp. 273-308.

Vijh, A. M. (2002) "The Positive Announcement-Period Returns of Equity Carveouts: Asymmetric Information or Divestiture Gains?" *Journal of Business*, Vol. 75(1), pp. 153-190.

Villalonga, Belen and Raphael Amit (2006) "How do family ownership, control and management affect firm value?," *Journal of Financial Economics*, Vol. 80(2), pp. 385-417.

Zingales, L. (1995) "What Determines the Value of Corporate Votes?," *Quarterly Journal of Economics*, Vol. 110, pp. 1047-1073.

第3章

小佐野広・堀敬一 (2006)「企業の不祥事と株価パフォーマンス」,立命館大学ファイナンス研究センター,Research Paper No. 05006.

胥鵬 (1998)「株主,取締役および監査役の誘因(インセンティブ)」三輪芳朗・神田秀

樹・柳川範之（編）『会社法の経済学』東京大学出版会，pp. 63-85.

社団法人日本監査役協会（2003）「企業不祥事防止と監査役の役割」ケース・スタディ委員会.

三好祐輔（2013）『法と紛争解決の実証分析——法と経済学のアプローチ』大阪大学出版会.

Aghion, Philippe and Patrick Bolton（1992）"An incomplete contracts approach to financial contracting," *The Review of Economic Studies*, Vol. 59(3), pp. 473-494.

Agrawal, A. and C. Knoeber（1996）"Firm Performance and Mechanisms to Control Agency Problems between Managers and Shareholders," *Journal of Financial and Quantitative Analysis*, Vol. 31, pp. 377-397.

Agrawal, A. and C. Knoeber（2001）"Do Some Outside Directors Play a Political Role?", *Journal of Law and Economics*, Vol. 44, 179-198.

Agrawal, Anup and Charles R. Knoeber（1996）"Firm Performance and Mechanisms to Control Agency Problems between Managers and Shareholders," *Journal of Financial and Quantitative Analysis*, Vol. 31(3), pp. 77-397.

Alexander, C. R. and M. A. Cohen（1999）"Why do corporations become criminals?," *Journal of Corporate Finance*, Vol. 5, pp. 1-34.

Boone, A. L., L. C. Field, J. M. Karpoff and C. G. Raheja（2007）"The determinants of corporate board size and composition: An empirical analysis," *Journal of Financial Economics*, Vol. 85, pp. 66-101.

Chang, Sea Jin（1995）"International expansion strategy of Japanese firms: Capability building through sequential entry," *Academy of Management Journal*, Vol. 38, pp. 83-407.

Cho, M-H.（1998）"Ownership Structure, Investment, and the Corporate Value: an Empirical Analysis," *Journal of Financial Economics*, Vol. 7, pp. 103-121.

Fama, Eugene F. and Kenneth R. French（1998）"Value versus growth: The international evidence," *The Journal of Finance*, Vol. 53(6), pp. 1975-1999.

Fama, Eugene F. and Kenneth R. French（2002）"Testing trade-off and pecking order predictions about dividends and debt," *The Review of Financial Studies*, Vol. 15(1), pp. 1-33.

Frank, Murray Z. and Vidhan K. Goyal（2003）"Testing the pecking order theory of capital structure," *Journal of Financial Economics*, Vol. 67(2), pp. 217-248.

Hansmann, Henry and Reinier Kraakman（2000）"The end of history for corporate law," *The Georgetown Law Journal*, Vol. 89, pp. 439-468.

Harris, Milton, and Artur Raviv（1991）"The theory of capital structure," *The Journal of Finance*, Vol. 46(1), pp. 297-355.

Hermalin, B. and M. Weisbach（1998）"Endogenously chosen boards of directors and their monitoring of the CEO," *American Economic Review*, Vol. 88, pp. 96-118.

Hovakimian, Armen, Tim Opler, and Sheridan Titman（2001）"The debt-equity choice," *Journal of Financial and Quantitative Analysis*, Vol. 36(1), pp. 1-24.

Hsuan-Chi Chen, Jay R. Ritter (2002) "The Seven Percent Solution" *The Journal of Finance*, Vol. 55(3), pp. 1105-1131.

Jagannathan, Murali, Clifford P. Stephens and Michael S. Weisbach (2000) "Financial flexibility and the choice between dividends and stock repurchases," *Journal of Financial Economics*, Vol. 57(3), pp. 355-384.

Jensen, Michael C. (1986) "Agency costs of free cash flow, corporate finance, and takeovers," *The American Economic Review*, Vol. 76(2), pp. 323-329.

Jensen, M. C. and W. H. Meckling (1976) "Theory of the firm: managerial behavior, agency costs and ownership structure," *Journal of Financial Economics*, Vol. 3, pp. 305-360.

Kato, Takao and M. Rockel (1992) "Experiences,Credentials, and Compensation in the Japanese and U. S. Managerial Labor Markets: Evidence from New Micro Data," *Journal of the Japanese and International Economies*, Vol. 6(1), pp. 30-51.

Lichtenberg, F. R. and G. M. Pushner (1994) "Ownership Structure and Corporate Performance in Japan," *Japan and the World Economy*, Vol. 6, pp. 305-360.

Lie, Erik, Heidi J. Lie and John J. McConnell (2001) "Debt-reducing exchange offers," *Journal of Corporate Finance*, Vol. 7, pp. 179-207.

Modigliani, Franco and Merton H. Miller (1958) "The cost of capital, corporation finance and the theory of investment," *The American Economic Review*, 48(3), pp. 261-297.

Morck, R. and M. Nakamura (1999) "Banks and Corporate Control in Japan," *Journal of Finance*, Vol. 54, pp. 319-339.

Myers, Stewart C. and Nicholas S. Majluf (1984) "Corporate financing and investment decisions when firms have information that investors do not have," *Journal of Financial Economics*, Vol. 13(2), pp. 187-221.

Rajan, Raghuram G. and Luigi Zingales (1995) "What do we know about capital structure? Some evidence from international data," *The Journal of Finance*, Vol. 50(5), pp. 1421-1460.

Rosenbaum, Paul R. and Donald B. Rubin (1985) "Constructing a Control Group Using Multivariate Matched Sampling Methods That Incorporate the Propensity Score," *The American Statistician*, Vol. 39(1), pp. 33-38.

Shleifer, A. and R. W. Vishny (1989) "Management entrenchment: the case of manager-specific investments," *Journal of Financial Economics*, Vol. 25(1), pp. 123-139.

Shleifer, Andrei and Robert W. Vishny (1992) "Liquidation values and debt capacity: A market equilibrium approach," *The Journal of Finance*, Vol. 47(4), pp. 1343-1366.

Shyam-Sunder, Lakshmi and Stewart C. Myers (1999) "Testing static tradeoff against pecking order models of capital structure," *Journal of Financial Economics*, Vol. 51(2), pp. 219-244.

Smith, Jr., Clifford W. and Ross L. Watts (1992) "The investment opportunity set and corporate financing, dividend, and compensation policies," *Journal of Financial Economics*, Vol. 32(3), pp. 263-292.

Sudha Krishnaswami, Paul A. Spindt and Venkat Subramaniam (1999) "Information asymmetry, monitoring, and the placement structure of corporate debt," *Journal of Financial Economics*, Vol. 51(3), pp. 407-434.

Weinstein, D. E. and Y. Yafeh, (1998) "On the costs of a bank-centered financial system: Evidence from the changing main bank relations in Japan," *Journal of Finance*, Vol. 53 (2), pp. 635-72.

Weiss, Lawrence A. and Karen H. Wruck（1998）"Information problems, conflicts of interest, and asset stripping: Chapter 11's failure in the case of Eastern Airlines," *Journal of Financial Economics*, Vol. 48(1), pp. 55-97.

第4章

筒井義郎・晝間文彦・大竹文雄・池田新介（2007）「上限金利規制の是非：行動経済学的アプローチ」,『現代ファイナンス』No. 22, 日本ファイナンス学会, pp. 25-73.

中村賢一（2006）「破産法の第三者による認定問題——何故, 消費者信用市場で多重債務者が急増するのか？」,『法と経済学研究』, 2巻1号, 法と経済学会, pp. 3-44.

三好祐輔（2013）『法と紛争解決の実証分析——法と経済学のアプローチ』大阪大学出版会.

三好祐輔・都築治彦（2007）「消費者金融の実態調査」, mimeo.

早稲田大学消費者金融サービス研究所（2006），「上限金利規制が消費者金融市場と日本経済に与える影響」IRCFS06-002, 早稲田大学消費者金融サービス研究所.

Anderson, T. W. and C. Hsiao（1981）"Estimation of dynamic models with error components," *Journal of the American Statistical Association*, Vol. 76, pp. 598-606.

Anderson, T. W. and C. Hsiao（1982）"Formulation and estimation of dynamic models using panel data," *Journal of Econometrics*, Vol. 18, pp. 47-82.

Arellano, M. and S. R. Bond（1991）"Some tests of specification for panel data: Monte Carlo evidence and an application to employment equations," *Review of Economic Studies*, Vol. 58, pp. 277-297.

Baltagi, B. H.（2001）*Econometric Analysis of Panel Data*, Wiley and Sons, New York.

Fair, R. and D. Jaffee（1972）"Methods of estimation for markets in disequilibrium," *Econometrica*, Vol. 40, pp. 497-514.

Freixas, X. and J. Rochet（1997）*Microeconomics of Banking*, MIT Press.

Hayashi, F.（2000）*Econometrics*. 1st ed. Princeton, NJ: Princeton University Press.

Harris, M. and A. Raviv（1990）"Capital Structure and the Information Role of Debt," *The Journal of Finance*, Vol. 45（2）, pp. 321-349.

Hart, O. and J. Moore（1995）"Debt and Seniority: An Analysis of the Role of Hard Claims in Constraining Management," *The American Economic Review*, Vol. 85(3), pp. 567-585.

Hodgman, D. R.（1960）"Credit Risk and Credit Rationing," *Quarterly Journal of Economics*, Vol. 74(2), pp. 258-278.

Jaffee, D. and F. Modigliani（1969）"A Theory and Test of Credit Rationing," *The American Economic Review*, Vol. 59(5), pp. 850-872.

Jorgenson, D.W. and J.-J. Laffont（1974）"Efficient estimation of nonlinear simultaneous equations with additive disturbances," *Annual of Economic and Social Measurement*, Vol. 3, pp. 615-64.

Kiefer, N. (1980) "A Note on Switching Regressions and Logistic Discrimination," *Econometrica*, Vol. 48(4), pp. 1065-1069.

Lang, L., E. Ofek and R. M. Stulz (1995) "Leverage, Investment, and Firm Growth," *Journal of Financial Economics*, Vol. 40(1), pp. 3-29.

Leland, H. E. and D. H. Pyle (1977) "Information Asymmetries, Financial Structure, and Financial Intermediation," *Journal of Finance*, Vol. 32(2), pp. 371-387.

Maddala, G. and F. Nelson (1974) "Maximum likelihood methods for models for markets in disequilibrium," *Econometrica*, Vol. 42, pp. 1013-1030.

Maddala, G. (1983) *Limited-dependent and Qualitative Variables in Econometrics*, Cambridge University Press.

Myers, S. and N. Majluf (1984) "Corporate finance and investment decisions when firms have information that investors do not have," *Journal of Financial Economics*, Vol. 13, pp. 187-221.

Myers, S. (1977) "Determinants of Corporate Borrowing," *Journal of Financial Economics*, Vol. 5, pp. 147-175.

Stiglitz, J. E. and A. Weiss (1981) "Credit Rationing in Markets with Imperfect Information," *The American Economic Review*, Vol. 71(3), pp. 393-410.

Wooldridge, J. M. (2001) *Econometric analysis of cross section and panel data*, Cambridge, MA: MIT Press.

第 5 章

市川正人・酒巻匡・山本和彦（2004）『現代の裁判　第 3 版』有斐閣.

太田勝造・岡田幸弘（2003）「紛争に対する態度の日米中 3 ヶ国比較」，河合隼雄・加藤雅信編『人間の心と法』有斐閣，pp. 109-142.

太田勝造・藤本亮・河合幹雄・野口裕之（2005）「日本人の法意識」『ジュリスト』1297, pp. 53-62.

川島武宜（1967）『日本人の法意識』岩波新書.

神林龍・平澤純子（2008）「判例集からみる整理解雇事件」，神林龍編『解雇規制の法と経済』日本評論社，pp. 53-75.

岸田研作（2001）「医師需要誘発仮説とアクセスコスト低下仮説――二次医療圏，市単位のパネルデータによる分析」『季刊社会保障研究』37(3), pp. 246-258.

最高裁判所（1993-2007）『司法統計年報』.

司法書士連合会（1993-2007）『月間司法書士』.

週刊東洋経済臨時増刊（1993-2007）『地域経済総覧』東洋経済新報社.

鶴光太郎（2003）「司法の効率性向上を目指して」『RIETI Economic Review』No. 16.

日本弁護士連合会（1993-2007）『弁護士白書』.

日本弁護士会（2002, 2005, 2007）「アンケート結果に基づく弁護士報酬の目安」未公刊.

マーク・ラムザイヤー（1990）『法と経済学――日本法の経済分析』弘文堂.

参考文献　　*291*

三好祐輔（2013）『法と紛争解決の実証分析——法と経済学のアプローチ』大阪大学出版
　会.
三好祐輔，都築治彦（2013），「司法制度改革による民事訴訟誘発需要仮説の実証分析」，
　『日本経済研究』（日本経済研究センター）69 号，pp. 24-54.
村松幹二・神林龍「解雇紛争の経済分析」『日本労働研究雑誌』581，pp. 36-46.
Baltagi, B. H. (2001) *Econometric Analysis of Panel Data*, 2nd edition, John Wiley & Sons,
　Inc.
Baum, C. F., M. E. Schaffer and S. Stillman (2007) "Enhanced routines for instrumental
　variables/GMM estimation and testing," *Boston College Working Papers in Economics*,
　Boston College Department of Economics.
Bebchuk, L. (1984) "Litigation and Settlement Under Imperfect Information," *Rand
　Journal of Economics*, Vol. 15(3), pp. 404-415.
Blundell, R. and S. Bond (1998) "Initial conditions and moment restrictions in dynamic
　panel data models," *Journal of Econometrics*, Vol. 87(1), pp. 115-143.
Blundell, R. and S. Bond (2000) "GMM estimation with persistent panel data: an application
　to production functions," *Econometric Reviews*, Vol. 19(3), pp. 321-340.
Breen, E. (ed.) (2002) *Evaluer la Justice, Droit et Justice, Collection de la Mission de
　Recherche 《Droitet Justice》*, Paris: Presses Universitaires de France.
Buscaglia, E. and M. Dakolias (1999) "An analysis of the causes of corruption in the
　judiciary," World Bank.
Buscaglia, E. and T. Ulen (1997) "A quantitative assessment of the efficiency of the judicial
　sector in Latin America," *International Review of Law and Economics*, Vol. 17, pp. 275-
　291.
Cabrillo, F. and S. Fitzpatrick (2009) *The Economics of Courts and Litigation, New
　Horizons in Law and Economics*, Cheltenham, UK: Edward Elgar.
Çelik, S., E. Aslanoğlu, and S. Uzun (2010) "Determinants of Consumer Confidence in
　Emerging Economies: A Panel Cointegration Analysis," 30th Annual Meeting of The
　Middle East Economic Association, Allied Social Science Associations, Atlanta, GA,
　January 3-6.
Dakolias, M. (1999) "Court Performance Around the World: A Comparative Perspective,"
　World Bank Technical Paper, 430, Washington D. C. : The World Bank.
Garoupa, N., A. M. Simoes and V. Silveira (2006) "Ineficiencia do Sistema Judicial em
　Portugal," *SubJudice Justica e Sociedade*, 34, Jan-Mar, pp. 127-144.
Hadri, K. (2000) "Testing for Stationarity in Heterogeneous Panel Data," *The Econo-
　metrics Journal*, Vol. 3, pp. 148-161.
Halpern, P. J. and S. M. Turnbull (1983) "Legal Fees Contracts and Alternative Cost Rules:
　An Economic Analysis," *International Review of Law and Economics*, Vol. 3 , pp. 3-26.
Hlouskova, J. and M. Wagner (2006) "The Performance of Panel Unit Root and Stationary
　Tests: Results from a Large Scale Simulation Study," *Econometric Reviews*, Vol. 25(1),
　pp. 85-116.

292   参考文献

Im, K. S., M. H. Pesaran and Y. Shin (2003) "Testing for Unit Roots in Heterogeneous Panels," *Journal of Econometrics*, Vol. 115(1), pp. 53-74.

Kao, C. and M-H. Chiang (2000) "On the Estimation and Inference of a Cointegrated Regression in Panel Data," *Advances in Econometrics*, Vol. 15, pp. 179-222.

Levin, A., C.F. Lin, and C.-S. J. Chu (2002) "Unit Root Tests in Panel Data: Asymptotic and Finite Sample Properties," *Journal of Econometrics*, Vol. 108, pp. 1-24.

Maddala, G. S. and S. Wu (1999) "A Comparative Study of Unit Root Tests with Panel Data and a New Simple Test," *Oxford Bulletin of Economics and Statistics*, Vol. 12, pp. 631-652.

Mark, N.C. and D. Sul (2003) "Cointegration Vector Estimation by Panel DOLS and Long-run Money Demand," *Oxford Bulletin of Economics and Statistics*, Department of Economics, University of Oxford, Vol. 65(5), pp. 655-680.

Martins, D. B. (2009) "A provisao de servicos publicos de resolucao judicial de litigios: analise economica do sistema judicial portugues', Dissertacao do Mestrado em Economia e Politicas Publicas," mimeo, Lisboa: Instituto Superior de Economia e Gestao.

Milgrom, P. and J. Roberts (1992) *Economics, Organization and Management*, Prentice Hall.

Pesaran, M. H. and R. P. Smith (1995) "Estimating long-run relationships from dynamic heterogeneous panels," *Journal of Econometrics*, Vol. 68(1), pp. 79-113.

Pesaran, M. H. and Y. Shin and R. J. Smith (1999) "Bounds Testing Approaches to the Analysis of Long-run Relationships," *Cambridge Working Papers in Economics*, Faculty of Economics, University of Cambridge.

Pesaran, M. H. (2007) "A Simple Panel Unit Root Test in the Presence of Cross Section Dependence," *Journal of Applied Econometrics*, Vol. 22(2), pp. 265-312.

Phillips, P. C. B. and B. E. Hansen (1990) "Statistical Interference in Instrumental Variables Regression with I (1) Process," *Review of Economic Studies*, Vol. 57(1), pp. 79-113.

Posner, R. A. (1996) " The Federal Courts: Challenge and Reform, " Cambridge, Massachusetts: Harvard University Press.

Westerlund, J. (2007) "Testing for Error Correction in Panel Data," *Oxford Bulletin of Economics and Statistics*, Vol. 69(6), pp. 709-748.

Wollschlager, C. (1997) "Historical Trends of Civil Litigation in Japan, Arizona, Sweden, and Germany: Japanese Legal Culture in the Light of Judicial Statistics," *Economic Success and Legal System*, Vol. 89.

World Bank (2002) "Chapter 6 The judicial system," *in World Development Report 2002*, Building Institutions for Markets.

第6章

運転免許統計 (2011-2015)(警察庁).

金沢理 (1974)『交通事故と責任保険』, 成文堂.

警察白書 (2004)(警察庁).

交通事故統計年報（2011-2015）（交通事故総合分析センター）.

自動車保有数統計データ（2011-2015）（自動車検査登録情報協会）.

自動車保険統計（2011-2015）（自動車保険料率算定会）.

損害保険料率算出機構統計集（2011-2015）（損害保険料率算出機構）.

陳大為（2011）「日本の自動車保険における保険需要に関する実証研究」『保険学雑誌』第615号, pp. 1-26.

浜田宏一（1977）『損害賠償の経済分析』, 東京大学出版会.

宮原守男・森島昭夫・野村好弘（1999）『交通事故判例百選』[第四版]（別冊ジュリスト152号）, 有斐閣.

山田卓生（1999）,「交通法学の立場から――安全と事故規制」, 国際交通安全学会誌(25), pp. 6-13.

J. ラムザイヤー, マーク（1990）『法と経済学――日本法の経済分析――』, 弘文堂.

Cohen, Alma and Dehejia, Rajeev（2004）"The Effect of Automobile Insurance and Accident Liability Laws on Traffic Fatalities," *Journal of Law& Economics*, Vol. 47, pp. 357-393.

John P. Brown（1973）"Toward an Economic Theory of Liability," *Journal of Legal Studies*, Vol. 2, pp. 323-349.

Nell, Martin and Andreas Richter（2004）"Improving risk allocation through indexed cat bonds," *The Geneva Papers on Risk and Insurance. Issues and Practice*, Vol. 29(2), pp. 183-201.

Peter A. Diamond（1974）"Single Activity Accidents," *Journal of Legal Studies*, Vol. 66, pp. 107-162.

Rees, R. and A. Wambach（2008）*The Microeconomics of Insurance*, in Foundations and Trends in Microeconomics 4.

Shavell, Steven（1986）"The Judgement Proof Problem", *International Review of Law and Economics*, Vol. 6, pp. 45-58.

Shavell, Steven（1987）*Economic Analysis of Accident Law*, Harvard University Press.

終章・あとがき

愛媛大学瀬戸内地域開発協同研究組織編（1972）「瀬戸内の地域開発に関する研究』愛媛大学.

大坪稔（2005）『日本企業のリストラクチャリング――純粋持株会社・分社化・カンパニー制と多角化――』中央経済社.

岡田章（1996）『ゲーム理論』有斐閣.

香川県地方課（1990）『ふるさと随想集――讃岐わがふるさと――』香川県.

讃岐公論社（1958）『讃岐公論』第28巻8月号・11月号・12月号.

鈴木光男（1994）『新ゲーム理論』勁草書房.

平成16年1月30日　東京地裁判決「平成13年（ワ）第17772号　特許権持分確認等請求事件」

平成17年1月11日　東京高裁和解判決「平成16年（ネ）第962号, 同第2199号　特許

権持分確認等請求控訴，同附帯控訴事件」

Aumann, R. J. (1976), Agreeing to Disagree, *Annals of Statistics*, Vol. 4, pp. 1236-1239.

Friedman, J. (1991) *Game Theory with Applicatins to Economics*, Oxford University Press.

Fudenberg, D. and J. Tirole (1991) Perfect Bayesian Equilibrium and Sequential Equilibrium, *Journal of Economic Theory*, Vol. 53, pp. 236-260.

Fudenberg, D. and J. Tirole (1992) *Game Thory*, The MIT Press.

Gibbons, R. (1992) *Game Theory for Applied Economists*, Princeton University Press (福岡正夫・須田伸一訳 (1995)『経済学のためのゲーム理論入門』創文社).

Kreps, D. M. and R. B. Wison (1982), Sequential Equilibria, *Econometrica*, Vol. 50, pp. 863-894.

Kuhn, H.W. (1953), Extensive games and the problem of information, in H.W. Kuhn and A. W. Tucker (eds.), *Contributions to the Theory of Games*, II, Princeton University Press.

Myerson, B. R. (1991) *Game Theory: Analysis of Conflict*, Harvard University Press.

Selten, R. (1975) Reexamination of the Perfectness Concept for Equilibrium Points in Extensive Games, *International Journal of Game Theory*, Vol. 4, pp. 25-55.

Eric van Damme (1991) *Stability and Perfection of Nash Equilibria*, Springer-Verlag.

索　引

ADR（裁判外紛争処理制度：Alternative Disputes Resolution）　208，267

Arellano-Bond の 2 次の自己相関テスト（の GMM テスト）　185

Arellano-Bond の GMM 推計　179

——の GMM 推定　183，185

CAPM（キャピタルアセットプライシングモデル）　20，28，96

CEO（Chief Executive Officer）　100

CF（キャッシュフロー）　93

CP（コマーシャルペーパー）　95

DB Tower Service　78，119，171

DCF 法　32n

EVA（Economic Value Added：経済的付加価値）　1，4，10，15，16，17，23，24，25，27，43，47，53，56，61，68，71，75，78，85，87，91，139

EVA スプレッド　27，56，79，80，81，82，83，84，87

ICT（情報通信技術）　245

LBO（leveraged buyout）　93

M & A　44，56，93

MBO（management buyout）　93

MM 理論（Modigliani and Miller）　93

omitted variables の問題　262

R & D 投資　81，82，83

ROA（Return on Asset：総資産利益率）　4，15，18，26，43，44，47，53，56，61，71，75，139，175

ROE（Return on Equity：自己資本利益率）　4，15，18，26，43，44，47，53，56，61，71，75，139

ROIC（Return on Invested Capital：投下資本利益率）　17，18，23，27，61，68，79

S & P 500　22

Stern Stewart & Co. 社　17，25

STNet　59

Tobin's q　83，170，175，180

TOPIX（東証株価指数）　21，22

Two-phase model　225

vif 検定　260

WACC（Weighted Average Cost of Capital：加重平均資本コスト）　17，18，19，23，26，27，49，61，68，71，79，95

Wald 統計量　128

〈ア行〉

アイデンティティ　41

アクセスコスト　232，267

穴吹興産　42，55，85

安全注意義務（negligence）　248

アンバランスなパネル・データ（unbalanced panel data）　172

暗黙の契約理論　196

アンレバード・ベータ（unlevered β）値　30，31

委員会型設置会社　91

異常値　28

一次確率有意　217

1 階条件（first order condition）　106，109，113，251

1 件当たりの訴訟額　224，239

一般化モーメント法（GMM）　231，240，257，258，259

イベントスタディ　28，29

依頼人（プリンシパル）・代理人（エージェント）関係（principal-agent relationship）　15，206，216，225

医療経済学　216

因果関係　79，80，82，83，239，257

インセンティブ契約／成果連動型報酬／成

果報酬 9, 207, 240
インフレ 273
運転免許返納奨励 10, 247, 249, 261
エージェンシー理論／エージェンシー問題 6, 41, 96, 100, 129
エージェント問題 99, 111, 129, 130
（経営裁量権）エージェンシー・コスト 96, 153, 161, 170, 176, 180, 190, 198
　　負債―― 96
　　経営裁量権―― 96
塩田 36
エントレンチメント行動 41
エントレンチメント・コスト 97, 100
凹関数 103
大倉工業 42, 74, 87
オーナー（大株主） 7, 40, 47, 55, 71, 80, 91, 93, 100, 102, 111, 122, 128, 132
小野篤三郎 277
小野定良 277
終値 21

〈カ行〉

χ^2乗検定 214
会社法 7, 15, 91, 132, 134
改正地域再生法 244
外生変数 79, 83
外部性 38
化学工業 36, 46
価格の硬直性 94
確率分布 161, 217, 221
確率変数 140n
（確率）密度関数 161, 162, 250
貸金業（規制）法 145, 148, 149, 171
貸し渋り 2, 3, 197
貸倒れリスク／信用リスク 145, 148, 150, 161, 169, 184, 192, 198, 266
過失相殺／過失責任 245, 246, 261

可住地面積当たり人口（人口密度） 228
加重平均 17, 19, 23, 26, 177
過剰識別制約の検定（Sargan test） 83
課税所得控除（節税）／負債の税効果 94
仮説検定 10
寡占（市場） 154
株価が回復しない確率／企業業績の毀損する確率 103, 110
株価収益率 21
過払い請求 211
株式保有 39, 91, 132
株式持合 91, 99
株主資本 18, 30, 31, 33n, 44, 49, 95
株主資本コスト 19, 22, 23, 24, 28, 44, 56, 68, 71, 95
株主総会 100
株主による規律付け 100, 138
株主分散所有 99
紙・パルプ工業 36
借入額（金） 17, 155, 159
簡易裁判（簡裁） 210, 214, 224, 232
還元（リターン） 16
関連企業 5, 36, 38, 55
機会費用 16
企業価値 6, 38, 43, 49, 78, 80, 91, 93, 135, 170, 265
企業規模 95
企業の使命 15
企業誘致 1, 37, 86
危険回避（義務／者） 247
危険中立 111
毀損 104, 110, 118
期待効用 104, 105, 220, 224, 250, 251
期待所得 193
期待補償額 250
期待利得 109
規模の経済 249
逆選択（adverse selection） 148, 149, 153, 192, 194, 204n
逆の因果関係 239

キャッシュフロー　56, 170, 175, 180
キャピタルゲイン　106, 137
供給曲線　8, 154, 163, 165, 184, 189, 238, 266
強行法規　147, 211
競争（市場）　8, 152, 195
拒否権　112, 113, 114, 115, 133, 134
均衡／均衡金利／均衡利子率　8, 152, 165, 176, 182, 190
均衡仮説　178, 181, 188
金融機関持株（比率）　80, 122, 129
金融商品取引法　132
金融庁　268
クラレ　42, 43, 86
グレシャムの法則　199n
グレーゾーン金利　149, 173
軍需産業　35
経営形態／企業形態　27, 41, 78, 84
経営権　39
系列（化）　36, 37
月次（株価）データ　21, 29
決定係数　82, 183, 186, 187, 229, 230, 258, 259
県外資本　36
限界代替率（逓減）　157
限界費用　103, 191
限界（私的）便益　103
厳格責任　246, 249, 261, 267
研究開発（費）（R&D）　51, 71, 81, 122, 124, 273
減少関数　157
減税　86, 87
県民1人当たりの所得　252, 260
権利承継　270
権利行使価格　101, 104, 111
工業集積　36, 46
構造型　177, 182, 189
後方屈折（backward bending）　154, 163, 191, 192
合法的活動　91, 103, 108, 110, 111,

115, 130, 134
効用関数　112, 153, 155, 159, 178, 251
効用最大化（条件）　156
高齢者／高齢化／老齢　10, 243, 246, 261, 267
国債　273
国土総合開発法　36
誤差（項）／撹乱（項）　177, 179, 186, 217
固定効果モデル（Fixed Effect Model）　182, 186
個別効果　203n
コーポレート・ガバナンス／企業の統治　6, 7, 41, 91, 99, 100, 102, 132, 133, 135, 138
コミットメント　41, 91, 92
雇用契約　105, 109
コンビナート　36, 37
コンプライ・オア・エクスプレイン・ルール　132

〈サ行〉

最小二乗法／最小二乗推定／回帰分析／重回帰　21, 80, 82, 128, 177
在職（任）期間　96, 100, 123, 128, 132
財政負担　37
財政法第5条　273
裁定（arbitrage）　94
最適貸出額　162
最適契約　109
最適資本構成（最適負債比率）　94
裁判迅速法　210
財務リスク　30, 31
参加制約（条件）　105, 109, 220, 221, 222, 223, 232, 239
産業インフラ　37
産業立地／企業の立地選択　37
36 業種分類　119
参入障壁　195

残余利益　5, 18
残留　35, 265
時価会計　91
時価評価　99
時価簿価比率　28, 93
時間効果　176
事業（の）再構築　39, 274
事業承継　1, 41, 87, 93
事業リスク　30, 31
シグナリング（機能）　149
四国エンジニアリング　59
四国化成工業　42, 70, 85
四国計測工業　59
四国電力　30, 42, 59, 85, 87
（交通）事故の発生確率　257, 260
事故抑止機能仮説　249, 252
自社株　6, 56, 97
市場の効率性　240
市場の失敗　8
指数割引　154
下請　36
市中消化の原則　273
私的（純）便益　96, 99, 100, 102, 103,
　108, 112, 124, 129, 132, 136
自転車操業　5, 27, 192
自動車損害賠償保障法（自賠法）　245
自賠責保険（強制保険）　246, 250, 262
自発的需要　218, 222
支払利息　20, 94
（認定）司法書士　208, 211, 218, 231,
　232, 238, 267
司法制度改革　9, 206, 227, 233, 239,
　266
資本構成　30, 92, 93, 85, 98, 274
資本コスト　4, 10, 15, 16, 27, 28, 44,
　85, 87, 95
シミュレーション　192
地元資本　37
社会厚生　145, 155
社会的余剰　8, 166, 169, 189, 266

社外取締役　6, 7, 97, 102, 122, 128,
　133, 134, 135, 136, 137
社債　16, 93, 97, 161, 175, 181
社内取締役　7, 123, 128, 133, 134
就業機会　37
自由主義の原理　205
十大株主持株比率　81, 119, 128
10年物国債流通利回り　21
出資（取締）法　145, 146, 148, 149,
　150, 172, 175, 184
取得原価評価　99
需要曲線　9, 165, 184, 189, 240
純所得　155, 160
少額訴訟　210, 238
条件付成功報酬（contingent fee）　241n
乗数（シナジー）効果　274
少数特定（者）持株　83, 96
譲渡制限株式　104
消費額／最低消費額　155
消費支出予算線　157, 159
消費者余剰　168
情報開示（disclosure）　86
情報が不完備の状況　240
情報提供料　218
情報の非対称性　2, 4, 6, 8, 96, 100,
　130, 138, 148, 149, 152, 161, 166,
　169, 184, 189, 192, 193, 195, 196,
　206, 216, 225, 266
職務発明　269, 272
助成金　86
ショートサイド原則　178
処方箋　27, 35, 84, 199, 241
所有権　39
事例研究　41, 43
シングルファクターモデル　28
人口集積　35
人口密度　228, 253, 257
進出／移転　36, 38, 41, 53, 55, 60,
　71, 75, 78, 86, 265
信託（トラスト）　141n

索引　*299*

信念　169，218，221，225
信用リスク　148，150
信用割当　145，153，193，194
審理期間　214
スクリーニング　150
スタートアップ　273
ステークホルダー（Stakeholders）／利害
　　関係者　7，15，18，86，99，135
ストック・オプション（比率）　6，101，
　　102，103，104，105，106，108，110，
　　111，122，128，130，136
スピルオーバー効果　38
スモール・クレームス・コート（少額裁判
　　所制度）　241n
正規分布　162，217，221
成功報酬　9，207，223，224，231
生産者余剰　168
成長機会　93，175
税引き後営業利益　18，24，49
税引き後負債コスト　20
絶対的危険回避度　217，221
瀬戸内（圏／地域）　6，27，35，40，46，
　　49，53，58，69，73，75，78，84
繊維工業　36，46
先決（内）変数　177
専門知識　39，86，133
創業家／創業者　6，39，40，41，44，47，
　　51，55，74，273
双曲割引　154
操作変数法（IV推計）　80，179，185，
　　239，260
組織コミットメント（忠誠心・忠証度）／
　　コミットメント　91，96
訴訟遂行戦略　2
訴訟費用（金額）　205，208，232
ソリシタ　241n
損益計算書（PL）　16，17，32n

〈タ行〉

大王製紙　42，47，86
第三者委員会　133
貸借対照表（BS）　16，32n
対人賠償平均保険料（保険料）　257，260
対人賠償保険平均支払額　257，260
対数尤度（関数）　126，127
大都市（圏）　37
第2当事者　253
ダイベスティチャー（divestiture）　274
ダウンサイド・リスク　101，104
多角化　39，43，46，274
ターゲット・アジャストメントモデル
　　（target-adjustment model）　95
多重共線性　176
脱多角化　39，274
短期借入金　95，181
端点解　159
地域開発　37
地域資源　36，87，243
地価　227
地方裁判（地裁）　214，224，232
地方自治体　1，86，273
着手金　207，218，223，224，231
チャネル　84，85
中央値の差の検定（Wilcoxon rank-sum
　　test）　79，80，173
超過供給　177
超過収益率　141n
超過需要　8，154，166，168，177，184，
　　188，266
長期借入金　95，181
調達金利　16
（資金）調達コスト　16，56，98，170，
　　175，181
追随率　185，187
敵対的買収（take over）　86
展開形ゲーム　269
電源開発　37

等価確実所得　220
投下資本　18，44，56，68
当期純利益　24，71，123
投資家　85，87
投資機会　93，94
当事者主義　205
等質的な地域発展　35
投資ファンド　2
同時方程式　179，183，257
同族企業／オーナー企業／同族所有／経営（family ownership）　6，39，40，41，51，60，78，88n
道路交通法　249，267
督促状（支払督促）　210
独立性の検定（Pearson's chi-square test）78，214
都市（東京）　2，4，35，38，61，75，79，86，249
凸関数　95，103
特許法35条　269，272
取締役会　6，97，99，102，111，119，122，128，135
努力水準　207，222，224，251
トレード・オフ　25，86，102，107，207
トレード・オフ理論／最適資本構成理論　94，95，98，102

〈ナ行〉

内生性検定（Wu-Hausman test）　83
内生的　223，268
内生変数　79，83，103，177，183，239
内点解　159
内部留保／内部資金　98，155，175，184，190
ナッシュ交渉解　271，272
2階条件（second order condition）　106
2期連続赤字ダミー　124，128
日亜化学工業　42，51，85，87，269
日経テレコン21　119

日本司法支援センター（法テラス）　208
日本版コーポレート・ガバナンス・コード（CGコード）　7，134
日本版SOX法　132
日本弁護士連合会　208，231，267
2割司法　9
任意対人賠償責任保険加入率／保険加入率257
任意対人賠償平均保険料　260
任意保険　247，250，252，257，261
ノンバンク社債法　176，190，198

〈ハ行〉

ハウスマン検定　182
破産／自己破産　4，8，145，155，160，192，194
破産法　151
バックワード・インダクション　271
バリスタ　241n
被害額　251
比較制度分析　248
比較対象企業　119
非進出　38，41，53，55，60，71，75，78，84
ひまわり基金　208
費用関数／経営者が活動を行う上での費用103
標準偏差　125，172，228
標本選択のバイアス　119
ファイナンス　2，3，87，93
フィードバック　6，38
付加価値　1，3，5，16，39，46，85
不均衡（分析）／不均衡信用割当　170，176
不告不理の原則（訴えなければ裁判なし）205
負債／負債の役割　5，94，180，190
負債エージェンシー・コスト　96
負債コスト　16，19，23，24，44

負債比率／レバレッジ　80，93，94，95，97，98，122，128，170，175，181

不祥事／組織型不祥事／企業スキャンダル　6，98，118，122，124，133，135，265

負の2項分布モデル　125

部分（サブ）ゲーム完全均衡　269，272

部分調整メカニズム／部分調整式　185

不法行為　7，91，96，100，103，104，105，106，108，110，115，124，130，134，138，265

不法行為繰り返し仮説　111

フリー・キャッシュフロー　81，83，93，97，124，128

不良債権（比率）　99

分散　2，36，39，161，191，224

分散過大テスト（over dispersion test）　141n

平均　118，125，161，191

平均値の差の検定　122

ベータ（β）値　20，21，23，28，30，44，56，61

ペッキング・オーダー理論　97

弁護士（attorney）　2，8，193，205，208，266

弁護士の裁判に関わった割合　228，267

弁護士報酬規程　207，214，233

偏在性　228

偏微分　113，157，161

ポアソン回帰モデル　125，126，127，128

法化社会（法が社会の血肉と化す）　205

法人税（実効税）率　19，20，30，38，49，96

法曹（人口）拡大政策　208，214

法定利息／法定金利　147

法的（司法）サービス（legal services）　2，9，206，210，211，240，267

法の支配（法化社会）　9，205，206

法律相談センター（数）　228，231，232

法律扶助　208

保険市場　249，268

舗装延長（率）　260

ホープ自動車（ホープスター）　277，278

ホールドアップ（hold up）　196，197

本社　38，44，61，75，78，86

ポンプ　84，85

〈マ行〉

（マーケット・）リスク・プレミアム　21，28

まち・ひと・しごと創生法　244

マッチング　119

マルチファクターモデル　28

三木武吉　277

未上場企業　30

みせかけの相関　239

密度関数　161

みなし弁済　149，173

民事訴訟法／民事訴訟制度　9，205

無形資産　93，95

無借金企業　24

無差別曲線　159

無担保　151，160，169，171，192

ムラ社会　8，205，238

メインバンク　91，98，99，132，196

免許率　260

持株比率　98，101，108，122，128，131，265

モニタリング　6，82，92，96，99，102，111，123，129，131，133，135，136

モノ言う株主　92

モビリティ・ハンディキャップ　247

モラル・ハザード（moral hazard）　10，11n，94，100，108，184，192，198，204n，206，214，216，220，222，225，246，249，251

〈ヤ行〉

役員賞与　124，128，133，265

役員退職慰労金　96，129
役員報酬　104，112，128，136，265
役員持株制度　96
約定利率／貸出約定金利　147，148，154，160，163，191
誘因（インセンティブ）　6，7，8，86，92，96，100，102，118，133，134，136，206，207，216，232，240，247，273
誘因両立条件（incentive compatibility condition）　109
優越的地位　196，197
有価証券報告書　43
有形資産　95
誘導型　177，182，186，188
尤度比検定　141n
誘発需要　214，216，220，222，223，224，225，232
有利子負債　20，24，30，93
用地造成　37
404 特許　271
予見可能性　240
余剰資金　18
四電工　59

〈ラ・ワ行〉

利害相反　96，98
利子調整速度　177
利潤最大化（条件）　163
リスク　2，20，28，30，38，73，97，148，150，154，193，224，239
リスク回避（的／度）　2，153，207，216，228
リスク中立的　152，160
リスク調整済み利益　217，218
リスク転嫁　2
リスク負担　3，207
リスクフリー・レート　20，22，23
リスク・プレミアム　148，221，232
利息制限法　7，145，148，150，173，192，211
流動性の罠　274
留保効用　105
利用率（司法の／訴訟の）　208，225，231，239，267
連立方程式　177，183
ロジットモデル（logit model）　128
ワルラス安定／ワルラス調整／ワルラス不安定　8，166，168，198

〈著者紹介〉

三好祐輔（みよし・ゆうすけ）

1972 年　大阪府で生まれ，香川県で育つ。
2003 年　京都大学大学院経済学研究科　博士後期課程修了。
　　　　同年京都大学経済学博士号を取得。
　　　　京都大学大学院経済学研究科，佐賀大学経済学部，香川大学大学院地域マネジメント研究科を経て，現在，公立大学法人首都大学東京　産業技術大学院大学教授。
2013 年　全日本能率連盟賞を受賞。
　　　　著書に『法と紛争解決の実証分析──法と経済学のアプローチ──』（大阪大学出版会，2013 年），論文に「日本企業の完全子会社化に関する実証研究」『日本経済研究』，「情報漏えいにつながる行動に関する実証分析」『情報処理学会論文誌』など多数。
　　　　全日本空手道連盟弐段。

ち いきかっせい か　　　　　　　しょほうせん
地域活性化のための処方箋
政策分析とファイナンス理論からのアプローチ

2019 年 10 月 30 日　初版発行

著　者　三　好　祐　輔

発行者　笹　栗　俊　之

発行所　一般財団法人　九州大学出版会
　　　　〒814-0001 福岡市早良区百道浜 3-8-34
　　　　九州大学産学官連携イノベーションプラザ 305
　　　　電話　092-833-9150（直通）
　　　　URL　https://kup.or.jp/
　　　　印刷・製本／大同印刷㈱

Ⓒ三好祐輔 2019
Printed in Japan

ISBN978-4-7985-0260-1

.